SOUVERAINETÉ DU PEUPLE

ET GOUVERNEMENT

DU MÊME AUTEUR

Socialisme, communisme et collectivisme, coup d'œil sur l'histoire et les doctrines, un volume in-12 (Guillaumin et Cie, 1892).

Paris. — Imprimerie L. Maretheux, 1, rue Cassette.

SOUVERAINETÉ

DU PEUPLE

ET GOUVERNEMENT

PAR

EUGÈNE D'EICHTHAL

LA SOUVERAINETÉ DU PEUPLE
LA SÉPARATION DES POUVOIRS POLITIQUES
REPRÉSENTATION NATIONALE
ET GOUVERNEMENT

PARIS
ANCIENNE LIBRAIRIE GERMER BAILLIÈRE ET Cie
FÉLIX ALCAN, ÉDITEUR
108, BOULEVARD SAINT-GERMAIN, 108
1895

AVANT-PROPOS

Je n'ai pas, dans ces quelques pages, prétendu écrire un livre de science politique ou constitutionnelle. Je m'y efforce simplement d'élucider pour moi-même et pour les lecteurs qui voudraient me suivre dans cette étude, certains principes fondamentaux. Je cherche comment des formules, qui ont pendant longtemps passé pour des dogmes aux yeux de l'école avancée ou simplement libérale, que chacun de nous trouve, en quelque sorte, inscrites dans son catéchisme de citoyen et d'électeur, peuvent se concilier avec des nécessités de gouvernement qui se répètent sous tous les régimes. J'étudie par quels liens visibles ces formules se rattachent au passé, ce qu'il y a d'histoire en elles, comment elles ont été déviées de leur signification primitive et grossies par le courant des événements, quels retranchements il faut y opérer pour les ramener à des proportions compatibles avec l'existence politique d'une nation.

En devenant une forme d'Etat, au lieu de rester une aspiration ou une protestation, la démocratie se trouve en face de devoirs nouveaux. Déjà sur bien des points elle a changé de caractère. Elle a perdu beaucoup de sa majesté factice ou traditionnelle, compliqué et dérangé ses draperies de statue antique. La réalité de la vie l'a éloignée d'Athènes, de Sparte ou de Rome où elle aimait à se contempler, sans s'apercevoir que c'était une image très fausse d'elle-même qu'elle y apercevait; elle s'est davantage rapprochée de l'Angleterre et de l'Amérique. En se développant, nos institutions et nos mœurs politiques sont devenues différentes de celles de nos aînés en république. Elles devront, par plusieurs côtés, s'en écarter encore davantage.

« La démocratie, écrivait il y a quelques années E. Scherer, est une forme de gouvernement, ne valant que par l'usage qu'on en fait, par l'utilité qu'on en tire. » Royer-Collard disait d'une façon générale des institutions politiques : « Les plus parfaites ne sont que des calculs de probabilité dont le résultat est de préférer le moindre mal au plus grand. » Il n'y a dans cette façon d'envisager les choses politiques rien de dogmatique, ni qui fasse ressembler les doctrines d'État à une religion ou à un livre de géométrie. C'est, à notre avis, la bonne façon. Elle permet de juger les théories sur leurs résultats et d'opposer à des principes trop absolus ou mal compris, l'expérience. Elle pousse à chercher sous les mots les faits, à examiner les combinaisons de société et de gouvernement en leur profonde complexité, comme on examinerait un autre agencement pratique de droits, de besoins et d'intérêts humains, et sans trop se fier à d'anciens aphorismes.

En France, les formules ont pu être plus qu'ailleurs nécessaires à la fondation de la démocratie : elles ont, en l'absence d'institutions suffisamment enracinées dans l'histoire, groupé autour de devises concises, retentissantes, nettes d'aspect, les volontés des hommes et les ont soulevées, rassemblées et coalisées, contre l'oppression du privilège et du pouvoir absolu, incarnés en des formules antagonistes célèbres. Elles ont été à la nation un cri de ralliement, dans ses entreprises d'affranchissement. Une fois cette phase militante et de conquête nécessaire et bienfaisante, terminée, elles devraient rentrer dans une ombre relative et laisser la place à des conceptions moins simplistes, à des définitions plus en rapport avec la complication des faits sociaux réels, avec la nécessité de certaines organisations fondamentales qui ne peuvent, sous aucune règle d'Etat, disparaître, sans troubler profondément l'ordre public.

Malheureusement plusieurs de ces formules, en exaltant son orgueil et son amour de l'égalité, ont plu au suffrage universel et sont entrées en quelque sorte dans son sang. Revêtues du prestige de la Révolution, répétées par des voix éloquentes, répandues par la presse auprès d'un public qui n'a qu'une culture restreinte, elles tendent à créer, dans une partie considérable de la nation, une foi à l'absolu, une habitude du simple, qui sont le contraire du véritable esprit politique. A mesure que par sa vitesse acquise, le suffrage universel s'émancipe de la pression des gouvernements et des anciennes influences sociales, le danger devient plus grand. Aujourd'hui, combattre le dogmatisme radical, c'est combattre le triomphe de l'abstrait mis entre un nombre immense de mains au service de passions, de besoins, de convoitises ou de rancunes très positives, s'unissant à une autre abstraction qui est le socialisme, pour miner les lois et les institutions.

Il nous a paru que c'était collaborer à une campagne utile que de ramener, une fois de plus, l'attention de la démocratie sur la formation, le développement et les ramifications de la principale de ces formules retentissantes, celle qui résume à la fois la grandeur et les périls de la démocratie, qui contient sa justification quand on l'interprète bien et en voyant les liens des mots avec le passé, qui représente ses ambitions démesurées et presque chaotiques, quand on lui donne le sens absolu que lui attribuent certains pontifes et aussi certains *clowns* de la démocratie. Nous avons, dans les pages qu'on va lire, ébauché une étude critique de la souveraineté du peuple, en suivant ses origines, son évolution, les racines qu'elle a dans l'histoire, les nécessités de réaction contre des formules symétriques de droit divin auxquelles elle a répondu, l'influence qu'elle a exercée sur une autre formule chère au libéralisme, la séparation des pouvoirs politiques (dont nous avons également étudié l'origine et l'évolution). Nous avons recherché comment ces deux théories ont agi sur les péripéties et les tendances successives de la représentation nationale depuis la Révolution jusqu'à nos jours, comment, même contenues par certaines nécessités pratiques, ramenées par la force des choses à de nombreux tempéraments, elles introduisent, actuellement encore, dans les rapports de la représentation du pays et du gouvernement chargé de gérer l'intérêt permanent et collectif de la nation, des préjugés qui paralysent le fonctionnement du régime représentatif, qui, s'ils n'étaient rectifiés, le rendraient vite impraticable.

Le lecteur s'apercevra aisément que nous avons entrepris cette étude sans aucunement prétendre à l'érudition ni à l'inédit. Nous avons simplement visé à réunir des faits connus, à les rapprocher pour l'édification de ceux (nombreux parmi les dépositaires de la souveraineté nationale) qui ne peuvent lire beaucoup de gros livres, ou qui, ayant lu, ont oublié. Puissions-nous contribuer à dissiper quelques idées fausses, à éclairer, par l'examen de certaines erreurs du passé, le présent et l'avenir de la démocratie, à faciliter, en la tempérant, sa marche vers la justice et le bien-être social, qu'elle a le devoir de poursuivre à travers tous les obstacles, mais qui n'ont rien de commun avec l'anarchie : c'est là, dans ce court essai, notre seul vœu, notre seule ambition.

Mars 1893.

SOUVERAINETÉ DU PEUPLE
ET GOUVERNEMENT

I

LA SOUVERAINETÉ DU PEUPLE

> « Je dis qu'à mesure qu'on s'éclairera, qu'on s'éloignera du temps où l'on a cru savoir quand on ne fesait que vouloir, la notion de la Souveraineté du peuple rentrera dans ses justes limites... »
> (Sieyès : discours du 2 thermidor an III.)

I

Notre démocratie s'intitule souvent elle-même la SOUVERAINETÉ DU PEUPLE. C'est une formule qui n'est pas demeurée à l'état de principe abstrait dans les livres des philosophes politiques. Depuis la Révolution qui l'a proclamée dans les assemblées ou hurlée sur la place publique et dans les clubs, elle a été inscrite dans plusieurs de nos constitutions, comme la base même du régime politique moderne : elle en est devenue le nom banal et partout répété par les candidats et par les électeurs, au Parlement et dans la presse, tantôt avec effroi et même avec horreur, tantôt avec un respect ou une admiration qui tourne à la génuflexion : l'électeur et l'éligible qui est en chacun de nous, la trouve dans son journal, l'entend opposer à tout instant par le parti avancé à chaque gouvernement, quel qu'il soit, qui veut gouverner, comme une vérité indiscutable et l'une des plus belles conquêtes de 1789[1]. Que signifie cependant l'expression *souveraineté* employée pour définir le droit suprême de la nation à régler ses destinées?

Bodin qui, au XVIe siècle, avait sous les yeux la monarchie absolue et qui en défendait le principe contre les écrivains hostiles contemporains, tout en cherchant à en atténuer l'arbitraire dans la pratique, définit la *souveraineté :* « Cette majesté suprême qui ne peut être limitée ni par une autre puissance supérieure, ni dans sa durée, ni par les

1. « Le suffrage universel a fait du peuple une assemblée de rois! » s'écriait, il y a quelques mois, un député, en pleine Chambre (M. Jaurès). L'image, qui rappelait l'apostrophe de Cinéas au Sénat romain, n'était pas très précise. (Elle a peut-être été empruntée à l'orateur, cité par Taine (*Révolution*), qui s'écriait en parlant au peuple : « Sachez que vous êtes des rois, et plus que des rois! Ne sentez-vous pas la souveraineté qui circule dans vos veines? ») — Mais elle indique bien dans quel sens la démocratie avancée entend la souveraineté nationale. Du peuple, le caractère royal a passé à chacun de ses représentants. On a vu récemment plusieurs de ceux-ci, sous le coup de poursuites ou d'incarcération, se targuer d'une majesté inviolable et sembler croire que le pouvoir de faire des lois les place au-dessus de celles qui existent. — Le même principe de souveraineté permettrait à l'État, dans la doctrine radicale, de renier ses engagements. « Si des députés momentanés, lisions-nous récemment dans un journal avancé, ont engagé la fortune nationale, d'autres représentants de sa souveraineté ont toujours le droit de reviser ce qui a été fait... Un peuple reste toujours maître de lui-même et de sa destinée. Il a le droit imprescriptible de modifier sa constitution, son gouvernement, ses *contrats* perpétuels *ou plus longs que l'existence humaine.* Sans quoi il faudrait désespérer des conquêtes de l'avenir... » Ce sont là exemples choisis entre mille.

lois (*soluta legibus*)[1] ». Appliquée au pouvoir permanent, sans contrôle, d'une personne, la définition de Bodin se comprend aisément : elle se résume dans le « si veut le roi, si veut la loi » de l'ancienne monarchie française[2]. C'est une formule de droit divin, impliquant la réunion de toutes les puissances dans une même main de par une volonté supérieure aux volontés humaines. Elle s'applique tout naturellement à une papauté infaillible, représentante de Dieu sur la terre; elle peut encore — tout en soulevant certaines objections relatives à l'origine de la puissance — convenir au César romain, mandataire irrévocable, universel, du peuple, indépendant dans sa toute puissance une fois reconnue, suivant la formule du légiste : « Quidquid principi placuit, legis habet vigorem. » On la voit aisément, par l'imagination,

1. Il dit encore : « Nous voyons à la fin des édits et ordonnances ces mots : « Car tel est notre plaisir », pour faire entendre que les lois du prince souverain, ores qu'elles fussent fondées en bonnes et vives raisons, néanmoins, ne dépendent que de sa bonne et franche volonté. (*Rép.*, l. I, ch. VIII). Sur la définition de la souveraineté dans Bodin et les contradictions où il est tombé, voir Baudrillart *Jean Bodin et son temps* et M. E. Hancke : Bodin, *Eine Studie über den Begriff der Souverainetät* (Breslau 1894). Celui-ci montre bien comment la définition de Bodin s'appliquait mal aux *princes* de l'empire germanique et comment elle a de suite été combattue comme trop absolue par les publicistes allemands. Cf. Beaumanoir : « Le roi est souverain par-dessus tous et a de son droit la garde générale de son royaume : par quoi il peut faire tels établissements comme il lui plaît pour le commun profit. Ce qui lui plaît à faire doit être tenu pour loi. »

2. Jacques Ier d'Angleterre disait de même dans sa *Véritable règle d'une monarchie libre* : « Un vrai roi peut se conformer aux lois, mais rien ne l'y oblige si ce n'est sa propre volonté. »

planer sur les hommes sous la forme du monarque, de l'empereur, du pontife, tenant d'une main un sceptre et de l'autre un globe.

« Jusqu'aux temps modernes, a écrit Guizot, on a vu régner cette croyance que le droit primitif et absolu de donner la loi, c'est-à-dire la souveraineté de droit, réside dans quelque portion de la société, soit un seul homme, soit plusieurs, ou tous [1]. » Cependant dès qu'on veut étendre cette ancienne notion de la souveraineté, de l'individu à un groupe, ou, à plus forte raison, à l'universalité d'une nation, elle devient malaisément saisissable non seulement aux sens mais à l'intellect. Cicéron disait avec justesse : « In republica, si in plures translata res sit, intelligi jam licet nullum fore quod præsit imperium, quod quidem nisi unum sit, esse nullum potest. » Devenue l'attribut d'un groupe, elle ne répond plus à la définition de Bodin : il faut bien que contrairement à ce que l'auteur de la *République* en disait, la souveraineté dans ce cas soit

1. Guizot se rencontre ici avec le jurisconsulté anglais Austin : « Il y a dans toute communauté politique quelque personne isolée ou quelque réunion de personnes ayant le pouvoir d'obliger les autres membres de la communauté à agir suivant son bon plaisir, avec une force irrésistible, qui n'est pas nécessairement, mais qui peut être mise en jeu. » Cité par S. Maine, *Etudes sur l'histoire des institutions primitives*, chap. sur *la souveraineté*, trad. franc., p. 431, où il passe en revue les idées de Bentham et d'Austin sur ce sujet. Austin a développé sa théorie dans sa « *Province of jurisprudence determined* » et ses *Lectures on Jurisprudence*. — Voir sur la *Souveraineté* dans les sociétés modernes, les ouvrages remarquables de M. Ch. Benoist : *Sophismes politiques de ce temps*, la *Politique* (1894) et *Une démocratie historique : La Suisse* (dans la *Rev. des Deux-Mondes*, 15 janvier 1895).

définie par des obligations réciproques ou par des lois, au moins entre les personnes qui l'exercent, ne fût-ce que pour établir que soit l'unanimité, soit la majorité (et encore faut-il déterminer quelle majorité) imposera sa volonté. La souveraineté d'un groupe — et il faut comprendre dans cette définition, tout gouvernement à plusieurs où la loi émane d'un concours de volontés — n'a déjà plus le caractère absolu et catégorique de la souveraineté personnelle d'un individu : c'est une souveraineté limitée dans chaque personne qui l'exerce par la part de souveraineté de ses copossesseurs.

Si du groupe on passe à la communauté, les conditions sont encore plus différentes. Voyez les efforts que fait un commentateur moderne du droit de souveraineté pour en appliquer les attributs à la nation entière :

« Quelque part qu'on place la souveraineté, le souverain doit, en vertu de sa puissance même, être dans les conditions suivantes : il n'est tenu envers personne qu'envers lui-même et comme on ne peut être tenu envers soi-même que par sa conscience et nullement par des moyens coërcitifs, la loi qu'il s'impose, il a le droit de la rapporter... il n'est tenu que par son intérêt et il importera seulement qu'il ait l'intelligence de discerner quelles lois sont faites pour l'assurer... Dans les états monarchiques absolus, le souverain est bien dans ces conditions : il n'est tenu envers ses sujets que jusque-là qu'il trouvera plus d'intérêt à user avec rigueur ou avec modération de ses droits... Dans la démocratie, le souverain est formé de l'association de tous les citoyens... ce souverain démocratique a tous les droits qu'implique la souveraineté : la loi par laquelle il exprime sa volonté, il peut la rapporter immédiatement : aucun mandat, aucune délégation de pouvoir ne peuvent être confiés qu'à titre temporaire au nom de son autorité souveraine, qui ne peut, quand on la compare à celle des rois absolus, se distinguer à aucun titre de celle qu'ils possèdent[1]. »

Qui ne voit au contraire combien ces deux autorités sont distinctes précisément parce que le monarque est *un* et que le peuple est *tous?*

La souveraineté d'un peuple ne pourrait en effet, exister dans le sens propre et absolu du mot souveraineté, qu'avec l'unanimité toujours subsistante et toujours constatée des citoyens, ce qui est impossible moralement et matériellement.

Une pareille unanimité n'a jamais existé ou si elle a existé pendant un moment fuyant, elle n'a pas subsisté.

Pour s'assurer qu'elle subsiste, il faudrait d'ailleurs une sorte de vote perpétuel qui n'est pas praticable. Il annulerait la vie nationale en voulant à tout instant en scruter les éléments.

Enfin la souveraineté du peuple dans ces conditions, et en cela elle se distingue à la fois de la souveraineté individuelle et de la souveraineté d'un groupe, n'aurait plus d'effet que vis-à-vis d'autres nations[2], puisque l'unanimité embrassant chaque

1. E. Cossé. *Du principe de la Souveraineté*, p. 96.

2. C'est par un abus du mot *Souveraineté* qu'on l'applique quelquefois à l'*indépendance* d'un Etat vis-à-vis d'un autre Etat : la véritable souveraineté n'agit qu'à l'intérieur de l'Etat et c'est l'Etat (mû par la souveraineté) qui agit vis-à-vis des autres Etats. Dans ce dernier cas, Rousseau propose

peuple tout entier, la souveraineté à l'intérieur ne pourrait plus s'exercer sur personne : elle ne serait plus qu'une souveraineté théorique, sans sanction comme sans application.

Dans le fait, la soi-disant souveraineté de la nation ou du peuple ou de « l'universalité des citoyens » (ce sont les expressions de nos constitutions depuis 1791), réside forcément et s'est résumée pratiquement, sans que personne ait jamais pu démontrer que le résultat en fût l'équivalent[1], dans le droit de décision appartenant à une majorité en nombre des citoyens réunis par des liens territoriaux : simple convention tacite résultant du droit du plus fort respecté sans protestation violente par les minorités, ou d'une coutume traditionnelle et non discutée ; ou convention positive par laquelle une fraction de la nation s'oblige à se soumettre, sur certains points déterminés, à la majorité jusqu'à ce qu'en se grossissant de fractions dissidentes elle soit redevenue elle-même majorité. Elle n'est donc plus en ce cas que la prédominance, temporaire, éventuelle, conditionnelle, d'une fraction du peuple prise par convention tacite ou stipulée pour l'organe de la volonté générale, et faisant autorité aussi bien à l'intérieur du pays que

d'appeler l'Etat : *puissance*. (*Contrat soc.*, L. I, ch. VI.) Dans la monarchie absolue, la distinction n'a pas d'importance puisque aussi bien pour le dehors qu'à l'intérieur, la souveraineté s'incarne dans le souverain. Il n'en est pas de même dans les pays constitutionnels où l'organe représentant l'Etat vis-à-vis de l'étranger doit être défini par la Constitution et est formé de volontés multiples.

1. On verra plus loin que ni Locke ni Rousseau n'ont émis sur ce point autre chose que de simples affirmations.

vis-à-vis des États étrangers. Elle est le pouvoir *du dernier mot*, nécessaire dans toute association humaine pour arriver par des moyens pacifiques à une décision valable pour tous en tout temps, en dedans des frontières; pouvoir qui appartient à tel ou tel groupe ou à tel ou tel personnage dans des circonstances réglées d'avance, auxquelles le reste de l'association se soumet, et qu'il s'engage à faire, au besoin par la force, respecter par l'étranger; prépondérance qui dans ces conditions est essentiellement divisible, relative, transmissible d'un groupe ou d'une personne à l'autre, contrairement à ce qu'ont dit J.-J. Rousseau et après lui plusieurs de nos constitutions, de la souveraineté nationale : essentiellement limitée « en temps et en charge »; définie par une ou plusieurs lois, contrairement à ce qu'avait dit Bodin de la souveraineté en général; puissance collective enfin, qui n'est plus en réalité la souveraineté, étant la négation même de la souveraineté au sens originel du mot, mais un pouvoir né de combinaisons contractuelles et ne vivant que par des combinaisons contractuelles[1].

« La souveraineté du peuple, écrit justement encore Guizot[2], s'est démentie dès ses premiers pas, en se réduisant à n'être plus que l'empire de la majorité sur la minorité. Il est presque ridicule de dire que la minorité peut se retirer : ce serait

1. De Maistre a écrit avec justesse, et pour en blâmer la démocratie, mais émettant sur ce point une incontestable vérité si on laisse au mot souveraineté son ancienne signification : « La démocratie, c'est une association d'hommes sans souveraineté ». *De la souveraineté* (dans les œuvres inédites).

2. *Hist. du gouv. représentatif*, t. I, p. 107.

tenir la société en dissolution permanente. A chaque occasion, la majorité et la minorité varieraient, et si toutes les minorités se retiraient, il n'y aurait bientôt plus de société[1]. Il faut donc bien accepter la souveraineté du peuple réduite à n'être plus que la souveraineté de la majorité. Ainsi réduite, qu'est-elle ? »

En principe, elle est, nous venons de le voir, une chose très différente de la souveraineté monarchique, et elle aurait dû, logiquement, pour s'en distinguer, porter un nom différent.

Ce nom différent, la Révolution semble tout d'abord en avoir senti la nécessité et l'avoir cherché. Elle a dans ses premiers jours affirmé, en les opposant au régime du bon plaisir, les droits *de la volonté générale*, en acceptant sans commentaires, comme l'équivalent de la volonté générale, la volonté de la majorité[2]. Les *cahiers* de Paris (1788) proclament que « la volonté générale fait la loi : la force publique en assure l'exécution[3] ». L'assemblée préparatoire de Romans (1788) dans

1. L'expérience prouve d'ailleurs qu'en fait la majorité s'y oppose généralement par la force : ainsi aux États-Unis (*Guerre de Sécession*), en Suisse (*Guerre du Sonderbund*) et ailleurs.

2. Dans la discussion de la *Déclaration des droits* à la Constituante, M. de Crenières propose ce texte sur lequel il semble qu'on n'ait pas discuté : « Les Français, considérant qu'il leur est impossible de s'assembler dans un même lieu, et qu'ils ont nommé des représentants pour pouvoir promulguer leurs lois, *arrêtent que la volonté du plus grand nombre devient la volonté générale, que chaque citoyen doit y être soumis.* »

L'équivalent de la *volonté générale* et de la *pluralité* paraît avoir été admise comme allant de soi.

3. Ils ajoutent, il est vrai : « Tout pouvoir émane de la

son *plan pour la convocation des États généraux*, déclare que « le *consentement* des peuples réunis en Assemblées nationales est la base de l'État social... Il appartient à la représentation nationale, exclusivement, de voter l'impôt. »

Dans le résumé des *cahiers* présenté à l'Assemblée nationale par le comte de Clermont-Tonnerre (27 juillet 1789) on ne voit pas figurer la mention de la souveraineté nationale.

Cependant, à la même époque, la *Déclaration des Droits* fait, quoique avec une certaine timidité encore, un pas vers l'assimilation des droits de la *volonté générale* à la *souveraineté* : « Le principe de toute souveraineté, dit l'article 3, réside essentiellement dans la Nation ; nul corps, nul individu ne peut exercer d'autorité qui n'en émane expressément... La loi est l'expression de la volonté générale[1]. »

Quelques mois plus tard, la Constitution de 1791, précédée par de nombreux décrets constitutionnels qu'elle a incorporés, ira, comme on le sait, beaucoup plus loin et consacrera, tout en l'entourant encore, de certains tempéraments[2], la souveraineté

Nation et ne peut être exercé que pour son bonheur. » Mais ce n'est pas l'affirmation directe de *la souveraineté.* »

1. Il est à remarquer, d'après le *Moniteur Universel*, que le paragraphe de la Déclaration relatif à la souveraineté semble avoir été voté sans discussion et même sans observation d'aucun parti.

2. Le principal de ces tempéraments, après le maintien de l'autorité monarchique héréditaire, qui était en contradiction avec le principe même de la souveraineté du peuple, était l'affirmation que : « la Nation, de qui émanent tous les pouvoirs, ne peut les exercer que par délégation : la Constitution française est représentative. »

nationale, une, indivisible, inaliénable et imprescriptible, suivant les expressions de Rousseau — qui, comme nous le verrons plus loin, les avait prises à d'autres — expressions que reproduiront, sans aucune atténuation, et en les appliquant à « l'universalité du peuple » proclamée « *le souverain* », la Constitution de 1793, puis celle de 1848.

Pourquoi la Révolution, au lieu de se contenter de l'affirmation du droit de la volonté générale, exprimée par la pluralité de la Nation, à concourir à la création de la loi ou à consentir l'impôt, a-t-elle été en quelque sorte obligée par le mouvement des choses et des idées, à introduire dans la charte constitutive qu'elle élaborait, ce principe de souveraineté populaire qui devait entraîner des interprétations si funestes pour la liberté et pour l'ordre public, des déviations considérables du sens où la Révolution elle-même avait entendu, tout d'abord, l'expression qu'elle gravait dans *la Déclaration des Droits?* Il faudrait, pour le comprendre complètement, suivre au jour le jour — ce que nous ne pouvons faire ici —, la marche des événements de la Révolution, scruter et analyser les pas rapides qu'elle a faits soit par la logique de son entraînement même, soit par suite des résistances qu'elle a rencontrées, vers la suppression de la royauté, que la grande majorité voulait tout d'abord, très sincèrement, concilier avec des règles constitutionnelles et le droit donné à la Nation, représentée par ses délégués réguliers, de voter l'impôt et de délibérer les lois ; mais il faudrait aussi — et même cet examen préalable serait nécessaire à l'intelligence de l'histoire des premières années de la Révolution — remonter jusqu'à l'antiquité qui avait résolu la question générale de la souveraineté d'une façon simple, au point de vue des principes, sinon dans les faits, et au moyen âge qui l'a compliquée et troublée dans ses racines mêmes. A cette époque elle s'est enflammée dans le conflit de deux puissances à tendances absolues, irréconciliables en leurs ambitions adverses, qui voulant légitimer leur domination, s'efforcèrent d'en mettre l'origine au-dessus de la discussion, tout en réduisant à néant les prétentions de même ordre du pouvoir rival; qui, pour cela, placèrent la source de l'autorité tantôt au ciel, tantôt dans le consentement du peuple, soit pour l'agrandir, soit pour l'ébranler, suivant les besoins de la lutte. Fille directe de ces compétitions, née du choc de puissances qui ne recherchaient nullement la liberté des sujets mais leur propre prédominance, de ces guerres de tuteurs s'appliquant à retenir leur droit de tutelle en l'empêchant de passer à d'autres mains; devenue au XVIe siècle une arme d'affranchissement et de résistance des églises ou des partis contre l'oppression politique ou religieuse, contre la tyrannie de trône ou d'église; proclamée, au XVIIIe siècle, en Amérique, comme le fondement irréductible de l'indépendance nationale de la nation, elle s'est transformée pour la première fois en France, en un droit de la communauté incarnée dans la simple pluralité du nombre, à s'approprier irrévocablement ou à se restituer à elle-même les attributs dont s'était environné le pouvoir absolu[1]; droit imaginaire

1. « Tous vos sujets, disait à Louis XIV un de ses conseillers, vous doivent leur personne, leurs biens, leur sang, sans

qui, chez nous, jailli sous la plume d'un éloquent théoricien, a flamboyé aux yeux d'une nation fatiguée du droit divin, ardente à s'en délivrer, et en même temps modelée et comme forgée par lui dans toutes les manifestations de son caractère, de ses passions, de ses préjugés, et qui retrouvait à toutes les pages de son histoire un débat ouvert sur la souveraineté[1].

« La souveraineté par volonté du peuple, a écrit Henri Saint-Simon, (dans son *Système industriel*) ne signifie rien que par opposition à souveraineté par la grâce de Dieu. Ces deux dogmes antagonistes n'ont qu'une existence réciproque. On est obligé à la guerre d'avoir des armes de même portée que celles de son adversaire. Une abstraction a donc dû provoquer une autre abstraction. La métaphysique du clergé a mis en jeu la métaphysique des légistes. »

« L'erreur de ceux, écrit à son tour Benjamin Constant[2], qui de bonne foi dans leur amour de la

avoir le droit de rien prétendre. En vous sacrifiant tout ce qu'ils ont, ils font leur devoir et ne vous donnent rien puisque tout est à vous. »

1. « Le peuple, écrit M. A. Sorel (l'*Europe et la Révolution*, t. II, p. 221), qui débutait dans la souveraineté, continuait, en se l'appropriant, la tradition de la couronne et prenait ses représentants dans les mêmes prétoires d'où la royauté avait si souvent tiré ses conseillers et ses agents. »

« Ce mot, la souveraineté nationale, s'est écrié Sieyès (2 thermidor an III) ne s'est présenté si colossal devant l'imagination que parce que l'esprit français, plein encore des superstitions royales, s'est fait un devoir de la doter de tout l'héritage de pompeux attributs et des pouvoirs absolus qui ont fait briller les souverainetés usurpées. »

2. *Cours de politique constitutionnelle*, édit. Laboulaye, t. I, p. 9. Celui-ci a continué Benjamin Constant dans sa campagne contre la souveraineté du peuple. Voir *la Revision*

liberté, ont accordé à la souveraineté du peuple un pouvoir sans bornes, vient de la manière dont se sont formées leurs idées en politique. Ils ont vu dans l'histoire un petit nombre d'hommes ou même un seul, en possession d'un pouvoir immense, qui faisait beaucoup de mal; mais leur courroux s'est dirigé contre les possesseurs du pouvoir et non contre le pouvoir lui-même. Au lieu de le détruire, ils n'ont songé qu'à le déplacer. C'était un fléau, ils l'ont considéré comme une conquête. Ils en ont doté la société entière... »

L'histoire de la Révolution est, dans ses événements importants, présente à tous les esprits et se trouve dans toutes les mains : un examen même rapide des principales péripéties de la notion de la souveraineté entraînerait une revision complète de l'histoire qui ne peut être tentée ici. Bornons-nous à rechercher brièvement comment de l'enchaînement de ces péripéties essentielles est sortie la conclusion rationnelle en apparence, mais seulement en apparence, qui à la fin du XVIIIe siècle a fait de la soi-disant souveraineté du peuple le fondement de notre démocratie; à examiner comment la nation, devenue maîtresse d'elle-même, a instinctivement continué les traditions et la langue même du passé en couronnant son *autonomie* du diadème monarchique.

de la Constitution (1851), *l'Etat et ses limites*, *le Parti libéral* et *Trente ans d'Enseignement au Collège de France*.

II

Aristote auquel il faut toujours remonter quand on étudie les principes de l'organisation sociale, et qui, dans le sujet qui nous occupe, est arrivé du premier coup, par l'observation et la réflexion, aux conclusions les plus raisonnables, Aristote indique clairement comment, dans les premières sociétés, l'idée de la souveraineté politique se rattachait tout naturellement à la paternité et la constitution de l'État à celle de la famille.

« Si les premiers États, dit-il, ont été soumis à des rois, et si les grandes nations le sont encore aujourd'hui, c'est que ces États s'étaient formés d'éléments habitués à l'autorité royale, puisque dans la famille, *le plus âgé est un véritable roi.* Homère a donc pu dire : « Chacun gouverne en maître sa femme et ses enfants... Dans l'origine, en effet, toutes les familles isolées se gouvernaient ainsi : de là encore cette opinion commune qui soumet les dieux à un roi, car un roi doit être à la fois supérieur à ses sujets par ses facultés naturelles, et cependant être de la même race qu'eux[1]. »

1. *Politique.* L. I, chap. I. Voir Grote : *Histoire de la Grèce* t. II, p. 297. « Dans la Grèce légendaire, nous distinguons un gouvernement où il y a peu ou point de plan et de système, encore moins une idée quelconque de responsabilité vis-à-vis du gouverné, mais où la principale source d'obéissance de la part du peuple consiste dans ses sentiments et dans son respect personnel à l'égard du chef... Le roi a hérité de ses ancêtres la suprématie qui passe par transmission, en

Platon dit de même : « Il paraît que ceux de ce temps-là ne connaissaient pas d'autre gouvernement que le patriarcat, dont on voit encore quelques vestiges, en plusieurs lieux, chez les Grecs et chez les barbares... Ces gouvernements ne se forment-ils pas de familles séparées d'habitations... et le plus ancien n'y a-t-il pas l'autorité, par la raison qu'elle lui est transmise de père et de mère comme un héritage, en sorte que les autres rassemblés autour de lui, comme des poussins autour de leur mère, ne forment qu'un seul troupeau, et vivent soumis à la puissance paternelle et à la plus juste des royautés[1] ? »

Séparant avec beaucoup de raison l'étude de la cité d'avec celle de la famille, qui tout en groupant, l'une et l'autre, les hommes, poursuivent chacune un objet différent, Aristote aborde le grand pro-

général, à son fils aîné, pour avoir été conférée à la famille comme un privilège, par la faveur de Zeus. »

V. aussi Gilbert : *Handbuch der grieschichen Staats-alterthümer*, t. I, p. 268.

1. *Lois*. L. III. Cf. Fustel de Coulanges *La Cité antique*. L. II, chap. VIII. L'autorité dans la famille : « La famille n'a pas reçu ses lois de la cité. L'ancien droit n'est pas l'œuvre d'un législateur. C'est dans la famille qu'il a pris naissance. Il est sorti spontanément et tout formé des antiques principes qui la constituaient. Grâce à la religion domestique, la famille était un petit corps organisé, une petite société qui avait son chef et son gouvernement. Rien dans notre société moderne ne peut nous donner une idée de cette puissance paternelle. Dans cette antiquité, le père n'est pas seulement l'homme fort qui protège et qui a aussi le pouvoir de se faire obéir : il est le prêtre, il est l'héritier du foyer, le continuateur des aïeux, la tige des descendants, le dépositaire des rites mystérieux du culte et des formules secrètes de la prière. Toute la religion réside en lui. » — Sumner Maine : « Notre théorie voit l'origine de la société dans des familles distinctes dont les membres restent unis

blème de savoir à qui dans l'État doit appartenir la souveraineté, τί δεῖ τὸ κύριον εἶναι τῆς πόλεως.

« Ce ne peut être, dit-il, qu'à la multitude, ou aux riches, ou aux gens de bien, ou à un seul individu supérieur par ses talents, ou à un tyran. L'embarras est égal de toutes parts. » Laissant de côté la question de droit, Aristote énumère les inconvénients ou les périls qui résultent de toutes les solutions : caprices et incompétence de la multitude, injustice des riches, despotisme du tyran, et il aboutit à une conclusion qui se rapproche beaucoup de celle qui s'impose, après deux mille ans d'expériences, à la raison humaine : « La souveraineté appartient aux lois *fondées sur la raison*, et le magistrat unique ou multiple n'est souverain que là où la loi n'a rien pu disposer par l'impossibilité de préciser tous les détails. » De cette façon, les

sous l'autorité et sous la protection du plus âgé des descendants mâles, parmi les plus valides... C'est le mâle le plus sage et le plus fort qui gouverne. Tous ceux sur qui s'étend sa protection vivent sur un même pied d'égalité. » (*Ancien droit*, p. 260). L'auteur a maintenu sa théorie contre les attaques de Mac-Lennan et autres, dans son étude sur la *famille patriarcale* (reproduite dans le volume trad. en franç. *Études sur l'histoire du droit* (1889).

Cf. Darwin : *Descendance de l'homme*, trad. Vogt, t. II, p. 380 : « Si nous remontons assez loin dans le cours des âges... le spectacle que nous offrent les aborigènes primitifs sera celui d'hommes qui vivent en petites communautés, avec autant de femmes qu'ils en peuvent entretenir... et toujours prêts à les défendre contre tout venant avec une ardeur jalouse... Même dans la polygamie, l'homme n'aura pas dû perdre l'un des intérêts les plus impérieux de l'animalité : l'amour de sa jeune progéniture. »

Homère en parlant des Cyclopes dit « qu'ils n'avaient ni assemblées délibérantes, ni tribunaux judiciaires, mais qu'ils exerçaient chacun une juridiction exclusive sur sa femme et ses enfants, sans s'occuper d'autrui ».

conditions bonnes ou mauvaises de l'État dépendent des lois, mais les lois elles-mêmes, comment seront-elles bonnes ou mauvaises ? « Toutes les sciences, répond Aristote (il aurait fallu dire pour être rigoureux, les sciences pratiques ou d'application) tous les arts ont un bien pour but : le premier des biens doit être l'objet de la plus haute de toutes les sciences : or, cette science, c'est la politique. Le bien en politique, c'est la justice, en d'autres termes l'utilité générale[1] ». C'est de ce point de vue que le philosophe examine et tranche la question de la répartition des pouvoirs suivant « les supériorités réelles ». Il conclut que pour

1. Ceci se rattache au point de départ même de la *Politique*, L. I, chap. I : « Tout état est une association, et comme le lien de toute association, c'est l'intérêt... les plus importants de tous les intérêts doivent être l'objet de la plus importante de toutes les associations, de celle qui renferme toutes les autres : et celle-là on la nomme précisément état et association politique. »

Platon n'a jamais abordé de front le problème de la souveraineté. Malgré le vague ou les contradictions de ses idées sur l'organisation sociale, ses préférences théoriques sont, on le sait, pour le pouvoir paternel éclairé, pour « le philosophe couronné ». Dans le citoyen et dans le souverain c'est l'individu qui importe et la vertu plus que l'institution. Mais c'est là un idéal qu'il reconnait irréalisable et dans la pratique, il est en principe favorable à la monarchie tempérée où d'ingénieux contrepoids empêchent la tyrannie de se développer (a). De cette façon, sans définir la souveraineté, il la répartit sagement entre plusieurs organes de l'État.

a. Voir *Le Politique* : « Ce qu'il y a de mieux, c'est que la force réside non dans les lois, mais dans un roi sage... C'est là le septième pouvoir, pouvoir divin, un dieu parmi les mortels, qui ne peut malheureusement exister ou durer. » Les six autres sont : la monarchie, l'aristocratie, la démocratie, avec leurs dégénérescences, tyrannie, oligarchie, démagogie. De ces six gouvernements, « la monarchie enchaînée par des lois est le meilleur. »

établir ces supériorités « on ne doit mettre en concurrence que les objets (ou les qualités) qui contribuent à la formation de l'État ». Ainsi la noblesse, la liberté, la fortune, la justice et la valeur guerrière « mais surtout la vertu et la science ». Il faut préférer la souveraineté de la loi à celle de l'individu, et d'après le même principe, si le pouvoir est remis à plusieurs citoyens, ils ne doivent être que les gardiens et les exécuteurs de la loi; car si l'existence des magistrats est indispensable, c'est une injustice patente de donner à un seul homme une magistrature supérieure, à l'exclusion de tous ceux qui valent autant que lui... Une loi bien faite instruit assez les magistrats pour qu'ils puissent prononcer équitablement dans tous les cas où elle se tait, elle leur accorde même le droit de corriger ces défauts quand l'expérience a démontré l'amélioration possible... « Ainsi donc, demander la souveraineté de la loi, *c'est demander que la raison règne avec les lois.* »

Dans les conditions si nettement définies par Aristote, on peut dire que la question de la souveraineté n'aurait jamais pris l'importance virtuelle que les hommes lui ont attribuée : aux yeux du philosophe elle se résolvait dans la question plus générale du meilleur agencement social possible, de l'arrangement où régnerait la raison, sans mettre en jeu aucun droit absolu et même originel de domination de l'un ou des uns sur les autres, et en répartissant les pouvoirs et les fonctions, y compris le pouvoir suprême de décision, au mieux des intérêts généraux de la communauté. C'est le point de vue que, suivant la légende, avait indiqué Solon, lorsqu'à quelqu'un qui lui demandait s'il croyait avoir donné à sa patrie la constitution la meilleure, il répondit : « Non pas, mais celle qui lui convient le mieux ».

III

L'histoire a résolu, d'une façon très différente de celle d'Aristote, la question de la souveraineté. La complexité des passions et des besoins l'a fait passer par des phases mouvementées ou tragiques où elle a recouvert les multiples et profonds antagonismes d'ambitions et d'intérêts. La conception même que l'antiquité s'était faite de l'État devait rendre ces conflits plus aigus. En effet, dans toutes les combinaisons de gouvernement, dans toutes les répartitions de fonctions et de charges qu'à la suite des compétitions de classes ou de partis, elle a pratiquées ou essayées, il resta de l'ancienne conception religieuse de l'État, dérivée de la conception patriarcale si bien définie par Aristote, le sentiment de la souveraineté universelle de la Cité, vis-à-vis de l'individu. « La religion qui avait enfanté l'État, et l'État qui ne subsistait que par la religion, se soutenaient l'un l'autre et ne faisaient qu'un... ces deux puissances associées et confondues formaient une puissance presque surhumaine, à laquelle le corps et l'âme étaient également asservis[1]. » Lorsque par suite de l'affaiblissement des croyances

1. Fustel de Coulanges : *Cité Antique*, l. III, ch. XVII, Homère appelle les rois « fils de Jupiter », διογενεῖς « Leur pouvoir, comme le pouvoir paternel, doit être absolu ».

religieuses et sous la pression d'intérêts nouveaux qui minèrent la royauté ancienne[1], le gouvernement prit la forme tempérée, admirée et recommandée par Platon et Aristote, plus tard, par Polybe ou Cicéron, celle des institutions d'Athènes ou de la Rome républicaine, et à plus forte raison, lorsqu'il resta oligarchique comme à Sparte ou devint la tyrannie propre à certains centres helléniques, le principe même de l'État omnipotent demeura au-dessus ou plutôt en dehors de la discussion. « Les anciens, écrit Fustel de Coulanges, étaient accoutumés au respect de l'État. C'était peut-être la conséquence des habitudes d'obéissance que le gouvernement sacerdotal leur avait données. » La vertu du citoyen, suivant Aristote et Platon auxquels Montesquieu empruntera sa fameuse définition de la vertu dans les démocraties, est l'entier dévouement à la Cité[2]. Dans l'organisation de celle-ci, la force des événements a fait prévaloir la forme monarchique, oligarchique ou démocratique, et dans chacune de ces formes ou dans leur mélange, donné la prédominance à tel groupe d'intérêts, ou balancé, dans une répartition de pouvoirs sans cesse disputée et remise en question, la puissance respective des castes et des classes : quel que soit le fondement de l'État, et même là, où comme à Athènes ou à Rome, il s'appuie en dernier ressort, sur le suffrage populaire, ou réserve en principe le droit du peuple à protester contre les décisions des auto-

1. Hésiode attaque déjà les rois corrompus et leur demande de « redresser leurs sentences iniques ».

2. Sur la soumission du citoyen à la patrie à laquelle il doit son existence et son éducation, voir Platon : *Criton*.

rités ou des magistrats[1], on voit au milieu des débats de classes ou d'intérêts, du déchaînement des partis et des personnes, les personnes et les partis avides de se servir du principe de l'omnipotence de la cité, pour peser sur les groupes ou les personnes rivales et attentifs par cette raison même, à n'en pas ébranler le principe. On discute entre rivaux la forme, le partage et le fonctionnement de la puissance déléguée aux « magistrats », mais non les limites de cette puissance vis-à-vis des individus : ceux-ci n'ont jamais mesuré la part d'ingérence qu'ils conféraient aux autorités et la part d'indépendance qu'ils considéraient comme inaliénable et qui devrait les laisser maîtres d'une portion d'eux-mêmes après la constitution d'un gouvernement.

« Dans les républiques anciennes, observe Delolme, les défenseurs du peuple craignaient de diminuer une puissance qui devait être un jour la leur. C'est ainsi que les tribuns n'eurent jamais de

1. « En dépit des changements de formes, les principes invariables de l'État romain furent que le chef commande absolument, que le Conseil des anciens est la plus haute autorité de l'État, que toute dérogation à la loi a besoin de la sanction du souverain, c'est-à-dire de l'assemblée du peuple ». Mommsen (*Hist. rom.*, t. I, ch. v). « Un peuple qui se croyait né pour commander aux autres peuples et que Virgile, pour cette raison, appelle si noblement un peuple roi, ne voulait recevoir de loi que de lui-même. » (Bossuet, *Hist. univ.*, 3e p., ch. vi, qui indique l'idée que les hommes se sont faite de la liberté romaine, bien plus que la réalité. Rien n'est plus obscur, par exemple, dit Fustel de Coulanges, que l'histoire de la *provocatio ad populum*).

Cf. le même. La *Gaule romaine*, p. 157 : sur la division et la multiplication des charges pour les opposer les unes aux autres.

but sérieux et suivi que celui de faire admettre le peuple, c'est à dire eux-mêmes à toutes les dignités... mais nous ne voyons pas qu'ils aient employé la puissance du peuple à limiter le pouvoir de ses magistrats[1]. »

Lorsque l'unité romaine réussit à dominer les rivalités des nations, et l'empire celles des classes et des intérêts, leur triomphe exagéra naturellement le principe de la souveraineté de l'État familière aux anciens; ils continuèrent à lui donner, pour base apparente, la seule autorité qui pût, depuis la suppression de la royauté légendaire, contrebalancer les influences oligarchiques ou particularistes, l'autorité du peuple pris dans sa masse, autorité qui avait été sans cesse, au moins en principe, invoquée dans les institutions de Rome[2]

1. Cf. Sorel : *Montesquieu*, p. 90. « Notre liberté est avant tout civile et individuelle : celle des anciens est exclusivement civique et toute d'État. La liberté de conscience est pour nous la première et la plus essentielle des libertés : les anciens ne la concevaient même pas. Dans les démocraties même, l'individu n'avait d'autre droit que son suffrage et son suffrage épuisait tout son droit : il demeurait ensuite, en toute chose, en ses croyances, en sa famille, en ses biens, en son travail, en chacun de ses actes, asservi à la pluralité des suffrages qui formaient la loi de l'État. » — « Le souverain collectif étant omnipotent, écrit Fustel de Coulanges, l'homme ne pouvait être quelque chose qu'en étant un membre de ce souverain. Sa sécurité et sa dignité tenaient à cela. » « Jamais, écrit à son tour Mommsen, on n'a entrepris à Rome de limiter le pouvoir de l'État... ni de proclamer les droits soi-disant tuteurs de l'individu en face de ceux de l'Etat. »

2. Même les *Douze Tables* disent : « Les suffrages du peuple ont ordonné la loi. » « La loi, écrit Fustel de Coulanges, n'est plus une tradition sainte, mais elle est un texte, et comme c'est la volonté des hommes qui l'a faite, cette même volonté peut la changer. . Le Consulat était

comme fondement du pouvoir : qui, depuis Rome, n'a plus jamais complètement disparu des imaginations d'Occident en tant que source originelle nécessaire de la puissance politique.

L'empire absorba la souveraineté du peuple en l'englobant. L'*imperator* fut tout d'abord, en la personne de César, un soi-disant représentant de la volonté populaire opposé à l'oligarchie aristocratique du Sénat. Après lui, les jurisconsultes définirent l'empire une translation totale, irrévocable de la *potestas* et de l'*imperium* du peuple au prince, ce qui lui confiait la toute-puissance suivant l'adage : « *Quidquid principi placuit legis vigorem habet ut pote quum lege regia... populus ei et in eum omne imperium suum... conferat* »; ce qui, d'autre part, laissait suspendue sur le monde, une terrible question : la mesure même et l'irrévocabilité de l'aliénation de la volonté du peuple, et par suite des sources de l'autorité suprême.

Cette question, qui est la question propre de la souveraineté, considérée au point de vue de ses limites et, par conséquent de sa légitimité, a été soulevée dans son fondement théorique et a, en tant que question vivante, passionné les hommes, lorsqu'un conflit radical a éclaté entre deux pouvoirs d'origine différente, et poursuivant par des voies différentes un objet commun : la domination; — lorsqu'un pouvoir nouveau, de caractère spécial, s'est élevé contre le pouvoir social qui, Cité ou

pour le plébéien une autorité arbitraire et tyrannique : le Tribunat était aux yeux du patricien quelque chose d'impie : il ne pouvait comprendre cette sorte de chef qui n'était pas un prêtre et qui était élu sans auspices... »

César, prétendait étreindre l'homme et la Société entière. Ce pouvoir n'a pas surgi tout d'un coup dans le monde antique. Préparée par l'imagination des poètes et des philosophes grecs, par l'idéalisme de Platon, développée par le stoïcisme qui a fait du monde de la conscience un monde à part en quelque sorte du monde réel, et dans lequel le juste devait se réfugier contre les violences ou les misères de la réalité [1], qui a érigé le droit naturel en « droit supérieur à toutes les lois écrites ou imposées par la force » ; — inspirée plus tard de la littérature hébraïque qui, dans de nombreuses pages de la Bible, opposait directement le pontife au roi, et le pouvoir théocratique à la puissance purement politique [2] (conflit entre deux pouvoirs absolus qui a été la source de bien des affranchissements), — la conception d'un pouvoir spirituel d'origine, et cherchant dans son caractère spirituel la légitimation de la prédominance, même temporelle, s'est pleinement réalisée dans le christianisme, aboutissant des trois courants de pensée, grecque, juive et romaine, d'abord dédaigné ou persécuté par l'empire, devenu l'allié et le fidèle sujet de l'empire,

1. « Si le sage, disait Zénon, entre dans le palais d'un tyran, il est le seul qui en sortira libre comme il y est entré : ramassé en lui-même il est vraiment libre et Jupiter même n'a pas de pouvoir sur sa liberté. » V. Denis. *Théories morales dans l'antiquité*, t. I, p. 338. — « Il est absurde, dit Cicéron, de supposer que la justice repose sur les institutions et les lois des peuples. Et quoi ! Si les lois sont faites par des tyrans ? »

2. « Au monde qui le reniait, le judaïsme a légué la tribu de Lévi et le grand prêtre, le clergé et le pape. Ce fut sa vengeance contre Rome ». Lavisse : *Préface de la traduction du Saint-Empire Romain germanique* » de Bryce.

puis le suppléant de l'empire, enfin transformé en rival permanent et en ennemi acharné de l'empire.

« En proclamant un royaume de Dieu; en revendiquant la liberté de conscience, en affirmant enfin qu'il faut obéir à Dieu plutôt qu'aux hommes, le christianisme affranchissait l'homme de l'État, il lui donnait une autre loi, une autre fin, un autre principe... Il l'appelait à une cité céleste dont Dieu est le roi et dont les membres sont les saints... Cette cité vit et combat ici-bas sous une forme visible : Elle aussi a ses lois, sa forme extérieure, son gouvernement : c'est l'Église... l'Église devient supérieure à l'État... elle devient l'État lui-même...[1] »

A ce moment une grande transformation s'est accomplie en elle.

La doctrine de Paul touchant l'obéissance due aux puissances comme venant de Dieu et étant « les ministres de Dieu pour exercer sa vengeance », doctrine appuyée sur le « Rendez à César... » et qui a longtemps été respectée et pratiquée par le christianisme, laissait subsister une échappatoire par où le pouvoir ecclésiastique a passé, dans sa volonté de s'affranchir et de s'élever au milieu du désordre des autorités temporelles. Cette échappatoire consistait dans la hiérarchisation en quelque sorte des puissances. Celle de Dieu planait au-dessus de toutes les autres. Celles-ci pour être respectées devaient être « justes » c'est-à-dire conformes à la volonté de Dieu. Or qui jugera si la « puissance » désignée par Paul en termes généraux et sans restrictions

1. Janet. *Histoire de la Science politique*, t. I.

remplit cette condition? « Je veux bien appeler l'empereur un maître, dit déjà Tertullien, mais dans le sens ordinaire : non, si l'on veut me forcer à avouer qu'il est maître à la place de Dieu... Dieu est mon seul maître[1]. »

Plus tard, saint Jean-Chrysostôme, tout en voulant pratiquer les enseignements de Paul et le précepte de l'Évangile sur le respect de César, déclare que « le sacerdoce est supérieur en dignité au pouvoir royal; le roi n'a que la tutelle du corps : le prêtre a celle de l'âme... Nous voyons que dans l'ancien Testament les prêtres oignaient les rois, et aujourd'hui encore le prince courbe la tête sous les mains du prêtre : ce qui peut nous apprendre que le prêtre est supérieur au roi : car celui qui reçoit la bénédiction est évidemment inférieur à celui qui la donne[2]. »

Les prétentions du pouvoir sacerdotal munies de leurs précédents bibliques, étaient dès lors posées contre l'absolutisme impérial. On sait comment elles se sont affirmées et développées durant le moyen âge en se servant d'armes tirées du même arsenal[3]. Pendant le conflit qui, en bouleversant

1. Apol. C. 34.
2. Homélie XXI.
3. « Saint-Pierre, dit le *Pseudo-Isidorus* (IXe siècle) ordonne à tous les princes de la terre et à tous les hommes d'obéir aux prêtres et il courbe leur tête devant eux... Il déclare tous ceux qui refuseraient condamnés et infâmes jusqu'à satisfaction, et s'ils ne se convertissaient, il ordonne de les chasser de l'Église... L'office des ecclésiastiques est d'instruire les princes, le devoir des princes de leur obéir comme à Dieu... Le premier pontife Aaron, fut en même temps le prince du peuple... Il levait par tête des tributs sur le peuple, et il avait le droit de juger... »

l'Europe a mis en lutte ouverte les deux pouvoirs et opposé le trône à la tiare, tous les arguments ont naturellement été invoqués par l'un et l'autre à l'appui de leurs revendications respectives. Par une conséquence saisissante, résultat des conditions mêmes de la lutte établie et prolongée entre les deux puissances, ce sont des écrivains sacrés qui ont des premiers, nourris des traditions romaines, employé contre l'omnipotence monarchique l'argument d'un droit primordial des peuples, opposable à celui des rois, dont le pouvoir des rois même tirait son origine, et qu'il ne pouvait supprimer. L'égalité existait à l'origine parmi les hommes. C'était l'égalité de nature. Philon à la suite des stoïciens avait soutenu déjà cette théorie[1]. L'égalité n'a été détruite que par la chute et le péché[2]. « Ayez en vue, dit saint Grégoire de Nazyance (*Oratio* XIV) cette égalité primitive et non pas cette division qui s'est introduite parmi les hommes avec l'amour du plaisir et l'avarice. » Saint Jean-Chrysostôme est encore plus net : « L'injustice méconnaît l'égalité dans laquelle Dieu nous a créés tous; Dieu nous a donné la même essence : nous avons en commun même ciel, même air, même soleil, même terre, mêmes eaux, même

1. « C'est l'égalité de tous les hommes, fils du même père, dit Philon, qui fonde la justice. » Il prévoyait l'élection, à la tête du peuple, d'un chef politique qui devait lui-même consulter, pour légiférer, le grand prêtre, interprète direct de la divinité.

2. Bergier, *Dict. de Théolog.* art. : *État de nature*, remarque cependant que, « même avant le péché, l'égalité n'a pas été complète entre les deux sexes, puisqu'il est difficile de nier qu'Ève ait été un peu plus accessible à la tentation que son mari. »

vie et même mort. Nous avons mêmes sacrements et mêmes promesses d'immortalité : n'est-il pas absurde dès lors de ne pas garder l'égalité des droits[1]? »

Fidèle à ces traditions, dépositaire du principe romain du consentement du peuple, consacré dans son propre sein par l'élection épiscopale, dépositaire du principe également romain, de l'unité de pouvoir, l'Église d'Occident, a longtemps cherché à soutenir l'un des principes par l'autre et à en faire le fondement de sa propre prédominance en face du démembrement des autorités émiettées en petites souverainetés ecclésiastiques ou militaires[2]. Après le naufrage de l'empire carlovingien, elle se défend contre l'empereur germain en lui retirant la base de droit divin sur lequel il voudrait s'élever pour planer au-dessus de Rome. « Du XIe au XIIIe siècle, la doctrine du droit divin est invoquée

1. C'est presque le langage de La Boëtie : « Puis donc que cette bonne mère (nature) nous a donné à tous toute la terre pour demeure, nous a tous logés en une même maison, nous a tous figurés en même poste, afin que chacun se pût mirer et se reconnaître dans l'autre, si elle nous a à tous donné en commun ce grand présent de la voix et de la parole pour nous accointer et fraterniser davantage... il ne faut pas faire doute que nous ne soyons tout naturellement libres, puisque nous sommes tous compagnons : et ne peut tomber en l'entendement de personne que nature ait mis aucuns en servitude, nous ayant tous mis en compagnie. »

2. La supériorité de l'Eglise s'affirme à cette époque par le droit de juger les bons et les mauvais rois. Les évêques ont là-dessus les mêmes prétentions que les papes :

Hincmar : « David, ayant péché, fut gourmandé par Nathan... Saül apprit de la bouche de Samuel qu'il était déchu du trône... L'autorité apostolique prescrit aux rois d'obéir à leurs préposés dans le Seigneur... Rex vient de regere... Il dirige les bons dans une voie droite et ramène

par les défenseurs du pouvoir de l'État, et elle a d'ordinaire pour adversaires les défenseurs du pouvoir ecclésiastique. Le droit divin s'opposait au droit de l'Église... L'Église avait intérêt à faire ressortir ce qu'il y a d'humain dans l'origine du pouvoir civil... elle se croyait le droit de déposer les princes et de les établir, chose impossible si le pouvoir politique eût été de droit divin... elle fut conduite à ramener le pouvoir civil à sa vraie origine : le consentement du peuple, mais sous la haute surveillance de l'Église... il ne serait pas inexact de dire qu'au moyen âge c'est dans les cloîtres qu'est née la doctrine de la souveraineté du peuple[1].

Au XIIIe siècle, saint Thomas d'Aquin qui a résumé et qui devait si longtemps incarner les traditions et les enseignements de la théologie du moyen âge, saint Thomas, inspiré d'Aristote, fidèle à l'esprit romain qui est resté si puissant en Italie et qui y a poussé les communes aux restaurations

les méchants dans le chemin droit... il n'est soumis qu'aux lois et aux jugements de Dieu... Mais le mauvais roi sera jugé avec droit publiquement ou secrètement par les prêtres qui sont les trônes de Dieu... »

Nicolas Ier : « Examinez bien si les rois règnent selon le droit, car sans cela il faut les considérer comme des tyrans plutôt que comme des rois, et nous devons leur résister. »

Grégoire VII : « Qui ne sait que les princes ont dû à l'origine leur pouvoir à des hommes ennemis de Dieu... entraînés comme par le diable? »

Hugues de Saint-Victor : « Autant la vie spirituelle est supérieure à la vie terrestre, autant la puissance spirituelle l'emporte sur la temporelle en force et en dignité... La puissance spirituelle juge tout et n'est jugée par personne... »

Cf. les lettres de Th. Becket au roi d'Angleterre : « Les rois ont reçu leur puissance de l'Église et l'Église a reçu la sienne du Christ. »

1. Janet. *Hist. de la Sc. pol.*, t. 1, p. 366.

démocratiques, veut que l'institution politique demeure de droit humain, quoique ce soit Dieu lui-même qui ait commandé d'obéir au pouvoir. L'idée du pouvoir, dit-il, vient de Dieu, mais non la désignation du chef. Quant à la souveraineté, son attribut essentiel, est la puissance de faire des lois; or, en l'absence d'un législateur désigné par la divinité, cette puissance *appartient à la multitude tout entière* ou *à celui qui représente la multitude.* « Le pouvoir est donc originairement entre les mains de tous : et s'il se concentre entre les mains de quelques-uns ou même d'un seul, c'est que ceux-ci sont censés représenter la multitude tout entière. » Les conséquences sont que « dans un bon gouvernement, il faut que tous aient quelque part au gouvernement... » et les préférences théoriques de saint Thomas, comme celles d'Aristote, de Cicéron, de Polybe, sont pour un gouvernement mixte où se combinent à la fois la monarchie, l'aristocratie et le gouvernement populaire [1].

Saint Thomas reproduit encore, avec une certaine modération dans les termes, la distinction du roi et du tyran, déjà établie antérieurement par les défenseurs de l'Église [2], comme conséquence du

1. Voir : Sur saint Thomas : Jourdain. *Philosophie de saint Thomas d'Aquin*, et Franck : « *Réformateurs et Publicistes*, » p. 110.

2. Parmi ceux qui l'ont employée avant lui et qui ont été jusqu'à la légitimation du tyrannicide, il faut rappeler Jean de Salisbury. « Le tyran est une image de Lucifer... il doit être tué la plupart du temps... Non seulement tuer un tyran est permis, mais c'est une action convenable et juste... Cependant lorsque les prêtres prennent le personnage de tyrans, il n'est pas permis de lever contre eux le glaive matériel, à cause du respect dû au sacrement. »

droit de celle-ci à juger tous les hommes, distinction qui devait être invoquée si souvent plus tard par les adversaires de l'inviolabilité de la monarchie, et servir de base à la revendication du droit des peuples, autorisés à se délivrer d'un mauvais prince, par l'intermédiaire des prêtres « qui sont les trônes de Dieu, dans lesquels il réside et par lesquels il rend ses jugements ». Ce n'est pas ici le lieu de rechercher jusqu'à quel point on a bien interprété ou exagéré les opinions de saint Thomas dans les débats passionnés où ils ont plus tard été invoqués pour ou contre les droits de l'Église et de l'État [1].

Il s'est produit, en effet, sur la question des racines de la souveraineté, de singuliers renversements de rôles entre les représentants du pouvoir civil et du pouvoir religieux, des échanges de ce que Bayle appelait « ces doctrines ambulatoires... vrais oiseaux de passage qui vont en un pays pendant l'été, en un autre pendant l'hiver ».

Dès le XIVe siècle, Marsile de Padoue, reprenant dans son *Defensor pacis* écrit en faveur de Louis de Bavière [2] et contre la papauté, des doctrines démocratiques qu'on avait vues s'épanouir et triompher

1. Beaucoup de ces opinions sont tirées du *De regimine principum* qui a été longtemps attribué à saint Thomas et sur l'authenticité duquel, dès le XVIe siècle, il s'est élevé des doutes que la critique moderne a confirmés, au moins pour les derniers livres. (Voir *Hist. litt. de la France*, t. XIX).

2. C'est également auprès de Louis de Bavière et à la même époque que Ockam, fidèle aux traditions des franciscains, attaquait l'omnipotence du pape en montrant qu'elle entraînait la servitude des chrétiens. « Or, le Christ, en nous délivrant de la servitude de la loi, écrivait-il, nous a délivrés de toute servitude égale à celle-là. »

temporairement dans les républiques italiennes, proclamait, pour combattre les visées du Saint-Siège, que le vrai législateur ou le souverain est le peuple, c'est-à-dire l'universalité des citoyens, ou une partie d'entre eux élue par tous... « Personne, dit-il, ne se nuit volontairement à soi-même. Aussi la communauté est-elle seule apte à juger si telle mesure est conforme à l'intérêt d'un seul ou de quelques-uns plutôt que de tous. Les hommes se sont réunis en société civile pour y trouver leur avantage, obtenir ce qui est nécessaire à leur subsistance et éviter ce qui leur est contraire. Des lois bien faites sont la plus sûre garantie du bonheur de l'État : or, de telles lois doivent résulter du concours de tous qui seuls connaissent ce qui peut être utile ou nuisible à chacun. *Le peuple est le seul souverain de droit*, puisqu'il est le seul législateur... Le pouvoir exécutif lui-même doit dépendre de lui : il doit avoir pour origine l'élection. Le mode de celle-ci peut varier suivant les formes de gouvernement : mais le principe subsiste : le choix de l'autorité appartient à l'universalité des citoyens ou à la meilleure partie d'entre eux. L'autorité doit s'occuper de l'exécution des lois parce qu'elle se fait mieux par un seul ou par plusieurs que par tous qui seraient par là continuellement distraits de leurs occupations nécessaires [1]. »

1. « On rencontre dans Marsile de Padoue les trois points essentiels de toute doctrine démocratique. 1° Que le pouvoir législatif appartient au peuple ; 2° que c'est le pouvoir législatif qui institue le pouvoir exécutif, enfin qu'i peut le changer ou le déposer s'il manque à ses devoirs. » Janet, *op. cit.* Voir aussi Franck : *Réformateurs* e *publicistes*.

La formule même de la souveraineté nationale se traduisant en un consentement préalable du peuple, nécessaire soit à la validité des lois, soit à l'autorité du monarque, était, dès ce moment, sortie du conflit de l'Église et de l'Empire, qui tous deux, par des voies diverses, y avaient également abouti. Il faudrait refaire l'histoire entière des idées politiques depuis le moyen âge jusqu'à Rousseau pour suivre la destinée de cette formule dans les différents pays de l'Europe. C'est une tâche que nous ne pouvons pas entreprendre ici, même pour la France. Il faudrait en tout cas, dans un pareil examen, relatif à notre propre pays, distinguer constamment deux ordres de faits : il faudrait noter ceux qui, se rattachant à d'anciens souvenirs d'assemblées plus ou moins délibératives, communs à tout l'Occident européen [1], poussèrent peu à peu la nation, après le régime unitaire de Charlemagne, puis la compression fragmentaire de la féodalité, vers l'affranchissement des communes urbaines et la constitution d'États généraux servant tantôt de soutien, tantôt de contrôle à la royauté; réformes politiques qui, dans leur lente élaboration et après bien des périodes de réaction, préparèrent le terrain pour un développement démocratique ultérieur, mais qui ne le réalisèrent pas. Il faudrait ensuite suivre le développement de l'idée démocratique proprement dite, apparaissant en germe avec Étienne Marcel, avec

1. Voir G. Picot : Histoire des États généraux. *Introduction*, et cf. Fustel de Coulanges, *Inst. polit. de l'anc. France*, *passim*, qui atténue beaucoup, on le sait, la portée de ces assemblées.

les Cabochiens, se dressant peu à peu, non seulement contre la féodalité ou contre la royauté absolue, mais tendant à subordonner la légitimité de tous les pouvoirs sociaux à l'accomplissement d'un pacte souscrit par le peuple, source nécessaire de toute autorité, déléguant temporairement sa puissance sous des conditions prescrites d'avance et dont la violation annulerait le contrat même de gouvernement, ce qui est à proprement parler la souveraineté nationale. Les premiers faits sont ceux qui remplissent notre histoire politique et sociale depuis les premiers affranchissements de communes et la tenue des premiers États généraux jusqu'à la constitution de la royauté absolue de Louis XI et de ses successeurs, s'imposant à la France après la guerre de Cent ans. Même sous ces derniers, les défenseurs de l'intervention de la nation dans son gouvernement et du contrôle de la royauté par les délégués du peuple n'ont pas manqué de faire entendre leurs voix. C'est Philippe Pot qui, aux États généraux de 1484, rappelle l'élection primitive des rois, les droits du peuple, la souveraineté de l'assemblée composée de ses délégués; Commynes qui citant l'exemple de l'Angleterre où « le souverain ne peut déclarer la guerre tout seul » s'écrie: « Y a-t-il roi ne seigneur sur terre qui ait pouvoir, outre son domaine, de mettre un denier sur les sujets sans octroi et consentement de ceux qui le doivent payer? »; Seyssel même, qui sous Louis XII, quoique défenseur décidé de la monarchie, prétend trouver dans celle de France un mélange des trois formes de gouvernement et dans le Parlement, organe de justice indépendant, une barrière contre la royauté absolue. Celle-ci semble triompher définitivement avec François Ier. La Réforme la bat en brèche, non pas directement d'abord, ni par une action de front, mais par son influence générale sur les esprits auxquels elle ouvre des horizons nouveaux touchant les sources de l'autorité aussi bien politique que religieuse. Luther et Calvin ont beau recommander, en général, la soumission aux pouvoirs établis en tant que venant de Dieu et sans discuter leur origine, conformément aux préceptes de Paul [1]; les protestants, obéissant à ces enseignements, ont beau, en France même, témoigner pendant longtemps de leur respect pour la royauté dont ils prétendent censurer seulement les conseillers, — l'enchaînement des doctrines et des événements les amène peu à peu à des attaques ouvertes, et les nécessités de la lutte les font, comme autre-

1. Les premiers chefs de la Réforme sont, on le sait, très contradictoires et variables au sujet des dominations temporelles. Luther écrit : « Il n'y a point de chef ni de supérieur parmi les chrétiens, sinon le Christ seul et unique. Et quelle autorité pourrait exister là, puisque tous sont égaux, ont les mêmes droits?... » Mais il a dit aussi : « Ne combattez jamais contre votre maître, fût-il tyran,.. Qu'un chrétien puisse se défendre contre l'autorité, il y a là matière à grandes réflexions... Au fond, c'est au pape que j'arrache l'épée, non à l'empereur. » « Luther, écrit Bossuet. (*Hist. des Variations*, l. II) en affirmant que le chrétien n'était sujet à aucun homme, nourrissait l'esprit d'indépendance dans les peuples, et donnait des vues dangereuses à leurs conducteurs. »

De même dans l'*Institution chrétienne*, Calvin recommande la fidélité au souverain : « La révolte est coupable quand même le peuple agirait dans un sens conforme à la volonté de Dieu : le vrai chrétien doit supporter le bannissement, la mort sans se plaindre. Une seule chose échappe

fois la Papauté et l'Empire, remonter jusqu'à la source de la puissance terrestre, et proclamer nulle et non avenue l'autorité qui ne résulte pas du consentement du peuple.

« Composé d'hommes vigoureux et décidés à tout, écrit M. Hanotaux[1], le protestantisme français ne devait pas s'en tenir aux demi-volontés et aux demi-mesures; quand les dernières violences eurent été consommées contre lui et que les horreurs de la Saint-Barthélemy l'eurent ramené à l'état de défense naturelle, il trouva dans ces excès la justification de sa révolte... Une école de publicistes nouvelle se dressa en face de la royauté et au nom de l'histoire, au nom de la justice, au nom de la raison pure, lui demanda compte de ses actes, l'interrogea sur ses origines et sur les droits de ce pouvoir absolu dont elle faisait un si étrange abus. La Boëtie, Hotman, Hubert Languet, une

au magistrat temporel, c'est la conscience.... Combien que le monde ait été plongé en d'horribles ténèbres d'ignorance, si est-ce que toujours cette petite étincelle est demeurée de reste, qu'il y avait une juridiction à part pour la conscience, qui était par-dessus tous les hommes. » (V. G. Weill : *Les théories sur le pouvoir royal en France*, p. 23.) Calvin, en même temps, s'inspirant de la Bible et de l'antiquité prévoyait « des magistrats constitués pour la défense du peuple, pour réfréner la trop grande cupidité et licence des rois, qui auraient le devoir de s'efforcer de résister à l'intempérance ou cruauté des rois selon le devoir de leur office... sinon, ils trahiraient la liberté du peuple, de laquelle ils se devaient cognoiscer être ordonnés tuteurs par le vouloir de Dieu. » (V. Gierke, *Johannes Althusius und die Entwicklung der naturrechtlichen Staatstheorien* (Breslau 1880), p. 58 p. et le même, *passim*, sur les « monarchomaques » catholiques ou protestants au XVIe siècle en général. V. aussi Baudrillart, *Jean Bodin et son temps*, p. 40 *et seq.*

1. *Hist. du cardinal de Richelieu*, t. I, p. 503.

foule d'auteurs anonymes répandirent dans le public des pamphlets où la doctrine de la souveraineté populaire était développée hardiment. On décida que le roi n'était qu'un commis de la nation, et que s'il abusait de l'autorité dont il était le dépositaire on pouvait le déposer comme un tuteur suspect... Empruntant à la Bible et à l'antiquité classique des préceptes et des exemples, ces républicains firent l'apologie de l'assassinat politique. » — Dans son célèbre ouvrage le *Franco-Gallia*, Hotman reste encore sur le terrain de la royauté mitigée par des institutions libres. Ces institutions libres, suivant lui, ont existé chez les Francs. La couronne y était élective. Nommant les rois, le peuple pouvait leur ôter le pouvoir quand ils n'en étaient plus dignes. Des assemblées périodiques étaient chargées d'éclairer et de contenir la royauté. Les États généraux en ont été les continuateurs jusqu'à une époque récente. C'est en les remplaçant par le Parlement que la royauté a établi sa puissance absolue. Il faut maintenant « revenir à la sagesse des ancêtres ». — Dans les voies de la démocratie, les « *Vindiciæ contra tyrannos* » vont beaucoup plus loin que le *Franco-Gallia*. Dans cet ouvrage longtemps attribué à Hubert Languet[1], on trouve érigée en termes formels la théorie du *contrat*, qui devait être si souvent invoquée dans la suite et devenir la base même de la formule de la souveraineté nationale. Le contrat, suivant l'auteur, est

1. M. A. Waddington croit pouvoir (*Revue historique* de janvier 1893) démontrer que les « Vindiciæ » sont l'œuvre de Duplessis-Mornay. C'est l'opinion également de M. G. Weill.

double entre le peuple et le roi, entre Dieu et le roi, le roi et le peuple promettant également d'être fidèles à Dieu et s'engageant indépendamment l'un de l'autre, de sorte que si l'un manque au pacte, l'autre n'est pas dégagé envers l'Être suprême et doit s'exécuter, même en se déliant de l'obéissance temporelle. L'histoire d'Israël est pleine d'exemples qui l'y autorisent : là, dans l'institution de la royauté, le prêtre stipule, au nom de Dieu, l'observation de la loi et la conservation du temple. Le roi et le peuple promettent conjointement de respecter le pacte. De ce pacte, l'auteur tire toutes sortes de conséquences et va jusqu'à légitimer la résistance armée en cas de violation ; contre l'usurpateur, le tyrannicide, même du fait d'un particulier, est légitime : contre le tyran par exercice, c'est-à-dire le roi légitime qui gouverne mal, le droit de provoquer la résistance revient aux magistrats et aux autres conseillers réguliers du peuple. Sous cette réserve, le droit de celui-ci est imprescriptible. Si l'on objecte que le peuple qui a élu les rois n'est pas le même que celui qui existe aujourd'hui, l'auteur répond que les rois meurent, mais que le peuple ne meurt pas : c'est un fleuve qui coule sans cesse. Celui qui viole le pacte est un tyran. Les magistrats ont le droit de le ramener au devoir par la force, s'ils ne peuvent faire autrement.

Quelques-unes de ces idées ne devaient plus disparaître des esprits. Même les historiens royalistes, qui au XVIe siècle les ont ouvertement combattues, ont cherché, tout en maintenant la souveraineté de la couronne, à l'appuyer, soit sur le concours des États généraux, soit sur le Parlement. « Un Bodin, un Belleforêt, un Zampini arrivent à des maximes qui eussent épouvanté Jean Ferrault ou Guillaume de la Perrière: ils parlent souvent des États généraux comme le feraient des *religionnaires* sans voir les contradictions de leurs propres systèmes[1]. » Mais bientôt les *religionnaires* eux-mêmes allaient être dépassés dans leurs théories démocratiques par les catholiques, anciens défenseurs attitrés de la monarchie absolue.

La théorie de la souveraineté originelle du peuple comportant un droit de dernier recours laissé à la nation en cas de tyrannie devait en effet se retrouver au XVIe siècle dans deux camps différents. Après avoir été développée par les réformés, elle reparaît chez les partisans de la Ligue.

En sortant d'un long intervalle pendant lequel l'Église, comme on sait, s'était rangée à de tout autres vues, la doctrine des droits primordiaux de la communauté qu'on a aperçue dans saint Thomas et ses prédécesseurs est, c'est un fait bien connu, redevenue celle des catholiques. Les événements politiques ont amené ceux-ci, pour mettre obstacle à la succession protestante, à opposer le droit populaire à la loi salique. La Ligue finit par réclamer un régime démocratique à peu près complet, avec exclusion du trône du représentant de l'hérédité, tandis que les protestants ayant pour chef l'héritier présomptif du trône, se retrouvent les soutiens de l'autorité royale. Peu importe que les circonstances qui, par un véritable chassé-croisé,

1. Weill. *Op. cit.*, p. 196.

ont entraîné les catholiques à cette opinion aient eu un caractère temporaire, et qu'on les ait vus changer de doctrine suivant le changement des événements eux-mêmes. Leur insistance à soutenir contre la monarchie les prérogatives des États généraux, à revendiquer les droits du peuple, a eu de longues conséquences. L'action des catholiques sur ce terrain a vite pris un caractère plus populaire que celle des calvinistes longtemps contenue par les ministres et par l'aristocratie provinciale. « Pour les catholiques du XVIe siècle, écrit justement M. G. Weill, la lutte contre les persécuteurs était une obligation religieuse imposée à tous les chrétiens. Chacun est appelé par Dieu à la défense de son Église : tous sont égaux lorsqu'il s'agit de repousser l'hérétique ou l'infidèle. »

Leur opposition à la royauté aboutit, on le sait, aux seconds États de Blois, où les cahiers du Tiers réclamèrent la promulgation des « lois fondamentales » qui assureraient un contrôle régulier de la nation sur le conseil du roi, et le droit de résistance armée contre ceux qui lèveraient des deniers sans l'avis des États généraux ; puis à la Commune démocratique des Seize, encouragée et soutenue par la Sorbonne et les prédicateurs populaires. Ceux-ci s'inspirent à la fois des *monarchomaques* calvinistes et des représentants du Saint-Siège qui déjà, au Concile de Trente ont repris contre le pouvoir royal l'ancien argument de la souveraineté primitive du peuple. Ils ont seulement ajouté aux arguments de doctrine les violences du langage. « Les rois ont été établis par les peuples, prêche le curé Boucher... le peuple peut se passer de roi ; mais un roi ne peut se passer de peuple. Tous les hommes sont naturellement libres. Personne ne naît roi. La république conserve son pouvoir sur les rois qu'elle a établis, et il n'est pas vrai que le peuple, en choisissant un roi, se dépouille de sa souveraineté[1]. »

Les violents de la Ligue tirèrent de là sans réticence la légitimité du tyrannicide, et Jacques Clément recueillit leurs enseignements.

L'attentat ne désarme pas les écrivains ultramontains qui, voulant établir la supériorité du Saint-Siège sur les trônes, prétendent montrer aux yeux de tous l'origine humaine de ceux-ci. Bellarmin, ou un écrivain de son école[2], continuant les efforts tentés dans ce sens par d'autres jésuites, rappelle que la royauté ne vient pas immédiatement de Dieu : elle a été créée par les hommes ; il n'est pas de droit naturel que les nations soient gouvernées plutôt par la monarchie que par l'aristocratie ou par la démocratie. Un autre auteur anonyme à mêmes tendances établit que « c'est Dieu qui a formé les sociétés et que c'est le libre choix de chaque peuple qui a déterminé la forme de gouvernement qui le régit ». — « La plupart des lois, écrit quelques années plus tard Mariana, ne sont pas édictées par le souverain : elles procèdent de la volonté de la communauté tout entière ; l'autorité de cette communauté est plus haute que celle du prince... Le pouvoir suprême reste en tous cas aux mains du peuple qui a le droit de précipiter du trône le gouvernement qui résiste à sa volonté... Au

1. V. Labitte. *De la démocratie dans les prédicateurs de la Ligue*. 2e éd.
2. Caché sous le pseudonyme de Francescus Romulus.

besoin, il peut le frapper de la peine de mort[1]. »

Suarez déclare que, conformément à la tradition ecclésiastique, la souveraineté ne réside dans aucun homme en particulier, mais dans la collection des hommes, c'est-à-dire dans la société tout entière ou dans le peuple. En effet, tous les hommes naissent libres, et aucun ne possède naturellement de juridiction politique sur un autre[2]. Les hommes se réunissent en société et forment ainsi un corps. Mais ce corps ne peut se former sans un gouvernement qui établisse la subordination de toutes les volontés à une volonté commune. La formation du corps politique et la création du gouvernement sont donc un seul et même acte, et comme on ne peut nier que la formation du corps politique résulte du consentement de tous, c'est aussi dans ce consentement qu'il faut chercher l'origine du pouvoir. Une fois né, ce pouvoir collectif peut-il être définitivement aliéné? C'est la question qui, en réalité, contient à cette époque toute l'importance pratique de la question de souveraineté, celle qui sera soulevée tant de fois jusqu'à Rousseau, lequel prétendra la trancher définitivement en établissant qu'elle ne peut pas même être posée comme contradictoire dans ses termes, ce qui sera au fond la grande innovation du *Contrat social*. Suarez, lui, s'en tire par des faux-fuyants et laisse la réponse en suspens.

1. *De rege et regis institutione*. Voir Huber. *Hist. des Jésuites*, t. II, p. 25.

2. V. Janet, t. I, p. 185, qui reproduit la liste des auteurs scolastiques cités à l'appui par Suarez, et Gierke, *Johannes Althusius*, p. 68.

Cependant en France, après les désordres de la Ligue, l'assassinat de Henri III, l'intervention de l'Espagne, et l'établissement définitif de Henri IV sur le trône à la suite de son abjuration, l'effervescence démocratique s'éteint pour longtemps sous la nécessité d'un gouvernement unitaire et autocratique. C'est en Angleterre, puis en Amérique, qu'il faut se transporter pour retrouver à l'œuvre la doctrine de la souveraineté originelle et inaliénable de la communauté populaire. Elle nous reviendra plus tard d'Amérique, et c'est à ce titre que nous devons la considérer rapidement dans ses premières évolutions par-delà la Manche et l'Océan. En Angleterre, des écrivains hardis ont depuis longtemps déjà répandu au sujet de l'origine de la puissance, les doctrines les plus démocratiques. Dès 1558, Jean Poynet, évêque de Winchester, déclare dans son « *Petit traité du pouvoir politique* » que « rois, princes et gouverneurs tiennent leur autorité du peuple : dans certains endroits et pays ils ont plus d'autorité et, dans d'autres moins ; et dans quelques-uns le peuple n'a donné cette autorité à personne mais l'a conservée et l'exerce lui-même... Y a-t-il un homme assez peu raisonnable pour prétendre que ceux qui ont délégué certaines fonctions comme un dépôt, ne peuvent pas, lorsqu'il existe de justes motifs, retirer ce qu'ils ont donné?... » Plus tard, Buchanan dans son *De jure regni apud Scotos* exprime des opinions analogues : « Il existe un pacte synallagmatique entre le roi et le peuple. Celui qui viole ce pacte rompt le contrat. Si c'est le roi il perd tous les droits qu'il tirait du contrat et l'autre partie contractante se trouve aussi dégagée et libre qu'elle était avant le contrat... Un tyran ne possède pas une juste autorité sur son peuple... il est l'ennemi de son peuple... la guerre qu'on lui fait est la plus juste des guerres. » Knox a encore soutenu contre Marie Stuart des doctrines aussi hardies [1].

Depuis lors, le principe du droit populaire opposable au despotisme monarchique n'a plus été abandonné par les Églises indépendantes anglaises : Séparées, moralement, par la persécution, de la couronne, centre et instrument de l'orthodoxie [2], animées contre les Stuarts des haines de la Bible contre les tyrans, les communautés religieuses dissidentes ont tiré de leurs chartes particulières, des pactes par lesquels leur autonomie était régie [3], la pensée primordiale et la forme même des institutions politiques telles qu'elles devaient plus tard devenir la règle des gouvernements, et où elles cherchaient, elles, une garantie d'affranchissement.

1. Voir Mignet. *Hist. de Marie Stuart*, t. I, ch. II.

2. En 1604, l'Eglise anglicane avait déjà, dans une assemblée générale du clergé, condamné comme une erreur funeste l'opinion « que le pouvoir civil, la juridiction et l'autorité n'ont pas été établis par Dieu et ne dépendent pas de Dieu seul, mais découlent de la volonté désordonnée du peuple, *résidant en elle ou dépendant du consentement universel.* » De son côté, Jacques considérait le droit divin des évêques sous forme d'une succession épiscopale ininterrompue depuis le commencement de l'Église chrétienne, jointe à l'hérédité et à la toute-puissance royale, comme les fondements inviolables de l'État.

3. « C'est en vertu d'un pacte (d'un covenant), écrit John Cotton, que les ministres ont puissance sur le peuple des fidèles et que chaque membre de la congrégation acquiert des droits et des devoirs à l'égard de ses collègues. »

Pendant la Révolution d'Angleterre, les *Indépendants* font un pas bien net dans cette voie. Poussés par leur défiance à la fois du roi et du Parlement dont une fraction cherchait à traiter avec la couronne, les officiers de Cromwell veulent imposer à l'un comme à l'autre un pacte, un « *agreement of the people* » qui devait être approuvé par le Parlement et ensuite soumis au peuple, visant à établir une loi suprême placée au-dessus des atteintes du Parlement, limitant ses pouvoirs comme ceux du roi, et déclarant quels sont les droits que la nation se réserve à elle-même et auxquels nulle autorité ne saurait toucher sans crime [1]. « Je pense, écrivait un des chefs du parti, que les libertés de cette nation ne seront vraiment assurées que lorsque seront établies l'étendue des pouvoirs et des mandats des représentants, et la nature des droits dont le peuple se réserve à lui-même l'exercice. »

L' « *agreement* » ne fut pas voté par le Parlement, mais la doctrine générale sur laquelle il reposait fut proclamée par la Chambre basse, restée, depuis les dernières convulsions de la guerre civile, aux mains des *Indépendants* : elle déclare, au moment de mettre le roi en jugement que « le peuple est, après Dieu, la source de tout pouvoir et que les communes d'Angleterre, réunies en parlement, choisies par le peuple et chargées de le représenter sont le véritable souverain ».

Quelques années avant la proclamation de la république d'Angleterre les « Pères pèlerins », dé-

1. Voir Borgeaud: *Établissement et revision des Constitutions*, p. 10.

barqués en Amérique, s'étaient déjà liés par un pacte imité de leur *covenant* ecclésiastique et qui devait servir de base et de modèle aux « *Pactes d'Établissement* » des autres colonies. Celui du Connecticut, dès 1639, se transformait en véritable constitution, et proclamait la souveraineté de l'assemblée élue par le peuple.

« Le choix des magistrats, disait Thomas Hooker, le pasteur des émigrés du Connecticut, appartient au peuple par la commission de Dieu même. Ceux qui ont le droit d'élire des officiers et des magistrats ont le droit de fixer les limites du pouvoir et de la fonction auxquels ils les appellent. Et ceci tout d'abord parce que le principe de l'autorité réside dans le libre consentement du peuple. »

Un siècle et demi plus tard, après la réaction théocratique bien prononcée qui triompha dans la plupart des colonies américaines, ces doctrines se retrouveront pleinement épanouies dans les *Déclaration de droits* [1]. En attendant cette future éclosion, la lutte, une lutte de plume, se poursuit en Angleterre même entre le principe de la monarchie absolue et ceux qui combattent le système autocratique et maintiennent intact le droit primordial et inaltérable des peuples à disposer d'eux-mêmes. De nombreux écrivains issus de la Révolution d'Angleterre, avocats adverses de deux thèses rendues vivantes par les faits, les uns défendent le

1. On lit dans la déclaration des citoyens de Boston (1772) la première en date des déclarations de droits : « Lorsque les hommes entrent en société, c'est par consentement volontaire et ils ont le droit de réclamer l'établissement et de veiller à l'exécution des conditions et des limitations préalables que doit contenir un *contrat primitif* équitable. »

droit des peuples de juger et de déposer leur souverain, les autres veulent placer le droit des souverains dans un domaine sacré au-dessus de toute atteinte populaire. Milton et Saumaise, à la suite de la publication de la célèbre défense posthume de Charles Ier, l'*Eikon Basiliké*, commencent, l'un pour réfuter, l'autre pour soutenir la royale victime, une longue et retentissante polémique que d'autres auteurs non moins passionnés continuèrent. Au même moment les *Niveleurs* répandaient par leurs pamphlets les idées les plus démocratiques et aboutissaient à un égalitarisme farouche. Défenseur du droit des souverains par des arguments qui ont beaucoup servi aux défenseurs des peuples, Hobbes, longtemps l'hôte de la France, fait, avec un grand éclat, rentrer le débat sur le terrain des principes. Conduit par sa philosophie, très positive dans son point de départ, à considérer l'état de guerre comme le véritable état de nature, Hobbes, on le sait, voit dans l'état de paix qui « est beaucoup plus avantageux aux hommes » le résultat d'un travail social bien déterminé dans son but et ses conditions. Ce travail social consiste dans une convention par laquelle chaque membre de la communauté abdique une part de ses droits sur l'universalité des choses pour assurer sa part limitée sur une portion de ces choses. Il faut à cette renonciation réciproque une sanction et un garant. C'est l'État à qui reviendra ce rôle. L'État pour Hobbes c'est « une personne autorisée dans toute ses actions par un certain nombre d'hommes, en vertu d'un pacte réciproque, à cette fin d'user à son gré de la puissance de tous pour assurer la paix et la défense commune. » Le pouvoir civil devient par cette autorisation et par ce pacte le pouvoir absolu, maître des actes et même des croyances, car en lui transmettant leur droit, tous ont promis de ne pas lui résister. Cette translation du droit est irrévocable : car une fois l'État institué, la multitude est dissoute par le fait même et cesse d'exister à l'état de corps. Il n'y a donc pas contrat bilatéral et le souverain ne peut jamais être accusé d'y manquer. D'autre part, tout sujet qui voudrait secouer ses obligations vis-à-vis du souverain cesserait d'être membre de la communauté organisée en vue de la paix et retomberait dans les conditions de l'état de guerre originaire dans lequel quiconque est assez fort pour supprimer son adversaire peut le faire sans violer aucun droit [1].

Hobbes soutenait par des arguments très éloignés de ceux qu'on donnait habituellement comme base au droit divin monarchique, les droits d'un État absolu représenté soit par un roi, ce qui est préfé-

1. Dans le même sens que Hobbes, Filmer a, au XVIIe siècle, soutenu le pouvoir monarchique souverain, mais par un raisonnement différent de celui de Hobbes. Il revient nettement au pouvoir paternel, base et type de toute autorité. Adam est l'origine du pouvoir politique et a été le premier souverain. Les différents rois de la terre se sont transmis héréditairement son pouvoir. « La fiction de Filmer, écrit avec justesse M. Janet, est au fond de toute doctrine monarchique qui ne veut pas reposer sur le consentement du peuple. Pour qu'il y ait un droit divin du monarque sur ses sujets, il faut que le monarque reçoive son pouvoir de l'hérédité... Ni la force, ni l'élection ne peuvent fonder un pouvoir inviolable et absolument irresponsable : vient-il de la force, la force peut le détruire, du peuple, celui qui l'a établi peut le renverser. Il faut donc que l'on assimile le pouvoir royal au pouvoir paternel :

rable à ses yeux, soit par un dépositaire, non héréditaire, de l'autorité sociale, tel que le Protecteur semblait à ce moment en incarner les attributs. Ses arguments devaient être vite retournés contre sa thèse par les défenseurs des droits de la nation. Exilé par la Restauration, rentré dans sa patrie après la Révolution de 1688, Locke, dans son *Essai sur le gouvernement civil* où il vise très nettement la justification des derniers événements, part, comme Hobbes, de l'état de nature, mais il ne l'entend pas au sens de Hobbes. Pour lui, l'état de nature n'est pas nécessairement l'état de guerre, c'est celui où chacun, déjà en possession de droits qui lui viennent de la nature, est obligé de défendre lui-même ces droits s'il est attaqué. La société politique ou civile remplace l'état de nature lorsque les particuliers ont remis leur droit de punir (ou de se défendre) à la société tout entière. Pour cela, le consentement commun est nécessaire : mais il n'entraîne pas l'alié-

mais pour que ce rapprochement soit autre chose qu'une métaphore, on est forcé de remonter jusqu'au temps où la monarchie se confondait réellement avec la paternité, c'est-à-dire aux patriarches et enfin à Adam. »

La théorie de Filmer a été combattue par Algernon Sidney qui a dirigé entre autres objections contre la théorie patriarcale, celle qui devait être reprise par Rousseau, à savoir que la nature émancipe même les animaux quand ils peuvent se suffire à eux-mêmes. « La poule quitte ses poussins, la vache quitte son veau, dès qu'ils sont capables de chercher leur nourriture... pourquoi en serait-il autrement des hommes? »... Hobbes avait d'ailleurs attaqué le principe du pouvoir paternel en alléguant que dans le droit naturel la puissance aurait dû être partagée entre les deux parents de l'enfant d'où dualité dans la domination, ce qui n'est pas possible. On sait que l'ouvrage de Locke dans sa première partie est également une réfutation de Filmer.

nation complète des droits de chacun, comme l'avait prétendu l'auteur du *Leviathan*. Chacun cède ses droits naturels, antérieurs au droit positif, en vue d'un but déterminé et limité qui est d'ériger entre tous un arbitre impartial protecteur des droits individuels. A ce point de vue, un monarque absolu ne peut être un pouvoir civil régulier, car il n'est pas un arbitre neutre entre ses propres intérêts et ceux de ses sujets vis-à-vis desquels il est à l'état de nature. Le consentement, origine du pacte social, s'exprime par la majorité : c'est une loi de nécessité pratique [1]. Il se continue tacitement à mesure que de génération en génération, chaque citoyen arrivé à l'âge d'homme devient membre d'une com-

1. Locke, pas plus que Rousseau ne devait le faire, ne s'explique nettement sur ce point. « Dès qu'un nombre quelconque d'individus, écrit-il, *par le consentement de chacun d'eux*, ont formé une communauté, ils ont fait de cette communauté un seul corps avec pouvoir d'agir comme un seul corps ce qui n'a lieu que par la volonté et la décision de la majorité : et ainsi chacun en vertu de son consentement se trouve obligé par la majorité... » Comme logique, c'est peu rigoureux : quand l'unanimité primordiale a-t-elle été constatée? Locke admet qu'il n'est pas nécessaire pour qu'une société subsiste que chaque membre donne explicitement son consentement, il suffit qu'il le donne tacitement en jouissant des lois du pays où il vit, en réclamant la protection de l'État. Cela devient bien indéterminé en tant que contrat.

Hobbes avait été beaucoup plus net au sujet des droits de la majorité : de deux choses l'une : ou le peuple tout entier est convenu de se soumettre à la majorité en toutes choses, et dans ce cas le droit de la majorité résulte expressément de cette convention, ou il n'en est pas convenu et, dans ce second cas, la minorité est à l'égard de la majorité dans l'état de nature et par conséquent dans l'état de guerre. La majorité doit donc user de toute la force qu'elle possède pour contraindre l'autre à l'obéissance. V. *De Cive*, chap. VI et Janet, t. II, p. 162.

munauté politique. En adhérant à sa constitution, il se soumet à la souveraineté de l'État, mais à une souveraineté limitée par les fins mêmes en vue desquelles elle a été instituée.

Au fond, Locke, fidèle à l'esprit des institutions et de l'histoire britanniques, visait des limitations très positives de l'autorité royale : il plaçait le droit de propriété individuelle au-dessus de toute atteinte, d'où le droit pour le peuple de faire voter l'impôt par ses députés ; il réclamait des juges indépendants et une loi fixe suivant certains principes ; il réclamait encore l'indépendance de la représentation nationale et l'interdiction pour elle de se démettre de ses pouvoirs : toutes mesures, comme l'observe un remarquable écrivain anglais[1], de « political expediency », de bon agencement politique plutôt que limites théoriques de la souveraineté. De même, il conservait avec certaines réserves la suprême sanction donnée à sa conception sociale, le droit pour le peuple de rompre le contrat qui le lie au gouvernement si celui-ci a forfait aux conditions mêmes du pacte, sanction indispensable pour maintenir l'indépendance du peuple vis-à-vis du pouvoir devenu illégitime, ce qui, historiquement, venait de se réaliser.

Tandis que Hobbes et Locke, chacun à son point de vue, concluant, l'un à une abdication définitive du peuple, l'autre à un contrat tacitement renouvelé, mais révocable, traitaient la question de la souveraineté en visant la justification pratique,

1. Sir Fredéric Pollock « *History of the science of politics.* » Voir sur le système politique de Locke, plus bas, p. 110.

celui-ci du pouvoir absolu, celui-là d'un pouvoir limité, le débat sur l'étendue des droits primordiaux du peuple s'était poursuivi sur le continent entre les jurisconsultes et les écrivains et devait se continuer jusqu'à Rousseau.

Althusius, en Allemagne, fidèle à la tradition des monarchomaques de la Réforme, avait écrit : « Qui oserait dire que le peuple peut transférer la souveraineté ? C'est là un droit indivisible, incommunicable, imprescriptible à tout pouvoir... Bodin s'est trompé en attribuant la souveraineté aux grands et aux rois : c'est le droit de la société tout entière. C'est la société après Dieu, qui donne toute puissance légitime à ceux que nous appelons rois ou princes : or, quelque grand que soit le pouvoir d'une concession, il y en a toujours un plus grand, c'est le pouvoir de celui qui concède[1]... »

Dans un camp opposé, Grotius avait, avant Hobbes, apporté en faveur de l'autorité absolue des arguments qui, sous Louis XIV, furent repris par les partisans de l'omnipotence royale alors triomphante en fait et défendue par la voix et la plume de Bossuet[2]. Tout en acceptant un principe de droit

1. *Politica methodicè digesta.* Voir sur Althusius, Gierke, *op. cit.* Il semble que Rousseau ait eu connaissance des écrits d'Althusius dont d'ailleurs Bayle parle dans son dictionnaire : « Quelques jurisconsultes de son pays s'emportent étrangement contre lui parce qu'il a soutenu que la souveraineté des États appartient aux peuples » (éd. de 1734) Rousseau (*Lettres de la Montagne*, VI) le cite comme s'étant attiré des ennemis par ses doctrines.

2. Bossuet, tout en défendant comme « sacrés » la monarchie absolue et le droit divin, les limitait par les devoirs du souverain envers lui-même et envers Dieu. Il voulait la royauté « respectant les droits du peuple, non dans le peuple qui les

naturel antérieur au droit social, droit naturel, dans lequel l'égalité serait le fait de tous, l'auteur du *Droit de paix et de guerre*, avait, comme Hobbes devait le faire, conclu au droit pour un peuple, par le besoin de sécurité, d'aliéner complètement et irrévocablement par une sorte de consentement général, sa liberté « ainsi qu'il est permis à un homme de se rendre l'esclave d'un autre homme pour vivre. Un peuple se voit sur le point de périr et ne voit pas d'autre moyen de s'abriter. Il prend un maître[1] ». De toutes façons, l'aliénation peut être totale et définitive. Il en est comme d'une femme qui ne peut plus désobéir à son mari après s'être soumise à lui volontairement.

Un des résultats les plus notables (quoique lointains, chronologiquement) de la thèse de Grotius, défendue dans tout le cours du XVIIe siècle par de nom-

ignore, mais dans la justice éternelle qui les constitue » (Faguet) et dans la tradition qui les représente. Il rappelait jusqu'à un certain point l'ancienne doctrine catholique en disant dans *la Politique tirée de l'Écriture Sainte:* « Pour bien entendre la nature de la loi, il faut remarquer que tous ceux qui en ont tiré parti l'ont regardée dans son origine comme un pacte ou un traité solennel par lequel les hommes conviennent ensemble par l'autorité des princes de ce qui est nécessaire pour former leur société... » Il rappelle encore que dans l'Histoire sacrée « Dieu assemble son peuple, leur fait à tous proposer la loi par laquelle il établissait le droit sacré et profane... Moïse reçoit ce traité au nom de tout le peuple. Tout le peuple consent expressément au traité. »

1. Grotius appuie sa théorie de nombreux exemples historiques de peuples qui se sont donnés à des tyrans. Rousseau devait lui faire un reproche de ce que « sa plus constante manière est d'établir le droit par le fait ». Il lui opposera cette opinion de d'Argenson que « les savantes recherches sur le droit public ne sont souvent que l'histoire des anciens abus ».

breux commentateurs ou imitateurs [1], a été de susciter à titre de réfutation et de protestation apparente, le *Contrat social*. Rousseau, dès le début de son ouvrage prétend combattre Grotius en retournant contre lui quelques-uns de ses arguments. « Grotius écrit-il, voulant faire sa cour à Louis XIII à qui son livre est dédié, n'épargne rien pour dépouiller les peuples de leurs droits et pour en revêtir les rois avec tout l'art possible. » Rousseau veut démontrer que les peuples ne doivent pas être dépouillés de leurs droits, « même avec leur consentement ». Jusqu'à lui, en France, ni les écrivains à tendances libérales qui, même sous Loui XIV, ont conservé la tradition de l'ancienne monarchie tempérée par les Etats et par le Parlement, ni leurs successeurs sous Louis XV, n'ont osé reprendre dans son fondement la doctrine essentielle de la souveraineté nationale. Ni Fénelon, ni Vauban, ni l'abbé de Saint-Pierre n'ont visé plus loin qu'une monarchie modérée par de sages conseils. Montesquieu même, tout en empruntant beaucoup à Locke, ne lui a pas pris la théorie du contrat considéré comme origine nécessaire du pouvoir. Voltaire qui, dans ses *Idées républicaines* (1765) devait définir le gouvernement civil « la volonté de tous exécutée par un seul, ou par plusieurs en vertu des lois que tous ont faites » n'a pas, avant l'ouvrage de Rousseau, insisté sur ce point de départ indispensable à la légitimité de l'autorité sociale. D'une part les traditions des *monarchoma-*

1. Voir sur ceux-ci : « *Origine et étendue de la Puissance royale* » 1790, 3 vol. attribués à Maultrot.

ques du XVIe siècle continués sans interruption par des écrivains protestants[1], et d'autre part le retour général des esprits au XVIIIe siècle, vers l'antiquité classique mal comprise et présentée sous des traits aussi séduisants qu'inexacts par Fénelon, Saint-Évremond, Rollin, Mably, Montesquieu et bien d'autres, ce sont là les racines fondamentales du livre de Rousseau[2].

Tout en se rattachant à la doctrine des *monarchomaques*, Rousseau sur un point capital, force et exagère leur thèse. Les défenseurs du pacte social avaient, pour la plupart, admis que le peuple pouvait par contrat établir un gouvernement, sauf le droit de le renverser s'il gouvernait mal. L'inaliénabilité du droit populaire consistait surtout dans la faculté de le reprendre, le cas échéant, et dans des circonstances qui légitimeraient cette reprise.

1. A la suite des écrivains de la Réforme, des puritains, des pamphlétaires ou des philosophes nés de la Révolution d'Angleterre, qui ont conclu à la puissance primordiale et indestructible du peuple, il faut ajouter parmi les prédécesseurs et les guides immédiats de Rousseau sur ce point, Jurieu, qui après la révocation de l'édit de Nantes, écrivait dans ses « *Pastorales* » à ses coreligionnaires persécutés : « Le peuple fait les souverains et donne la souveraineté. Donc le peuple possède la souveraineté et la possède dans un degré éminent, car elle est en lui comme dans sa source. »

Reprenant la thèse du *Franco-Gallia*, il disait encore dans les « *Soupirs de la France esclave* » (réimprimés en 1788 sous le titre de « *Vœux d'un patriote*) : « Nous avons trouvé deux articles essentiels dans l'établissement et le cours de la monarchie française : la couronne élective et non successive, et le pouvoir entre les mains des assemblées du peuple. »

2. Le *Contrat social* a été aussi à certains égards un écrit de circonstance visant les démêlés du grand et du petit conseil de Genève qui intéressaient Rousseau à titre de

Rousseau nie que le droit du peuple *puisse être aliéné un seul instant*, même par une convention expresse : de là des conséquences graves.

« Ce fut, en réalité, dit M. Gierke, une révolution lorsque Rousseau raya la convention de la souveraineté de la doctrine du Contrat. Ce coup ne survint pas sans aucun précédent. Mais Rousseau le premier l'énonça en formules claires et démontra avec une inexorable logique d'après ses prémisses fondamentales, qu'il n'y avait ni ne pouvait y avoir de convention de souveraineté : que l'institution du gouvernement, au lieu d'un contrat, contenait une simple « commission » et qu'elle n'était nullement un acte bilatéral. » C'est bien là la conclusion de Rousseau, mais malgré ce qu'en dit le savant auteur allemand, Rousseau arrive à cette conclusion à travers une véritable logomachie où il n'est pas

citoyen de cette ville. Rousseau dit lui-même du *Contrat social* que « cela mènerait à de grandes vérités utiles au bonheur du genre humain, mais surtout à celui de sa patrie où il n'avait pas trouvé, dans le voyage qu'il venait d'y faire, les notions des lois et de la liberté assez justes ni assez nettes à son gré. » *Cont. soc.* 2e part. IX.

Sur les rapports du *Contrat social* avec la charte concédée à Genève en 1387 par son Prince-Archevêque Adémar Fabri et où Rousseau aurait pris l'idée de l'inaliénabilité de la liberté populaire, voir l'ouvrage de M. Vuy (Genève 1879) : « *Origine des idées politiques de Rousseau* » et « *La politique de Rousseau* » (*Correspondant*, août et septembre 1883).

Dans la VIe *lettre de la Montagne*, Rousseau revient sur le portrait qu'il a entendu faire du Gouvernement de Genève. « Ce contrat primitif, cette essence de la souveraineté, cet empire des lois, cette tendance à l'usurpation, ces assemblées périodiques, cette adresse à les ôter, cette destruction prochaine enfin qui menace, et que je voulais prévenir, n'est-ce pas, trait pour trait, l'image de votre république, depuis sa naissance jusqu'à ce jour? »

aisé au lecteur de se retrouver[1]. Pour savoir si un peuple peut aliéner sa liberté, il faut d'abord savoir ce qu'est un peuple, et pour cela remonter à l'origine du contrat de société, ce contrat primitif, « où chacun se donnant à tous, ne doit se donner à personne » et où « après avoir contracté, les parties doivent rester aussi libres qu'auparavant », constituant une sorte d'assemblée d'égaux, pourvus de droits pareils, tenus étroitement l'un envers l'autre et ne pouvant jamais abdiquer. Rousseau cherche à prouver que ce sont bien là les caractères essentiels du pacte social. Peu de lecteurs, au XVIIIe siècle, l'ont suivi dans ce raisonnement très subtil et souvent très confus, et la plupart ont été de suite aux conséquences sans s'arrêter aux prémisses; elles ont éclaté comme une confirmation presque paradoxale des doctrines du XVIe siècle sur l'impossibilité pour un peuple, lui-même souverain, de s'engager vis-à-vis d'un de ses membres. « Il n'y a ni ne peut y avoir nulle espèce de loi fondamentale obligatoire pour le corps du peuple... ce corps politique, ou le souverain qui ne tire son être que de la sainteté du contrat (qui lie chacun à tous, et tous à chacun) ne peut jamais s'obliger à rien qui déroge à cet acte primitif, comme d'*aliéner quelque*

1. Dans une thèse récente, M. Izoulet a voulu, avec beaucoup d'ingéniosité, rétablir l'enchaînement logique du système de Rousseau. Il me paraît plutôt en s'aidant de fragments de Rousseau, avoir substitué sa propre notion de la Cité, à celle que s'en formait l'auteur du *Contrat social*. M. A. Bertrand en s'appuyant sur un manuscrit de Rousseau (déposé à Genève et qui paraît être la première rédaction d'une partie du *Contrat social*) a mis en relief quelques-unes des contradictions de l'auteur. V. Compte rendu de l'*Académie des Sc. mor. et pol.*, juin 1891.

portion de lui-même, ou de se soumettre à un autre souverain. Violer l'acte par lequel il existe serait s'anéantir ; et ce qui n'est rien ne produit rien... »

Au sortir d'une argumentation très chaotique[1] les yeux du lecteur ont été frappés par les fameux en-tête de chapitres du *Contrat* sur les attributs de la souveraineté nationale déclarée inaliénable, indivisible, infaillible, suivant une ancienne termi-

1. Elle a été résumée par Rousseau lui-même dans sa VIe *Lettre de la Montagne* en termes plus clairs que dans le *Contrat social*. Sur les détails de cette argumentation, voir Janet, t. II, p. 430 et suivantes ; J. Morley, *Rousseau*, t. II, chap. III ; Bluntschli, *La théorie de l'Etat*. Lamartine (*J.-J. Rousseau. Son faux Contrat social et le vrai Contrat social*, p. 135) juge ainsi la doctrine dans son ensemble : « Quant à la souveraineté, Rousseau la place, la déplace métaphysiquement ici ou là, dans un labyrinthe d'abstractions, et lui suppose des qualités tellement abstraites tellement contradictoires, qu'on ne sait plus à qui il faut obéir et contre qui il faut se révolter. Tout en la déclarant indivisible, il la divise en cinq ou six pouvoirs pondérés, fondés sur des conventions supérieures à toute convention, collective, individuelle, existant parce qu'elle existe, n'existant qu'en un point de temps métaphysique, que la volonté unanime doit renouveler à chaque expiration, déléguée, non déléguée, représentative et ne pouvant être représentée. véritable Babel d'idées, confusion de langues qui ressemble à ces théologies du moyen âge où Dieu s'évapore dans les définitions scolastiques. La souveraineté du peuple de Rousseau flotte sans titre, sans base, sans organe, comme un de ces nuages dans le vide auquel l'imagination ivre de métaphysique peut donner la forme et la couleur qui lui conviennent. »

Rousseau avait dit d'ailleurs lui-même : « Ceux qui se vantent d'entendre le *Contrat social* tout entier sont plus habiles que moi. » Dans le cours même de son ouvrage il semble plusieurs fois s'apercevoir de ses contradictions ou de son obscurité : « Lecteurs attentifs, ne vous pressez pas, je vous prie, de m'accuser ici de contradiction... Toutes mes idées se tiennent, mais je ne saurais les exposer toutes à la à la fois », etc.

nologie, formules dogmatiques lapidaires dont l'esprit public s'est vite emparé pour y incarner des aspirations ou des protestations devenues mûres pour éclater [1]. Laissant là des raisonnements dont une analyse, un peu rigoureuse, aurait constaté les lacunes [2], on a opposé symétriquement à

1. L'idée de l'égalité est si répandue au XVIIIe siècle qu'on la trouve à l'état d'axiome même dans un écrivain comme Grimm qui la combat en tant que base des institutions : « Si les lois de la société ne sont pas opposées à celles de la nature, elles n'en sont pas moins très différentes. Les idées qui tiennent à la propriété se concilieront toujours difficilement avec celles de l'ordre primitif, où tous les biens étaient en commun. Toute idée d'obligation blessera toujours plus ou moins l'idée que nous avons de la liberté naturelle. L'inégalité des conditions étonnera toujours le sentiment qui dit que nous naissons égaux. » Grimm, Lettres 27, 28 avril 1776.

Montesquieu lui-même avait dit: « Dans l'état de la nature les hommes naissent bien dans l'égalité, mais ils n'y sauraient rester: la société la leur ferait perdre et ils ne reviennent égaux que par les lois. » — (*Esprit des Lois*. L. VIII, ch. III).

L'égalité de nature est encore aujourd'hui le principal argument sur lequel un Henri George s'appuie pour réclamer le droit de tous à la propriété de la terre :

« *Tous créatures du bon Dieu, tous ayant même droit du fait de la Providence à vivre leur vie et à satisfaire leurs besoins*, tous ont même droit à user de la terre et tout arrangement empêchant cet usage de la terre pour tous est moralement mauvais. » (*Lettre ouverte au Pape Léon XIII sur la condition des ouvriers*, page 23 de la traduction française).

Au fond de l'égalité on retrouve toujours l'idée de la paternité divine, image projetée en quelque sorte au ciel de la paternité terrestre et la fraternité des enfants de Dieu, ayant par suite les mêmes droits.

2. Une de ces lacunes les plus saillantes c'est le défaut de justification de la substitution faite par l'auteur, à l'exemple de Locke, de la volonté générale, traduite par la *pluralité*, à la notion de souveraineté. Rousseau a entrevu la difficulté de cette substitution, car il dit en passant :

des formules antagonistes devenues célèbres où s'était incarné le principe du pouvoir absolu, des devises qui consacraient l'indépendance des peuples. En sa fièvre d'émancipation, le XVIIIe siècle finissant, a trouvé là des justifications ou des encouragements retentissants qui l'ont animé au combat; mais

« S'il n'y avait point de convention antérieure, où serait, *à moins que l'élection ne fût unanime*, l'obligation pour le petit nombre de se soumettre au choix du grand? La loi de la pluralité des suffrages est elle-même un établissement de convention et suppose au moins une fois, l'unanimité. » Mais où et quand cette unanimité s'est-elle produite? Rousseau suppose qu'elle a eu lieu lors de l'association civile « qui est l'acte du monde le plus volontaire ». (Cet acte volontaire résulte de la résidence : habiter le territoire c'est se soumettre à la souveraineté) Ceci admis — (mais non prouvé) — le reste s'en déduit. La pluralité fait la loi.

« Pour qu'une volonté soit générale, dit-on dans une note, il n'est pas toujours nécessaire qu'elle soit unanime, mais il est nécessaire que toutes les voix soient comptées... toute exclusion formelle rompt la généralité .. » C'est une simple opinion et qui ne résout pas la question de savoir comment en principe la majorité peut se substituer à l'unanimité. « La voix du plus grand nombre, dit encore Rousseau (L. IV, chap. II) oblige toujours tous les autres. C'est une suite du contrat même... Mais on demande comment un homme peut être libre et forcé de se conformer à des volontés qui ne sont pas les siennes; je réponds que la question est mal posée. Quand on propose une loi dans les assemblées du peuple, ce qu'on leur demande n'est pas précisément si elles approuvent la proposition ou si elles la rejettent, mais si elle est conforme ou non à la volonté générale qui est la leur. Chacun en donnant son suffrage dit son avis là-dessus, et du calcul des voix se tire la déclaration de la volonté générale. Quand donc l'avis contraire au mien l'emporte, cela ne prouve autre chose, sinon que je m'étais trompé et ce que j'estimais être la volonté générale ne l'était pas. Si mon avis particulier l'eût emporté, *j'aurais fait autre chose que ce que j'avais voulu;* c'est alors que je n'aurais pas été libre. » C'est peu clair, aussi bien que ceci : « Il y a souvent bien de la différence entre la volonté de tous et la volonté générale. Celle-ci ne regarde que

aveuglé par leur éclat, il a voulu, sans un suffisant discernement, appliquer littéralement à la gestion de la chose publique des aphorismes qui n'étaient bons que comme armes de guerre contre un pouvoir monarchique sans contrôle.

Les considérations subtiles, complexes, contradictoires de Rousseau sur la souveraineté nationale, qui au fond, et de l'aveu même de Rousseau, aboutissent de toutes parts, en bonne logique, à des impossibilités, aussi bien à l'impossibilité de la démocratie et de la foule légiférante, qu'à celle de la monarchie absolue ou représentative, se sont, grâce à quelques propositions tranchantes, transformées dans la plupart des esprits, en l'idée simpliste, devant laquelle l'auteur lui-même, tout en la présentant comme une conséquence logique de sa thèse, s'est plus d'une fois dérobé, (comme d'ail-

l'intérêt commun, l'autre regarde l'intérêt privé et n'est qu'une somme de volontés particulières. *Mais ôtez de ces mêmes volontés les plus et les moins qui s'entre-détruisent : reste pour somme des différences la volonté générale.* » Quelle logomachie !

Rousseau avait été plus exact en laissant échapper la réflexion rappelée plus haut : « La loi de la pluralité des suffrages est elle-même un établissement de convention ». La meilleure preuve que ce n'est, en effet, qu'une convention, c'est que lui-même admet des règles de majorité différente suivant les cas : « Entre l'unanimité et l'égalité il y a plusieurs partages inégaux à chacun desquels on peut fixer le nombre proportionnel des suffrages. Plus les délibérations sont graves et imposantes, plus l'avis qui l'emporte doit s'approcher de l'unanimité, plus l'affaire agitée exige de célérité, plus on doit mesurer la différence prescrite entre le partage des avis ; dans les délibérations qu'il faut terminer sur-le-champ, l'excédent d'une seule voix doit suffire.... La première de ces maximes paraît plus convenable aux lois, et la seconde aux affaires. »

leurs devant bien d'autres conséquences de ses raisonnements) : que la source toujours agissante de tous les pouvoirs ne pouvant s'aliéner, la souveraineté nationale doit et ne peut pas, en principe, ne pas se régir elle-même directement. De là, comme corollaire logique, la condamnation d'abord de la monarchie, même tempérée, puis des régimes représentatifs en général. L'organisation d'un tel gouvernement, véritable but de l'argumentation de Locke, devenait pour la plupart des lecteurs du *Contrat social* une concession regrettable faite à des nécessités politiques, résultant de la simple impossibilité matérielle de faire délibérer simultanément, et comme à jet continu, les grandes masses démocratiques modernes [1]. Au lieu d'être l'essence même de

1. Et encore Rousseau laisse-t-il entrevoir que l'obstacle du nombre n'est pas si insurmontable qu'il en a l'air. « Le peuple assemblé ! dira-t-on, quelle chimère ! C'est une chimère aujourd'hui, mais ce n'en était pas une il y a deux mille ans... Les bornes du possible, dans les choses morales, sont moins étroites que nous ne pensons : ce sont nos faiblesses, nos vices, nos préjugés qui les rétrécissent. Par ce qui s'est fait, considérons ce qui peut se faire. Je ne parlerai pas des anciennes républiques de la Grèce; mais la République romaine était, ce me semble, un grand État, et la ville de Rome une grande ville. Le dernier cens donne dans Rome 400,000 citoyens portant armes, et le dernier dénombrement de l'empire plus de 4 millions de citoyens, sans compter les sujets, les étrangers, les femmes, les enfants, les esclaves... Cependant il se passait peu de semaines que le peuple fût assemblé, et même plusieurs fois. Non seulement il exerçait les droits de la souveraineté, mais une partie de ceux du gouvernement... Tout ce peuple était sur la place publique, presque aussi souvent magistrat que citoyen... La plupart des anciens gouvernements même monarchiques, tels que ceux des Macédoniens et des Francs avaient de semblables conseils... de l'existant au possible, la conséquence me paraît bonne. » Et pourtant,

la souveraineté nationale organisée et appliquée, dans des conditions propres à lui permettre d'exister, la représentation restait contraire au principe essentiel de la démocratie. Rousseau appelait le gouvernement représentatif « une aristocratie élective ». Il disait : « La souveraineté ne peut être représentée : dès qu'il est représenté, le peuple n'est plus libre. Les députés du peuple ne peuvent ni ne doivent être ses représentants : ils ne sont que ses commissaires : ils ne peuvent rien conclure définitivement[1]. »

on le sait, Rousseau voulait de petits États reliés par un principe confédératif. « J'ai travaillé pour ma patrie et pour les petits États constitués comme elle, afin d'arrêter s'il était possible, le progrès de leur marche vers la perfection de la société et la détérioration de l'espèce. » (3e dialogue) — « Grandeur des nations, étendue des Etats, première et principale source des malheurs du genre humain... (*Gouvernement de la Pologne*, ch. v) ». Quand on se heurte à certaines contradictions de Rousseau, il faut se rappeler ce que Hume disait de lui et que rapporte Burke dans ses *Réflexions sur la Révolution* » : « M. Hume m'a dit qu'il tenait de Rousseau lui-même le secret de ses principes de composition. Cet observateur fin, quoique bizarre, avait observé que pour frapper et intéresser le public, il fallait du merveilleux, que depuis longtemps la mythologie des faux dieux avait perdu son effet, que les géants, les magiciens, les fées et les héros de romans avaient épuisé la portion de crédulité qui appartenait à leur siècle : que maintenant un écrivain n'avait plus d'autre merveilleux à employer que celui du paradoxe et qu'on en pourrait tirer un plus grand parti qu'autrefois. »

1. « Le peuple anglais pense être libre : il se trompe fort, il ne l'est que durant l'élection des membres du Parlement Sitôt qu'ils sont élus, il est esclave, il n'est rien. » Il disait encore : « A l'instant que le peuple est légitimement assemblé en corps souverain, toute juridiction du gouvernement cesse, la puissance exécutive est suspendue et la personne du dernier citoyen est aussi sacrée et inviolable que celle du premier magistrat, parce que où se trouve le représenté, il n'y a plus de représentants. » Voir la réfutation par Voltaire : (*Politique et Législation*, XXXII).

On devait bientôt en conclure dans la pratique que moins le gouvernement était soustrait au nombre, dépositaire et organe de la volonté générale, moins on s'éloignait des véritables principes de tout gouvernement légitime. Rousseau aveuglait le lecteur par avance, à l'aide d'un sophisme, sur les dangers pouvant résulter de cette omnipotence de la majorité, même ignorante, inculte, aveuglée par le besoin ou la passion : « Le souverain, dit-il, n'étant formé que des particuliers qui le composent, n'a ni ne peut avoir d'intérêt contraire au leur, et par conséquent la puissance souveraine n'a nul besoin de garant envers les sujets parce qu'il est impossible que le corps veuille nuire à tous ses membres, et nous verrons ci-après qu'il ne peut nuire à aucun en particulier... Le souverain, par cela seul qu'il est, est toujours ce qu'il doit être[1]. » C'était une nouvelle façon de proclamer le « *Vox populi, vox Dei* ». L'infaillibilité, comprenant les matières de

(1) Ce qui n'empêche pas Rousseau de reconnaître que « si on ne corrompt le peuple, souvent on le trompe, et c'est alors qu'il paraît vouloir ce qui est mal... On veut toujours son bien, mais on ne le fait pas toujours. » Et aussi : « Comment une multitude aveugle, qui souvent ne sait ce qu'elle veut, parce qu'elle sait rarement ce qui lui est bon, exécuterait-elle d'elle-même une entreprise aussi grande, aussi difficile qu'un système de législation ! » (liv. II, ch. VI). On sait que dans ce chapitre, Rousseau présente le *législateur* comme une sorte d'être divin, qui s'impose au peuple par le prestige du génie et de l'autorité naturelle... « La grande âme du législateur est le vrai miracle qui doit prouver sa mission... etc. » Se rappeler aussi le passage célèbre : « A prendre le terme dans la rigueur de l'acception, il n'a jamais existé de véritable démocratie, et il n'en existera jamais. Il est contre l'ordre naturel que le grand nombre gouverne et que le petit soit gouverné. »

croyance et de conscience aussi bien que les faits de la vie civile, passait d'un être privilégié ou d'un corps aristocratique investi de la toute-puissance à la masse ténébreuse et inconsciente, sous prétexte qu'elle ne pouvait pas avoir d'intérêts contre elle-même, nouveau souverain qui, armé d'un pouvoir despotique, allait avoir son orgueil d'omnipotence et de zélés flatteurs de sa majesté [1].

Au lieu de rester un arrangement politique, une forme de gouvernement pratique avec ses avantages et ses dangers, propre à être retenue par des contre-poids et munie d'organes complémentaires, au besoin issus d'un principe différent, comme ces gouvernements modérés ou tempérés qu'Aristote et avec lui l'antiquité en général proclamaient les meilleurs des gouvernements, retenue et réfrénée vis-à-vis d'elle-même par son caractère d'agencement social essentiellement contingent et perfectible, la démocratie, attribuant à chaque individu une part égale de droits et de puissance, devenait un dogme de droit naturel, inattaquable dans son essence, inflexible dans son application, et si on avait été jusqu'au bout de l'argumentation de

1. Aristote avait dit (*Politique*, l. IV, ch. IV) : « Dès que le peuple est monarque, il prétend agir en monarque ; il se fait despote et accueille bientôt les flatteurs : cette démocratie est, dans son genre, ce que la tyrannie est à la royauté. De part et d'autre, mêmes vices, même oppression des bons citoyens... Le démagogue et le flatteur ont une ressemblance frappante. Tous deux jouissent d'un crédit sans borne, l'un sur le tyran, l'autre sur le peuple ; les démagogues... rapportent tout au peuple... car leur puissance ne peut que gagner à la souveraineté du peuple dont ils disposent eux-mêmes souverainement, par la confiance qu'ils ont su lui surprendre. »

Rousseau (qui lui-même l'abandonnait à mi-chemin)[1], impraticable dans la réalité des hommes et des choses.

IV

Tel devait être, vers le milieu du XVIIIe siècle l'aboutissant extrême de l'évolution de l'idée de souveraineté de la communauté, évolution à laquelle — entre Aristote qui avait posé le problème général de la souveraineté dans les termes les plus satisfaisants pour l'esprit, et Rousseau qui a, comme sciemment, poussé le principe de la souveraineté du peuple à l'absurde — ont contribué les mobiles intellectuels et les intérêts positifs les plus variés, véritable mêlée d'abstractions philosophiques

1. On sait que dans son *Gouvernement de Pologne*, Rousseau est fort loin d'appliquer les théories du *Contrat social*, et que dans ce dernier ouvrage même il admet bien des atténuations pratiques à sa doctrine. Il y parvient surtout par la distinction qu'il établit entre les gouvernements pris dans le sens d'exécutifs et la souveraineté. « On a beaucoup discuté de tous temps sur la meilleure forme des gouvernements sans considérer que chacune d'elles est la meilleure en certains cas et la pire en d'autres. Comment compter la multitude des circonstances qui peuvent fournir des exceptions?... Quand on demande quel est le meilleur des gouvernements on fait une question insoluble, comme indéterminée, ou si l'on veut, elle a autant de solutions qu'il y a de combinaisons possibles dans les positions absolues et relatives des peuples... » Il écrivait à d'Alembert : « L'homme est un je l'avoue, mais l'homme modifié par les religions, par les gouvernements, les lois, les coutumes, les préjugés, les climats, devient si différent de lui-même qu'il ne faut pas chercher parmi nous ce qui est bien aux hommes en général, mais ce qui leur est bon dans tel temps ou dans tel pays

mises au service de causes politiques ou d'ambitions très réalistes. Les partisans de la Monarchie ou ceux de l'Église étaient simples dans leurs visées, et si les arguments allégués en faveur de leurs prétentions se trouvaient d'apparence complexe, c'était en quelque sorte par luxe d'érudition ou de discussion. Le but poursuivi était bien tangible et avait d'ailleurs existé ou existait sous une forme sensible et réelle : le pouvoir absolu. Plus tard le recours à la souveraineté indestructible de la nation, pour combattre les mauvais gouvernements, avait également porté des fruits immédiats et directs. Le libéralisme et les principes constitutionnels devaient en naître tout naturellement. Au contraire, la démocratie directe visée par Rousseau, sous le nom de souveraineté du peuple, bien qu'il cherchât à la déduire logiquement et comme une conséquence nécessaire, de quelques principes primordiaux, ne pouvait, dans l'application, être une chose simple. Une souveraineté populaire s'exerçant dans les conditions qu'il avait définies, n'était, lui-même le savait et le disait, qu'un fantôme. Pour lui donner la vie il fallait autre chose que les déductions du *Contrat social.*

Aussi, même depuis qu'elle s'est répandue partout avec l'empreinte profonde des idées de Rousseau, l'influence de la doctrine de la souveraineté du peuple n'a-t-elle pas été semblable dans les différents pays. L'évolution historique des nations, se poursuit sous les systèmes philosophiques ; elle reçoit certainement de ceux-ci quelque impulsion ou en subit quelque dérivation, mais elle maintient, malgré tout, sa direction générale, conforme aux grands courants du passé, aux grands intérêts positifs si bien entrevus par Montesquieu et l'école historique moderne, comme servant d'assises fondamentales à l'organisation sociale des nations [1]. En Angleterre, où la royauté d'abord toute-puissante a trouvé en face d'elle des groupes assez forts pour lui imposer un pacte et la maintenir dans les limites de ce pacte [2], l'idée de souveraineté du peuple, quoiqu'elle ait été formulée dans ce pays avec la netteté que nous avons rappelée pour justifier la résistance de la nation à la monarchie absolue et des Églises à l'orthodoxie, s'est vue tempérée par des traditions et des habitudes anciennes et puissantes. La révolution accomplie, elle est rentrée pour longtemps au second rang des préoccupations nationales, s'effaçant derrière l'idée traditionnelle de droits politiques bien formulés, résultant d'un véritable contrat entre puissances historiques, contrat qu'il s'agissait de dé-

1. « L'erreur principale, écrit M. de Chambrun (*Droits et libertés aux Etats-Unis*, p. 354) a été de se figurer dans tous les pays la souveraineté du peuple comme une sorte de principe unique, immuable et toujours le même... elle s'est accommodée de toutes les institutions les plus différentes, les plus opposées. »

2. M. Boutmy dans son *Développement de la Constitution anglaise* a exposé avec une admirable précision les conditions particulières grâce auxquelles « la liberté politique est née d'aussi bonne heure en Angleterre et y a revêtu sa forme la plus parfaite: un parlement national, alors que les autres pays élaboraient péniblement le mécanisme grossier et compliqué des États généraux et des États provinciaux. » Pour cela il a fallu tout d'abord, comme conséquences de la conquête normande « un roi fort, un baronnage faible, un royaume homogène » puis, par réaction contre les abus de pouvoir du « roi fort » l'union du haut baronnage en vue du contrôle et même « de partager le pouvoir dont il

fendre et de sauvegarder ; ou derrière ces principes d'utilitarisme politique, d' « expediency » qui sont entrés profondément dans le tempérament anglais et que l'horreur et l'effroi de la Révolution et du jacobinisme français y ont encore développés, principes et habitudes qui, tant que le courant démocratique n'aura pas, là comme ailleurs, emporté, en les ravageant, les anciennes influences, devront y tempérer de beaucoup d'empirisme les principes absolus et faire planer l'idée d'un développement progressif et expérimental au-dessus de la logique apparente du radicalisme.

L'idée de la souveraineté populaire, dans sa généralité dogmatique, devait jouer un rôle plus essentiel et plus immédiat dans les pays où, comme en France, la monarchie absolue s'étant victorieusement implantée, il fallait pour l'ébranler un principe de puissance supérieur à l'autorité royale : ou bien dans ceux où, comme en Amérique, la

paraît inévitable que chacun dépende » union qui aboutit à la grande Charte et à la constitution du Parlement dès le XIVe siècle. — Voir aussi la préface de la traduction de l'*Histoire d'Angleterre* de Green, préface due à M. G. Monod, et qui aboutit aux mêmes conclusions que M. Boutmy. — Delolme avait déjà dit : « C'est à cette différence dans la constitution originelle de la France et de l'Angleterre, c'est-à-dire dans la puissance originelle de leurs rois qu'il faut attribuer la différence, si peu analogue à ses causes, de leur constitution actuelle. C'est elle qui donne la solution d'un problème qui, je l'avoue, m'a longtemps peiné, et qui explique pourquoi, de deux peuples limitrophes, presque sous le même climat, et ayant une origine commune, l'un a atteint le comble de la liberté, l'autre s'est successivement assujetti sous la monarchie la plus absolue... Ce fut l'immense pouvoir du roi qui rendit l'Angleterre libre, parce que ce fut cette immensité même qui y fit naître l'esprit d'union et de résistance raisonnée. »

future fédération, d'abord réduite en fractions vassales d'une dynastie étrangère et voulant constituer son autonomie, devait, pour opérer la séparation, invoquer un droit intérieur souverain auquel le droit dynastique fût subordonné : — puis pour s'ériger en nation fédérative, se fonder sur un principe d'organisation supérieur aux prétentions des États particuliers qui formaient les éléments de la confédération. Dans ces deux derniers cas, la souveraineté populaire a encore, vu la diversité des points de départ, porté des fruits différents. Venu d'Angleterre en Amérique avec les Puritains et plus tard avec les doctrines de Locke, puis revenu d'Amérique en France sous la forme des *Déclarations des Droits*, le principe s'est adapté à des situations politiques et sociales dissemblables et les régimes qui en sont résultés sont dissemblables également.

En Amérique, la souveraineté de la nation, déduite des principes de liberté individuelle, religieuse et politique, chère aux Anglo-Saxons, principes qui sont depuis longtemps la base de leur histoire, a été d'abord invoquée, à la fois, comme cause et comme justification de la sécession d'avec la métropole. Pour établir le droit de la nouvelle collectivité, il fallait bien le chercher dans un principe de consentement des citoyens, supérieur au droit dynastique et héréditaire, hostile à la nouvelle formation. C'est à ce besoin de définition du droit d'un peuple à constituer lui-même l'autorité qui le régira, que répondent les *Déclarations des Droits*[1].

1. Celles-ci, on le sait, figurent dès le début dans la constitution des principaux États qui devaient former la pré-

C'est pour le constater et l'établir que le préambule de la déclaration d'indépendance (1774) proclame que « tous les hommes ont été créés égaux et ont été doués par le Créateur de certains droits inaliénables.— Pour s'assurer la jouissance de ces droits, les hommes ont établi parmi eux des gouvernements dont la juste autorité émane du consentement des gouvernés. — Toutes les fois qu'une forme de gouvernement quelconque est destructive des fins pour lesquelles elle a été établie, le peuple a le droit et la charge de l'abolir. » Le consentement du peuple, nécessaire à la sécession, l'était également à la constitution d'un nouveau gouvernement, dans les conditions où se trouvaient les États fédérés. « Considérant, dit le décret du 15 mai 1776, qu'il est nécessaire que l'exercice de toute espèce d'autorité au nom de la couronne d'Angleterre soit absolument supprimé et que les pouvoirs du gouvernement soient exercés de par l'autorité du peuple de ces colonies... en conséquence, il est arrêté... » L'absence d'un autre souverain avait nécessairement abouti à la souveraineté de la communauté sécessionniste qui devait dans son propre sein organiser un pouvoir central[1]. Cette souverai-

mière fédération. Il est à remarquer que la constitution revisée de plusieurs États a conservé ces déclarations (voir entre autres la *Constitution de la Pennsylvanie* (1873) et cela dans les termes généraux qu'on a tant reprochés à notre déclaration de 1789. Voir sur ce sujet Boutmy, et Janet, *op. cit. Introduction*. Ces deux auteurs ne sont pas d'accord sur le caractère des amendements ajoutés à la Constitution de 1787, mais le doute ne peut pas exister sur celui des *Déclarations de droits* des constitutions d'États.

1. « Les colonies d'Amérique, écrit M. de Chambrun, ont été pendant le XVIe, le XVIIe et le XVIIIe siècles des posses-

neté du corps collectif a encore, dès le début de l'indépendance, été le fondement nécessaire de la limitation imposée par les constitutions aux pouvoirs organisés soit dans chaque État, soit dans la fédération. Le peuple a été censé déléguer ce qu'il lui a paru bon de déléguer de sa puissance à chaque organe de gouvernement, et a réglé les conditions dans lesquelles il opérait et limitait cette délégation. Le pouvoir judiciaire, doué d'une indépendance presque complète dans sa plus haute incarnation, la Cour suprême, a été chargé de pourvoir, sans appel, à ce que les empiètements d'un corps sur l'autre fussent réprimés, à juger même de la constitutionnalité des actes des pouvoirs publics. Il en est résulté ce principe, général aux États-Unis, que tout ce qui n'est pas permis expressément par la Constitution ou les lois aux pouvoirs locaux ou fédéraux, leur est interdit. Les tribunaux sont les garants du droit individuel contre l'État, du droit fédéral contre les États, et *vice versa*. De cette façon, la souveraineté du peuple a été aux États-Unis au moins autant un agent d'organisation politique qu'une source de prétentions égalitaires parmi les citoyens. Il fallait

sions de la couronne appartenant au roi en vertu de son titre féodal, et colonisées, gouvernées par lui en dehors et sans contrôle du Parlement... L'idée féodale pure de souveraineté et de propriété s'est maintenue ici dans presque toute sa plénitude... Il est aisé de voir que du moment où les institutions de la couronne britannique étaient mises d'un coup à néant, il ne restait plus dans les treize colonies maintenant en armes, qu'un seul corps d'hommes libres, à présent devenus maîtres : que par conséquent, tout pouvoir devait nécessairement venir d'eux. » (*Droits et libertés aux États-Unis*, p. 58.)

la souveraineté nationale aussi bien pour échapper à la domination de la Métropole, que pour agencer la fédération, balancer les États, les pouvoirs locaux, les droits et devoirs de chaque élément particulariste : la conséquence égalitaire individuelle n'a été qu'indirecte. On a vu subsister à côté l'un de l'autre et dans une sorte d'isolement réciproque qui n'est pas sans danger, même en Amérique, un pouvoir exécutif central, élu, responsable devant le pays; une autorité judiciaire suprême respectée, et indépendante, dans une large mesure, de l'élection politique; une Chambre issue du suffrage populaire, limitée dans ses attributions, et qui a laissé une grande part d'influence, soit aux deux pouvoirs que nous venons d'indiquer, soit au Sénat, né d'un suffrage particulier.

La conséquence égalitaire a été, par contre, prédominante en France. Le césarisme romain, auquel nous rattachent tant de liens directs, a été longtemps comme l'incarnation terrestre de cette sorte de Providence paternelle, conçue à l'instar de la paternité familiale, chargée de diriger souverainement et de régler sans contrôle l'existence des enfants nés d'un même père, dont la Bible devait, de son côté, fournir par tant d'exemples, l'image sacrée à notre foi. La monarchie occidentale a repris comme l'empire oriental et comme la papauté, ces antiques traditions. Le droit divin dynastique s'est modelé à la fois sur les précédents de Rome et de la Bible. A travers les vicissitudes de la formation de notre unité nationale et territoriale, qui rendaient nécessaire un pouvoir central dominant, s'élevant sur les ruines d'une féodalité tout d'abord menaçante et peu à peu écrasée, arrêtant les empiètements de Rome, en déclarant qu' « il ne relève que de Dieu et de lui-même », l'évolution de la royauté a abouti à la monarchie absolue de Louis XI, de François Ier, de Henri IV et de Louis XIV, qui a paru définitivement, après bien des résistances, tout niveler sous elle et ériger en dogme la souveraineté royale sans contre-poids. Le jour vint où la royauté devait, minée par ses propres excès, s'effondrer sous les attaques du rationalisme. Celui-ci ramassa contre elle toutes les armes. Celle de la souveraineté de la nation ne pouvait lui échapper. Le principe en avait rempli les conflits de l'Église et de la royauté. Seulement, au lieu de rester une protestation contre la souveraineté monarchique dont elle aurait dû être la négation et comme la réfutation, la souveraineté nationale a pris par sa parenté de forme et comme de visage avec la souveraineté de droit divin, une signification positive qui, bien que difficile à élucider rationnellement, a prévalu dans des esprits imbus d'idées et d'habitudes monarchiques. Le rationalisme, retournant contre la souveraineté monarchique ses attributs, lui substitua peu à peu, emporté par les ardeurs de la lutte, les droits de la souveraineté populaire absolue, comme l'Église avait cherché à supplanter l'autorité impériale par la sienne. Dans la crise qui emporta la monarchie, les attributs furent transférés de l'une des conceptions de la souveraineté à l'autre, sans souci de la différence des situations. L'ancien souverain disparut, nais non l'étendue ni la définition de ses pouvoirs. Ces pouvoirs se trouvèrent fractionnés en un très grand nombre de mains au lieu d'être concentrés en un bras unique, et les possesseurs furent réduits à une part minuscule de souveraineté individuelle, petits souverains dont l'émiettement de pouvoir ne diminuait pas l'orgueil d'avoir cessé d'être sujets pour recevoir, fût-ce en apparence, une parcelle de puissance suprême destinée en s'agglomérant à d'autres, à écraser les minorités sous le poids de la majorité, ou simplement la partie la plus tranquille, la plus modérée ou la plus passive de la population sous l'oppression des factions violentes. On sait avec quelle facilité ce nouveau sens de la souveraineté nationale l'emporta dès les premiers jours de la Révolution, dans beaucoup de cerveaux, sur le sens tout relatif et comme de protestation où elle avait d'abord été acceptée et employée par les esprits libéraux. Là où les premiers constituants avaient voulu constater solennellement, en inscrivant la souveraineté nationale dans la charte de la Nation, que le pouvoir supérieur, le droit de faire la loi, définitif, irrévocable, inaliénable, dans sa totalité ou ses parties, ce qui est la véritable souveraineté au sens ancien, ne peut légitimement appartenir avec les mêmes épithètes à aucun membre ni à aucun groupement de membres du corps social, ni par droit de naissance ni par droit de conquête, ni par une aliénation définitive, même volontaire de la part du peuple, et que si un groupe ou un individu s'en empare par force ou par ruse, c'est usurpation, — proclamant par là *l'autonomie* de la nation, et l'admissibilité de tous à tous les emplois ou charges; — d'autres ont bientôt vu la souveraineté du peuple, forme et principe de gouvernement, visant une forme et des procédés politiques spéciaux, excluant tout d'abord la monarchie même tempérée, se rapprochant autant que possible de la démocratie directe, faisant du nombre, considéré comme l'équivalent du peuple, le souverain absolu, illimité dans ses droits, infaillible dans sa domination, source toujours efficiente, et très souvent turbulente, du pouvoir.

Latente ou apparente, cette lutte entre les deux significations de la souveraineté nationale a rempli les premières années de la Révolution, et malheureusement, par la force même des mots et des choses, elle devait aboutir au triomphe de l'interprétation la plus radicale[1]. Il s'est fait là

1. Dès le mois d'août 1789, *le Moniteur universel* proteste contre les districts de Paris qui, « abusant du principe que la Nation est la source essentielle de toute puissance et que les mandataires ne doivent pas être supérieurs à leurs commettants, s'arrogent le droit de subordonner à leurs décisions les arrêtés de la Commune » (8 août 1789). Cependant, dès les premiers jours de la Révolution, la confusion s'est si bien établie entre le principe de la souveraineté nationale et son application sous forme d'intervention directe du peuple, que le même *Moniteur* proclame (4 septembre 1789) que « chaque section de citoyens, chaque citoyen même, a le droit de manifester son vœu sur tous les actes passés, présents ou futurs du corps législatif ». On sait l'usage que les députations populaires devaient faire de ce droit.

Un pamphlet de d'Antraigues (1788) avait bien résumé cette transformation de l'idée de souveraineté du peuple. « Le tiers est le peuple; le peuple est l'État lui-même; dans le peuple réside la toute puissance; par lui, tout l'État doit exister. (*Mémoire sur les États généraux.*)

« Vous avez voulu, s'écrie Malouet, dans la discussion de la Constitution, rapprocher intimement le peuple de la « souveraineté » et vous lui en donnez continuellement la tentation sans lui en conférer l'exercice. Je ne crois pas cette vue saine. Vous affaiblissez les pouvoirs suprêmes par la dépendance où vous les avez mis d'une abstraction. »

un déplacement d'idées successif et en quelque sorte fatal. Une fois pris dans l'engrenage de l'expression « souveraineté » mal employée, mal appliquée, véritable non-sens logique, il a fallu aller jusqu'au bout. Les partis relativement modérés y ont d'abord trouvé des armes contre le pouvoir absolu : ces armes ont été reprises par les meneurs populaires et retournées contre les modérés.

Après avoir servi d'argument à la *Constituante* contre les deux Chambres, contre le droit de dissolution laissé à la couronne, contre le veto royal absolu, contre l'indépendance ministérielle, contre le droit de la couronne à la nomination des magistrats ou des fonctionnaires, contre le pouvoir du roi de déclarer la guerre, au fond, contre tous les attributs essentiels de la royauté, elle devient entre les mains de la *Législative*, une protestation directe contre le pouvoir monarchique héréditaire. « Les rois et les peuples, s'écrie Thouret dans le débat sur la régence (28 mars 1791), venant à croire que l'autorité n'est pas une émanation de la souveraineté nationale, mais un bien de famille qu'on tient de Dieu et de l'épée et qu'on se transmet patrimonialement, le fondement du despotisme est établi. »

C'est dans ce sens que la *déclaration* de l'Assemblée législative (20 avril 1792), laissant de côté les épithètes du *Contrat social*, invoquées par la Constitution de 1791, rappelle que « la nation française a prononcé hautement que la souveraineté n'appartient qu'au peuple qui, borné dans l'exercice de sa volonté suprême par les droits de la postérité, ne peut déléguer de pouvoir irrévocable : elle a hautement reconnu qu'aucun usage, qu'aucune convention ne peuvent soumettre aucune société d'hommes à une autorité qu'ils n'auraient pas le droit de reprendre. »

Pendant ce temps, aux yeux de la fraction la plus agitée de la population, la souveraineté du peuple s'est transformée en une sorte d'entité virtuelle, indépendante du sens de négation du pouvoir absolu où elle a d'abord été employée. « Au milieu des agitations dans lesquelles nous vivons depuis quatre ans, lit-on dans la célèbre lettre de Roland au roi (10 juin 1792), qu'est-il arrivé? Des privilèges onéreux pour le peuple ont été abolis; les idées de justice et d'égalité se sont universellement répandues; la reconnaissance *des droits du peuple est devenue une doctrine sacrée*.... La déclaration des droits est devenue un évangile politique et la Constitution une religion pour laquelle le peuple est prêt à périr. »

La Commune de Paris s'empare de la souveraineté du peuple et l'organise de la façon qu'on sait, sous forme de pouvoir révolutionnaire opposé à l'Assemblée représentative de la Nation qu'elle envahit à tous moments par ses députations ou terrorise par ses menaces. L'insurrection du 10 août se fait au nom de la souveraineté du peuple, et l'Assemblée est obligée de se soumettre à son vainqueur. Le peuple ne reconnaît plus l'autorité des corps représentatifs. Il lui faut l'intervention constante et directe des assemblées primaires : en attendant, dans les grandes villes, les clubs, les sections et les comités de surveillance se sont constitués souverains contre les délégués représentatifs de la Nation.

A la suite du 10 Août, une députation de la Commune vient à l'Assemblée législative : « Le peuple qui nous envoie, nous a chargés de vous déclarer qu'il ne reconnaissait d'autres juges des mesures extraordinaires que la nécessité l'a contraint de prendre, que le Peuple français, notre souverain et le vôtre, réuni dans les assemblées primaires. »

« Les délégués des citoyens de Paris, s'écrie Manuel, ont besoin de pouvoirs sans limites : une nouvelle autorité entre eux et vous, ne ferait que jeter des germes de division. Il faudra que le peuple, pour se délivrer de cette puissance destructive de sa souveraineté, s'arme encore une fois de la vengeance. » La première organisation des tribunaux révolutionnaires émanés des sections, se fait au nom de la souveraineté du peuple, et celle-ci est encore prise comme un masque détestable par les massacreurs de Septembre.

La Législative dissoute et la Convention réunie, la souveraineté du peuple, dans le sens direct du mot, devient tout d'abord l'équivalent de la République qui vient d'être proclamée. Puis l'opinion s'affirme, par la bouche de Danton, qu'il ne peut exister de constitution que celle qui sera « textuellement, nominativement acceptée par la majorité des assemblées primaires ». Bazire demande un châtiment contre ceux qui violeraient la souveraineté du peuple. C'est cette souveraineté « directe, une, indivisible et imprescriptible. » que cherchent à organiser d'abord Condorcet et le comité girondin, puis les montagnards, restés maîtres de l'Assemblée. Le projet de Condorcet recourt à l'intervention des assemblées primaires pour la nomination des représentants et des autorités locales et aussi pour celle des ministres du pouvoir exécutif. De plus, il leur soumet, suivant une législation compliquée et impraticable, les projets de décrets ou les propositions dues à l'initiative des citoyens. Marat, lui-même, s'écriait à propos de ce singulier projet : « Qui croirait que pour proposer une nouvelle loi ou en faire révoquer une ancienne, on tient cinq millions d'hommes sur pied pendant six semaines ! »

La chute des Girondins devait interrompre la discussion de leur projet constitutionnel. Avant de disparaître, ils s'appuyent jusqu'au bout sur la souveraineté du peuple. Celle-ci est invoquée, à cette époque, dans les desseins les plus divers : les uns pour combattre la mise en jugement du roi, prétendent que la souveraineté nationale ayant déclaré l'inviolabilité du roi dans la Constitution de 1791, ne peut se déjuger ; ceux du parti contraire, affirment que la souveraineté du peuple n'a pu s'engager ni engager l'avenir et que tout engagement de ce genre est nul : « Si elle a rendu le pouvoir royal inviolable pour les corps constitués, elle n'a pu le rendre inviolable pour elle-même, car elle ne peut jamais renoncer à la faculté de tout faire et de tout vouloir en même temps. Cette faculté constitue la toute puissance de la nation, qui est inaliénable. » Vergniaud s'appuie encore sur elle pour demander l'appel au peuple dans le jugement de Louis XVI ; la Montagne, après la condamnation du roi, pour protester contre la démission de Kersaint, sous prétexte qu'un député ne s'appartient pas, mais n'est qu'un humble sujet du peuple souverain. Les girondins l'invoquent contre la prédominance des grandes villes et notamment contre Paris. Leurs adversaires s'en servent contre eux pour défendre les grandes municipalités, garantes de l'unité du peuple souverain, menacée par les projets de fédéralisme. Avant le 31 Mai, elle est opposée par une partie de l'Assemblée à ceux qui réclament de la représentation nationale de sacrifier une portion de ses membres à la justice populaire. Après le 31 Mai, elle sert à justifier l'attentat insurrectionnel auquel la Convention a cédé[1]. Le journal de la Montagne célèbre triomphalement la puissance irrésistible des assemblées populaires. On retrouve la souveraineté du peuple à l'œuvre, quoique avec des restrictions pratiques (notamment au sujet du pouvoir des assemblées primaires pour la sanction des lois[2], l'élection des pouvoirs locaux et des fonctionnaires), dans la Constitution des monta-

1. Le 4 mai, une députation du faubourg Saint-Antoine vient défiler à l'Assemblée. L'orateur déclare qu'il est suivi de huit mille citoyens en armes, « Membres du Souverain », qui vient dicter ses volontés à ses « mandataires ».

Le soir du 1er juin, la Convention ayant capitulé devant les menaces populaires, déclare par l'organe de Barrère, qu'elle a vu ses alarmes disparaître, au moment où l'agitation est devenue plus générale. « Au milieu de ce mouvement, elle a senti, elle a décrété que les sections de Paris avaient bien mérité de la Patrie... C'est ainsi que chez une nation, digne d'exercer elle-même sa souveraineté, les orages qui menacent la liberté la rendent plus pure et plus indestructible et l'ordre social se perfectionne à travers les infractions passagères qu'il reçoit. »

2. Robespierre déclare que « la sanction tacite » du peuple devait dans bien des cas remplacer l'approbation formelle.

gnards, qui votée quelques jours après la disparition des girondins, sanctionnée par les assemblées primaires[1], devait être remplacée, avant d'avoir fonctionné, par la dictature du Comité de salut public. Au dernier paragraphe de la nouvelle Déclaration, la souveraineté du peuple trouvait, quelques jours avant la Terreur, sa sanction dans le fameux article proclamant « le droit d'insurrection, le plus sacré des droits et le plus indispensable des devoirs, quand le gouvernement viole les droits du peuple. »

A cette même époque, c'est au nom de la souveraineté du peuple qu'on dépouille, ou qu'on guillotine les riches, comme étant en *minorité*. « Nous dirons aux riches, s'écriait Chabot : convenez que nous sommes les plus nombreux... Nous vous chasserons de la République ! »

Collot d'Herbois pousse les droits des citoyens jusqu'à l'admission des femmes à tous les emplois publics. Saint-Just tourne le principe à des vues

Il trouvait par là le moyen de concilier les nécessités pratiques du gouvernement et l'opinion de Rousseau à laquelle il déclarait rester fidèle : « Avec Rousseau, nous regardons comme indubitable que la volonté ne se représente pas. Le corps législatif lui-même n'est pas représentant dans le vrai sens du mot. Ses lois ont besoin de sanction et ses décrets n'y échappent que parce que le peuple est *censé* les approuver. »

1. Celles-ci deviennent, dans le rapport du Comité, « les temples où doit s'exercer la souveraineté du peuple... en terminant ses travaux ; la Convention a le devoir de s'adresser au Souverain. » C'est de ces mêmes assemblées primaires que Boissy d'Anglas dira dans son rapport de l'an III qu'on a arraché d'elles la sanction de la Constitution de 1793 par la violence ou la corruption, même à prix d'argent.

plus pratiques et en tire l'organisation de la Terreur. Le Comité de salut public devient l'incarnation de la souveraineté nationale, munie de tous ses organes de tyrannie et d'inquisition, machine à faire les lois, tribunaux, commissaires, et force armée à sa disposition pour les exécuter.

Saint-Just avait rêvé une assemblée émanée de la totalité des citoyens réunis en un seul collège électoral, érigeant un pouvoir exécutif unique et tout puissant. « La souveraineté du peuple, disait-il, veut que le peuple soit uni. Il ne faut point de parti dans un État libre pour qu'il puisse se maintenir. Il faut être juste conséquemment à l'intérêt public, non à l'intérêt particulier. Vous ne pourrez jamais contenter les ennemis du peuple, à moins que vous ne rétablissiez la tyrannie : j'en conclus qu'il faut qu'ils périssent[1]. » On sait jusqu'à quel point, à défaut du corps tout puissant imaginé par Saint-Just, le Comité de salut public a, jusqu'à thermidor, adopté et pratiqué cette façon d'entendre la souveraineté du peuple.

Sorti vivant de la Terreur, Sieyès, dans un éclair de sagacité politique, instruite tardivement par l'expérience, a montré la vraie source des désordres de principes et d'idées où avait abouti la Révolution : « Non, le peuple s'écriait-il, dans la discussion de la Constitution de l'an III, n'a pas, par lui-même, ces pouvoirs, ces droits sans limite que ses flat-

1. On sait que dans ses *Institutions républicaines*, publiées après sa mort, Saint-Just réalisait une véritable république de Platon, où chaque homme devenait, corps et âme, dans ses actions, aussi bien que dans ses affections et ses croyances, esclave de l'Etat souverain.

teurs lui attribuent. La souveraineté illimitée du peuple est une conception royaliste et monacale, une conception destructive de la liberté et ruineuse de la chose publique comme de la chose privée. »

Benjamin Constant et l'école libérale devaient plus tard protester avec éloquence contre la souveraineté nationale ainsi interprétée et invoquer contre elle le souvenir du despotisme des assemblées de la Révolution, incarnation apparente du peuple souverain, terrorisée elle-même par une minorité violente; formule d'anarchie qui devait par deux fois, dans ce siècle, aboutir à une autre incarnation fictive de la souveraineté nationale sous la forme du despotisme impérial, sanctionné par le plébiscite, véritable résurrection du Césarisme romain, à une époque qui ne le comportait plus, et qui chaque fois a sombré dans les catastrophes.

N'étant en quelque sorte qu'une formule de réaction ou d'antagonisme, et n'ayant pas en elle-même les conditions nécessaires de vie organique, nous avons vu la souveraineté populaire, malgré ses prétentions dogmatiques, subir, dès son entrée dans la vie pratique, des modifications qui l'ont singulièrement éloignée de sa simplicité théorique, et aboutir à l'anarchie, à la Terreur et au Césarisme. Lorsque la nation souveraine a voulu s'affranchir de la pure tyrannie d'une populace déchaînée, d'un comité de dictateurs terroristes ou d'un despote, elle a dû se conformer à l'exemple des peuples déjà échappés à l'autorité monarchique absolue et s'agencer plus ou moins complètement en régime représentatif, avec des pouvoirs organisés et distincts. Là encore, grâce en grande partie à la survivance du principe de la souveraineté du peuple, notre système politique s'est enveloppé de bien des sophismes qui n'ont pas tous résisté à la réalité de la pratique, mais qui ont troublé et qui troublent encore sa marche : sophismes sur lesquels nous voudrions maintenant jeter brièvement un coup d'œil.

Elle a, par défiance du gouvernement personnel, en exagérant la célèbre théorie émise par Montesquieu à propos de la Constitution anglaise, et imitant sans discernement l'exemple des États-Unis qui s'étaient inspirés de la doctrine empruntée à l'*Esprit des Lois*, créé sous le nom de « séparation des pouvoirs » un véritable conflit des pouvoirs de gouvernement qui a toujours, et périodiquement depuis 1789, abouti, tantôt à l'anarchie, suite de l'affaiblissement excessif du pouvoir exécutif, et tantôt au Césarisme; qui, par réaction contre une autonomie excessive du pouvoir judiciaire essayée par la révolution, a supprimé ou amoindri l'indépendance essentielle de la magistrature vis-à-vis des pouvoirs politiques. Elle a, dès l'origine, et en s'appuyant sur l'indivisibilité de la souveraineté, empêché le partage du pouvoir législatif entre deux chambres et assuré la tyrannie de la majorité lorsqu'une assemblée unique régnait au lieu d'un monarque. Elle a substitué au véritable gouvernement représentatif qui vit d'indépendance et de confiance entre les représentants et les représentés, un système de délégation directe, de mandat plus ou moins impératif, reste de l'ancienne pratique des États généraux, qui cherchait à s'accorder tant bien que mal avec les idées de Rousseau sur la souveraineté populaire : de servitude des élus vis-à-vis des passions ou des intérêts des électeurs, qui est le contraire du véritable régime délibératif en ce qu'il a de fécond et d'élevé ; qui, lorsqu'elle se combine avec les prétentions du suffrage universel à l'omnipotence aussi bien dans le détail des affaires que dans le principe général des choses, suite logique de la souveraineté mal définie du corps électoral, menace à la fois l'autorité et la stabilité gouvernementales, le bon ordre des délibérations et des initiatives législatrices, sacrifie l'intérêt général du pays aux appétits ou aux ambitions individuelles, ébranle enfin toute cette coordination de talents, d'indépendance, d'autorité chez les chefs, d'esprit de discipline dans les partis, de règles pratiques dans le partage des fonctions entre le pouvoir et les assemblées, nécessaire au bon fonctionnement du gouvernement représentatif, et sans laquelle il aboutit à n'être qu'un synonyme sonore de confusion, d'impuissance et d'anarchie.

II

LA SÉPARATION
DES POUVOIRS POLITIQUES

MONTESQUIEU ET L'ANGLETERRE

La crise des gouvernements parlementaires, qui se produit actuellement, sous une forme plus ou moins aiguë, dans le monde entier, pourrait s'appeler la crise du pouvoir exécutif. Partout les nations éprouvent la difficulté de concilier les fonctions et les devoirs d'un gouvernement digne de ce nom avec l'intrusion perpétuelle dans la gestion de la chose publique, du corps électif, dit pouvoir législatif. Il y a là comme une antinomie qui se résout tantôt dans l'éxagération du pouvoir personnel au détriment du véritable mécanisme parlementaire, comme en Allemagne, tantôt dans l'excès d'ingérence du Parlement, comme en France, où elle s'étend peu à peu à toutes les parties de l'administration et de la vie publique. L'antique adage de la séparation des pouvoirs, soi-disant gage et garantie de la liberté et de l'ordre, reste bien inscrit au fronton des édifices politiques[1] : mais, dans la pratique, la répartition des fonctions et des pouvoirs politiques s'opère suivant des conditions très différentes selon les pays et les mœurs. On sent que d'axiome ou de dogme, par suite de la pression des faits, et par suite aussi de son conflit avec l'idée de la souveraineté du peuple, devenue prépondérante dans les pays de suffrage universel, elle a passé à l'état de simple formule, qui varie beaucoup dans l'application.

Il a été longtemps admis et répété que Montesquieu a pris en Angleterre l'idée de la séparation des pouvoirs : il a vu dans l'indépendance réciproque des puissances législative, exécutive et judiciaire, s'appuyant sur un mélange de monarchie, d'aristocratie et de démocratie, telle qu'il la constatait réalisée chez nos voisins d'outre-Manche, la base nécessaire des garanties politiques, et il l'a, dans l'*Esprit des Lois*, recommandée au monde comme l'unique moyen d'établir et de conserver un gouvernement libre. Ses théories sur ce point ont eu, depuis deux cents ans, des conséquences incalculables, d'abord aux États-Unis, puis en Europe. Chez nous-mêmes, elles ont, depuis la Révolution, entraîné les résultats les plus graves dans notre histoire politique. C'est là un sujet qui, même en s'en tenant à ses grandes lignes, aurait besoin d'être repris et serré d'un peu près[2].

1. *Déclaration des droits de l'homme de* 1789 : art. 16. « Toute société dans laquelle la garantie des droits n'est pas assurée, ni la séparation des pouvoirs déterminée, n'a point de constitution. »

2. Le sujet général de la séparation des pouvoirs a fait l'objet d'un concours ouvert par l'Académie des sciences

I

Montesquieu est allé en Angleterre en 1729 et y est resté deux ans environ : *L'Esprit des Lois* date de 1748, mais il semble que le fameux chapitre sur la Constitution de l'Angleterre ait été rédigé bien avant l'apparition de l'ouvrage où il figure. Son fils, dans une notice biographique qui a servi à tous ceux qui se sont occupés de la vie de Montesquieu[1], dit formellement que « le livre sur le gouvernement d'Angleterre était fait lors de la publication du livre sur les Romains (1733) et que M. de Montesquieu avait eu la pensée de le faire imprimer avec les Romains[2] ». Sans doute, entre 1733 et 1748,

morales et politiques en 1879, concours à la suite duquel un solide et complet mémoire de M. de Saint-Girons a été couronné et publié ensuite sous le titre de : *Essai sur la séparation des pouvoirs* (1881).

Le compte rendu des mémoires soumis au jugement de l'Académie a fourni à M. Aucoc l'occasion d'un excellent rapport où la matière est résumée en termes lumineux. Sous le titre : « *La Séparation des pouvoirs et l'Assemblée nationale de* 1789 », M. Léon Duguit a récemment publié une instructive brochure où les discussions des assemblées de la Révolution sur l'organisation des pouvoirs publics sont clairement analysées, et les erreurs qui en sont résultées, mises en plein relief. Pendant l'impression de ces pages, la *Revue de Paris* a publié un article suggestif de M. Ch. Seignobos sur *la séparation des pouvoirs*.

1. Voir Vian : *Bibliographie de Montesquieu.*

2. Cf. La Harpe : « On croit voir dans les *Considérations* sur les Romains une partie détachée de l'ouvrage immense : « *L'Esprit des Lois* » qui absorba la vie de Montesquieu. Il est probable qu'il se détermina à faire de ces considérations un traité à part, parce que tout ce qui regarde les Romains offrait un grand sujet... »

l'auteur de l'*Esprit des Lois* aurait pu retoucher à ce livre, et rien ne dit qu'il ne l'ait pas fait : cependant rien n'indique non plus qu'il ait modifié notablement ses vues sur l'Angleterre depuis le voyage qu'il y avait entrepris. Or dans ce voyage où lord Chesterfield fut son principal guide, il avait observé de près les hommes et les mœurs[1], et on trouve, soit dans ses *Notes sur l'Angleterre*, soit dans ses *Lettres familières*, soit enfin dans les fameux chapitres de son grand ouvrage « sur les effets qui résultent du climat sur l'esprit, sur le commerce de l'Angleterre » ou bien sur « la façon dont les lois peuvent contribuer à former les mœurs, les manières et le caractère d'une nation », des traces scintillantes de ses études d'exploration. Cependant

1. Cf. d'Alembert : *Éloge de Montesquieu* : « Il se rendit en Angléterre où il demeura deux ans. Locke et Newton étaient morts : mais il eut souvent l'honneur de faire sa cour à leur protectrice, la célèbre reine d'Angleterre, qui cultivait la philosophie sur le trône et qui goûta comme elle le devait M. de Montesquieu. Il forma à Londres des liaisons intimes avec des hommes exercés à méditer et à se préparer aux grandes choses par des études profondes. Il s'instruisit avec eux de la nature du gouvernement et parvint à la bien connaître. Nous parlons ici d'après les témoignages publics que lui en ont rendus les Anglais eux-mêmes si jaloux de nos avantages et si peu disposés à reconnaître en nous aucune supériorité. »

Une démarche que nous avons faite auprès des héritiers de l'auteur de l'*Esprit des Lois* et qui a été accueillie avec beaucoup de bonne grâce, nous a appris que parmi les écrits et les papiers de leur illustre ancêtre dont ils préparent la publication et qui sont impatiemment attendus par les amis des lettres, il se trouve malheureusement peu de documents nouveaux sur le voyage en Angleterre. C'est ce que confirme d'ailleurs un passage de la Préface des *Voyages de Montesquieu* (en Italie et en Autriche), tout récemment parus.

celles de ces observations qu'on pourrait appeler proprement politiques, ne prouvent pas que, s'il a jeté sur l'ensemble des institutions anglaises un de ces coups d'œil de génie qui, comme le dit Sainte-Beuve « font des découvertes dans le monde de l'histoire politique », Montesquieu ait pénétré très avant dans le détail du mécanisme gouvernemental qu'il avait sous les yeux et dont il disait « qu'un ministre français, de son temps, n'en savait pas plus qu'un enfant de six mois ». En tous cas, c'est sous des traits assez éloignés de la réalité vivante de l'époque qu'il a représenté les institutions de l'Angleterre du milieu du XVIIIe siècle.

« Lorsqu'il nous parle de l'Angleterre, a écrit un observateur des choses britanniques, qui eut, après l'auteur de l'*Esprit des Lois*, son heure de célébrité, le Génevois Delolme, ce que nous donne Montesquieu est trop général et quoique les choses eussent été sous ses yeux et sous de très bons yeux, il nous dit plutôt ce qu'il a conjecturé que ce qu'il a vu. »

Pour comprendre la position prise par Montesquieu à cet égard et peut-être s'expliquer la généralité en même temps que le point de vue très décidé où il s'enferme lorsqu'il s'agit des institutions politiques anglaises, — alors que ses *Notes* ou ses *Voyages* récemment publiés prouvent que quand il voulait simplement observer, il savait, sans rien sacrifier de sa concision habituelle, relever et inscrire en traits vivants le fait précis et le détail essentiel, — il faut se rappeler la visée dominante de Montesquieu dans ses études du passé et des faits contemporains, en ce qui touche le gouvernement;

l'idée maîtresse qui est comme la flamme et le moteur de ses écrits, qui l'a animé et échauffé depuis les *Lettres Persanes* jusqu'à ses derniers jours, qui remplit les premiers chapitres de l'*Esprit des Lois* et qui se retrouve ensuite à presque toutes les pages de ce livre : à savoir la haine du « despotisme » opposé à la « Monarchie » ; du despotisme dont Louis XIV a laissé, sous les yeux de l'auteur, la formule, l'exemple et les premières ruines à ses successeurs ; de ce régime « où un seul, sans lois et sans règle entraîne tout par sa volonté et ses caprices » comparé à la Monarchie « où un seul gouverne mais par des lois fixes et établies », à ce gouvernement dont « les pouvoirs intermédiaires subordonnés et dépendants » constituent la nature[1]. La recherche et l'étude de ces « pouvoirs intermédiaires » tels qu'ils ont existé dans l'histoire, tels qu'ils fonctionnent encore dans quelques pays, l'occupent sans cesse : mais il les rapporte à ce qu'il voudrait voir en France, à ce qui a été jusqu'à un certain point dans le passé et qui devrait être rétabli et développé. A ses yeux un des pouvoirs subordonnés nécessaires est la noblesse. Elle entre en quelque façon dans l'essence de la Monarchie, dont la maxime fondamentale est : « Point de monarque, point de noblesse ; point de noblesse, point de monarque, mais un despote... » Il admet encore dans une certaine limite les privilèges du clergé : « Abolissez, dans

1. Cf. Lettre à M. Risteau (1751) « Il y a aussi loin d'un despote au véritable roi, que d'un démon à un ange. Il est vrai qu'il peut y avoir de grands abus dans la monarchie, mais c'est lorsqu'elle tourne au despotisme. »

une monarchie, les prérogatives des seigneurs, du clergé et des villes : vous aurez bientôt un État populaire, ou bien un État despotique. »

Mais ces rangs intermédiaires ne suffisent pas : le président de Bordeaux conserve une constante et marquée prédilection pour le Parlement de l'ancienne monarchie française[1]. Il y voit ce qu'à certaines époques le Parlement aurait voulu être, et a tâché d'être, en face de la royauté, le contre-poids à son autorité absolue, le corps qui fera et qui lui opposera *les lois*. « Il faut encore un dépôt de lois : ce dépôt ne peut être que dans les corps politiques qui annoncent des lois lorsqu'elles sont faites et les *rappellent lorsqu'on les oublie*. L'ignorance naturelle de la noblesse, son inattention, son mépris pour le gouvernement civil, exigent qu'il y ait un corps qui *fasse sans cesse sortir les lois de la poussière* où elles seraient ensevelies. *Le conseil du prince n'est pas un dépôt convenable*. Il est, par sa nature, le dépôt momentané du prince qui exécute et non pas le dépôt des lois fondamentales... De plus, le conseil du monarque change sans cesse : il n'est point permanent : il ne saurait être nombreux ; il n'a pas à un assez haut degré la confiance du peuple ; il n'est donc pas en état de l'éclairer dans les circonstances difficiles ni de le ramener à l'obéissance[2]. »

1. « Chez Montesquieu, dit M. A. Sorel (*Montesquieu*, p. 19), le feudiste s'allie au parlementaire. S'il n'a point le goût de sa charge, il a la conviction passionnée des prérogatives de son corps. »

1. Cf. *Lettres persanes*, l. 93. « Les parlements ressemblent à ces ruines que l'on foule aux pieds, mais qui rappellent toujours quelque temple fameux par l'ancienne religion des

L'idéal de Montesquieu est précis si on le cherche sous ses mots volontairement couverts et voilés : c'est le gouvernement royal contenu et réfréné par un corps indépendant. Il ne prévoit pas entre eux une collaboration, mais une opposition salutaire. Un pareil gouvernement établit « le concert de la liberté civile du peuple, des prérogatives de la noblesse et du clergé, et de la puissance des rois[1]. »

Les anciens ne l'ont pas connu. Les républiques de Grèce et d'Italie étaient des villes qui assemblaient leurs citoyens dans leurs murailles. Chacune renfermait en elle-même son gouvernement. Il n'y avait point de députés ni d'assemblées. Pour Montesquieu, l'origine des monarchies tempérées remonte au gouvernement *gothique*, lequel se trouva tout d'abord mêlé de l'aristocratie et de la monarchie.

La démocratie n'a existé que dans l'antiquité.

peuples. Ils ne se mêlent plus que de rendre la justice, et leur autorité est toujours languissante, à moins que quelque conjoncture imprévue ne vienne lui rendre la force et la vie. Ces grands corps ont suivi le destin des choses humaines ; ils ont cédé au temps qui détruit tout, à la corruption des mœurs qui a tout affaibli, à l'autorité suprême qui a tout abattu. »

Et : 1. 140. « Ces compagnies sont toujours odieuses : elles n'approchent des rois que pour leur dire de tristes vérités; elles viennent démentir la flatterie des courtisans et apporter au pied du trône les gémissements et les larmes dont elles sont dépositaires. C'est un pesant fardeau que celui de la vérité lorsqu'il faut la porter jusqu'aux princes. »

1. Il faudrait rapprocher les vues de Montesquieu de celles de Fénelon dans son *Plan de Gouvernement* et son *Essai philosophique sur le Gouvernement civil.* Elles concordent en beaucoup de points, notamment sur les pouvoirs intermédiaires.

Il l'y admire, mais il la considère comme un régime exceptionnel, possible seulement dans des conditions matérielles et morales exceptionnelles. Les conditions matérielles ont disparu, et les conditions morales sont si difficiles à réaliser que ce serait chimère que de prétendre les restituer. Dans l'antiquité même, les unes et les autres ont été tout à fait passagères. Montesquieu s'est évertué à montrer d'une part combien l'antiquité fut admirable, et combien d'autre part elle ne saurait être ressuscitée. Dans sa fameuse définition de la vertu : la vertu politique, le dévouement aux lois et aux intérêts généraux[1], base et soutien nécessaire de la démocratie, on sent percer le désir de prouver les difficultés pratiques de « l'État où le peuple a la puissance politique », et les avantages de la Monarchie dans les conditions habituelles des nations modernes. « La plupart des anciens vivaient dans des gouvernements qui ont la vertu pour principe; on y faisait des choses que nous ne voyons plus aujourd'hui, et qui étonnent les petites âmes... La Monarchie emploie des ressorts moins nobles mais plus faciles à mouvoir. Il est vrai que philosophiquement parlant, c'est un honneur faux qui conduit toutes les parties de l'État : mais cet honneur faux est aussi utile au public que le vrai serait aux particuliers qui pourraient l'avoir... N'est-ce pas beaucoup d'obliger les hommes à faire toutes les actions

1. « On peut définir la vertu politique, l'amour des lois et de la Patrie. Cet amour demandant une préférence continuelle de l'intérêt public au sien propre, donne toutes les vertus particulières : elles ne sont que cette préférence. » (*Esp. des Lois*, L. v., 5.)

difficiles... sans autre récompense que le bruit de ces actions[1] ?... »

Dans l'*Esprit des Lois*, l'observateur des institutions anglaises constate avec satisfaction, que les Anglais, après avoir essayé de la démocratie, ont dû revenir à la Monarchie. « Ce fut un assez beau spectacle dans le siècle passé, de voir leurs efforts impuissants pour établir parmi eux la démocratie. Comme ceux qui avaient part aux affaires n'avaient point de vertus, que leur ambition était irritée par le succès de celui qui avait le plus osé, que l'esprit d'une faction n'était réprimé que par l'esprit d'une autre, le gouvernement changeait sans cesse : le peuple étonné cherchait la démocratie et ne la trouvait nulle part. Enfin, après bien des mouvements, des chocs et des secousses, il fallut se reposer dans le gouvernement qu'on avait proscrit. »

II

Bien que, comme il le dit lui-même, Montesquieu, vivant comme il l'a fait, dans l'antiquité, ait toujours pris soin de « marquer les différences des cas réellement différents et séparé le présent du passé, » il a tiré des anciens une bonne partie de la substance et de la forme même de ses idées politiques et il y a cherché la justification de ses prédilections propres.

L'histoire de ces Romains « qu'on ne peut

1. Cf. Bersot dans son excellente étude sur Montesquieu.

jamais quitter » l'a constamment mis en face de la double question qui la remplit, de la division des fonctions politiques et de leur limitation par leur division même, au milieu des compétitions des classes et des partis. « Semblable à Michel-Ange, qui cherchait la belle nature dans les débris de l'antiquité, observe son commentateur Bertolini, Montesquieu parcourt les annales et les monuments de Rome naissante et de Rome florissante, où il décèle des liaisons jusqu'à présent inconnues, qui lui font voir dans le plus beau jour cette harmonie des pouvoirs qui formèrent une conciliation si admirable des différents corps, source principale de la liberté politique de cette capitale de l'Univers[1]. »

Bien qu'en dise Bertolini, parlant pour mieux faire valoir le génie de son héros, des « liaisons inconnues » qu'il a révélées, — Polybe et Denys d'Halicarnasse, inspirés de Platon et d'Aristote, fournissaient à Montesquieu, sur ces divers points, des vues dont il s'est largement servi[2]. Polybe faisant discourir

1. *Analyse raisonnée de l'Esprit des Lois.*

2. Ces vues avaient été recueillies et développées avant Montesquieu par le jurisconsulte et poète italien, Gravina, dans son ouvrage : *De Imperio Romano* (1737) dont Requier a publié un extrait en français sous le titre : « *Esprit des Lois romaines* » (1775). Le traducteur dit, dans son avertissement : « Le lecteur éclairé fera volontiers comparaison de cet ouvrage avec tel ou tel autre dans lequel les lois sont traitées : et dans cet examen, il verra que le fameux auteur de l'*Esprit des Lois* s'est beaucoup enrichi de celui-ci, dans les endroits où elles sont philosophiquement examinées, qu'il l'a peu cité et qu'il eût pu le mettre beaucoup mieux à profit qu'il ne l'a fait. » Gravina est cité par Montesquieu (*Esprit des Lois*, t. I.) à propos de la définition générale de l'Etat.

Lycurgue, établissait que toute forme de gouvernement qui est simple, est de peu de durée et tombe bientôt dans le défaut que la nature semble y avoir attaché. Suivant lui, la monarchie se perd par le despotisme, l'aristocratie par l'oligarchie, la démocratie par la violence. — Lycurgue, pour éviter cet inconvénient, n'a adopté aucun gouvernement seul, mais il a recueilli et rassemblé ce que chacun avait de meilleur pour en former un tout... Dans sa république, la force de l'un tient toujours la force de l'autre en respect: aucun d'eux n'emporte la balance ; ils se tiennent tous mutuellement en équilibre: c'est comme un vaisseau que les vents poussent de tous côtés. Les Romains sont arrivés au même but... Les trois sortes de gouvernement y étaient tellement balancées que personne, parmi eux, ne pouvait assurer, sans crainte de se tromper, si le gouvernement y était monarchique, aristocratique ou démocratique. Polybe examine encore en quoi consistent les droits des consuls, du Sénat et du peuple. Il les montre « se combinant et s'opposant les uns aux autres, de façon à ce qu'aussitôt qu'une partie s'élevant orgueilleusement au-dessus des autres, veut s'arroger plus de pouvoir et d'autorité qu'elle n'en doit avoir.., comme toutes peuvent réciproquement s'opposer aux volontés les unes des autres, il faut qu'elle se contienne dans les bornes prescrites et demeure dans l'égalité[1]. »

Denys d'Halicarnasse que Montesquieu cite souvent, a repris ces vues et expliqué comment, grâce

1. Polybe. *Hist. romaine*, t. VI.

à la division opérée par Romulus, des fonctions entre le roi, les patriciens et les plébéiens « les affaires du gouvernement se faisaient avec une prudence et un ordre admirables[1] ».

On retrouve là le Montesquieu des *Considérations:* « Le gouvernement de Rome fut admirable en ce que, depuis sa naissance, sa constitution se trouva telle, soit par l'esprit du peuple, la force du Sénat, ou l'autorité de certains magistrats, que tout abus du pouvoir y put toujours être corrigé... Carthage périt parce qu'elle ne put retrancher ses abus... Athènes tomba parce que ses erreurs lui parurent si douces qu'elle ne voulut pas en guérir... » Et déjà il pense à un rapprochement avec les institutions anglaises : « Le gouvernement d'Angleterre est plus sage parce qu'il y a un corps qui l'examine continuellement lui-même : et telles sont ses erreurs qu'elles ne sont jamais longues, et que par l'esprit d'attention qu'elles donnent à la nation elles sont souvent utiles... Il peut y avoir de l'union dans un Etat où l'on ne croit voir que du trouble. Il en est comme des parties de cet univers, éternellement liées par l'action des unes et la réaction des autres. »

Dans l'*Esprit des Lois*, Montesquieu conservant les mêmes vues générales, va serrer de plus près le problème de l'équilibre des pouvoirs et de leur limitation par leur division même : « Pour qu'on ne puisse abuser du pouvoir, dit-il, il faut que par la disposition des choses, le pouvoir arrête le pouvoir... ; pour former un gouvernement modéré,

1. *Antiquités romaines*, t. II, ch. IV.

il faut combiner les puissances, les régler, les tempérer, les faire agir : donner pour ainsi dire un lest à l'une pour la mettre en état de résister à une autre : c'est un chef-d'œuvre de législation que le hasard fait rarement ...»

Il semble que dans cette période d'élaboration de ses idées, remontant à la source même de la sagesse politique de la Grèce et de Rome, à la *Politique* d'Aristote [1], l'auteur de l'*Esprit des Lois*, lui ait pris un bon nombre de vues et de théories, sans toujours le dire suffisamment, comme le fait observer le traducteur du philosophe grec, M. Barthélemy Saint-Hilaire (et cependant Montesquieu renvoie souvent à l'ouvrage d'Aristote dans les notes de son *Esprit des Lois*) ; mais il ne se contraint pas pour modifier les formules de la *Politique* de façon à les ramener à ses propres préférences.

C'est ainsi qu'il a remanié, pour la donner en fondement à son ouvrage tout entier la division des trois gouvernements, qui, déjà indiquée avec précision par Hérodote [2], reprise par Platon, ex-

1. Bodin avait déjà cité à presque toutes les pages de sa *République* ce document sans cesse présent aux esprits politiques depuis le moyen âge. — « Il y a deux mille ans qu'a été fixé le cadre premier de l'*Esprit des Lois*. C'est Aristote qui l'a tracé ». (Villemain, *Litt. au* XVIIIe *siècle*, t. I. 319.)

2. V. les discours des sept conjurés Perses après le massacre des Mages (I, III, 80). Ils discutent sur les mérites respectifs de la démocratie (isonomie) de l'oligarchie et de la monarchie, pour remplacer Cambyse ; Othanys dit en faveur de la démocratie : « Comment la monarchie pourrait-elle être un État bien organisé puisqu'elle permet à un homme qui n'a pas de contradicteur de faire ce qu'il veut ? Le meilleur des mortels investi d'une telle autorité s'écarterait de son bon sens naturel... La multitude souveraine

posée en détail par Aristote, a passé dans Polybe, Denys d'Halicarnasse, Cicéron et Tacite, puis dans saint Thomas, dans Machiavel, dans Érasme, dans Bodin, dans Belleforest, dans Bellarmin et bien d'autres et était devenue comme un lieu commun de la philosophie politique, lorsque Montesquieu l'a rajeunie en la transformant d'une façon arbitraire et au premier abord singulière [1].

A la division classique et normale des gouvernements en démocratique, oligarchique, monarchique, il substitue, en effet, une autre division, en république, monarchie et despotisme, alléguant que la république contient, à la fois, la démocratie et l'oligarchie, c'est-à-dire la souveraineté de plu-

ne commet aucun des excès que je viens d'énumérer comme propres au monarque; elle donne, par la voie du sort, les offices publics à des magistrats responsables. » Mégabyse, en faveur de l'oligarchie : « Rien, plus qu'une vaine foule n'est irréfléchi et insolent. Le peuple ne peut savoir ce qu'il fait. Il se précipite inconsidérément sur les affaires publiques et les pousse, semblable à un torrent d'hiver... Élisons une assemblée d'hommes les meilleurs et donnons-lui la souveraineté. Nous en serons nous-mêmes, et il est vraisemblable que les résolutions les plus salutaires naîtront de la réunion des hommes les plus sages. » — Darius, pour la monarchie (qui devait, on le sait, lui être attribuée) : « Rien n'est préférable à un seul homme excellent; il est prudent, il est discret. Dans une oligarchie, des haines particulières éclatent: chacun veut être le maître... tous finissent par se détester... Des discordes et des meurtres, on passe à la monarchie, ce qui prouve qu'elle est le meilleur gouvernement. Dans la démocratie, ce sont des factions qui s'unissent par des con jurations. L'oppression de la communauté continue jusqu'à ce qu'un homme prenant en mains l'intérêt du peuple, mette un frein; le peuple alors admire cet homme et quand il est admiré, il ne tarde pas à devenir roi. »

1. Parmi les autres idées principales que Montesquieu semble avoir prises d'Aristote, il faudrait signaler la pensée que les lois et les institutions, et l'esprit même des unes et

sieurs familles ou celle du peuple, et que le despotisme et la monarchie ont si peu de rapports qu'il faut en faire deux catégories. Cette division nouvelle permettait à Montesquieu de mettre en pleine clarté son objet favori, l'écart et comme l'antinomie irréductible du despotisme et de la véritable monarchie ; mais elle l'a gêné dans le cours entier de son livre, car il a bien fallu, malgré tout, maintenir la distinction de la démocratie et de l'oligarchie et pour cela, créer une subdivision qui ne cadre plus avec la division des gouvernements en trois, formule classique à laquelle il tient en tant que fervent de l'antiquité, et à laquelle il revient sans cesse, qu'il s'est évertué à combiner avec la formule parallèle de la division des trois pouvoirs pour en faire la base de la constitution la plus favorable à la liberté politique[1].

Il semble bien que ce soit encore à Aristote qu'il ait emprunté cette division des trois pouvoirs aussi

des autres doivent varier suivant les constitutions ; celle de la vertu politique considérée comme base de la démocratie, de la frugalité et de l'égalité également nécessaires à cette forme de gouvernement ; (ici, Montesquieu a exagéré Aristote qui avait parlé seulement de la nécessité des fortunes moyennes) ; l'idée de l'importance de l'éducation et de son adaptation nécessaire à la forme de la constitution; celle de la corruption des trois formes de gouvernement; celle enfin de l'influence des climats sur l'organisation sociale. Cette théorie, on le sait, est déjà dans Hippocrate.

1. M. Morley croit voir dans la division imaginée par Montesquieu, un progrès sur l'ancienne formule, en ce sens que l'auteur de l'*Esprit des Lois* ne tiendrait pas seulement compte de la forme des gouvernements, mais aussi des conditions dans lesquelles ils fonctionnent ; ainsi de la monarchie tempérée et du despotisme. L'observation serait juste si Montesquieu avait étendu la distinction aux autres formes, mais il ne l'a pas fait.

bien que celle des trois gouvernements. Il écrit dans l'*Esprit des lois* : Les « Grecs n'imaginèrent pas la vraie distribution des *trois pouvoirs* dans le gouvernement d'un seul ; ils ne l'imaginèrent que dans le gouvernement de plusieurs et ils appelèrent cette sorte de constitution *police*. » Une note du texte renvoie le lecteur à Aristote (*Politique*, liv. IV, ch. VIII).

Le passage ainsi signalé dans l'œuvre du philosophe politique grec est celui-ci : « Dans le gouvernement, il est trois objets dont le législateur, s'il est sage, s'occupera par-dessus tous les autres ; ces trois points une fois bien réglés, le gouvernement est nécessairement bien organisé, et les États ne diffèrent réellement que par l'organisation différente de ces trois éléments. Le premier, c'est l'assemblée générale délibérant sur les affaires publiques, le second c'est le corps des magistrats, des fonctionnaires, dont il faut régler la nature, les attributions et le mode de nomination ; le troisième, c'est le corps judiciaire[1]. »

Après avoir posé cette distinction, Aristote examine successivement l'organisation des trois pouvoirs : mais il semble qu'il n'ait introduit la division en trois que par besoin et habitude de l'analyse, et pour éclairer le sujet, en le *sériant*, comme nous dirions aujourd'hui.

Il se place, pour considérer le fonctionnement des rouages politiques, à des points de vue qui se

1. Trad. de Barthélemy Saint-Hilaire. Celui-ci dit en note : « Voilà la théorie des trois pouvoirs législatif, exécutif et judiciaire. Montesquieu dans son livre XI, ch. VI, a omis de rappeler qu'elle était due à Aristote. »

rapportent aux conditions de bonne organisation pratique de l'État ou de maintien de la paix civique, et qui doivent varier suivant les constitutions politiques, mais qui ne visent pas un principe de droit, ni n'aboutissent à une formule systématique de séparation ou de combinaison des fonctions ou des pouvoirs. Même contre la tyrannie qui les confond tous, Aristote n'invoque pas le droit primordial du citoyen à la liberté ; il fait seulement valoir les inconvénients pratiques de l'oppression : « La tyrannie se compose des éléments de l'oligarchie et de la démocratie la plus exagérée ; aussi est-elle le plus funeste des systèmes, parce qu'elle est formée de deux mauvais gouvernements, et qu'elle réunit les lacunes et les vices de l'un et de l'autre. »

C'est du même point de vue tout pratique qu'il examine la division et l'organisation des fonctions dans la cité. Pour lui, le pouvoir législatif représenté par l'assemblée délibérante du peuple est le véritable souverain de l'État.

Il appartiendra à la généralité des citoyens ou à des classes désignés par la loi, suivant le degré de démocratie de la constitution. De même les matières laissées à la délibération de tous ou réservées à certains conseils varieront dans les mêmes conditions.

Le pouvoir exécutif est confié aux magistratures (les fonctionnaires) : celles-ci, dans les démocraties, ne sont que l'émanation du pouvoir législatif : mais leur organisation soulève bien des questions : Les pouvoirs doivent-ils être conférés à vie ou à longue échéance, ou suivant un système différent ? Faut-il qu'un même individu puisse en être revêtu à plusieurs reprises ou bien seulement une fois? Quels seront les membres des magistratures? Qui les nommera? sous quelle forme les nommera-t-on? Il faut connaître toutes les solutions possibles de ces diverses questions et les appliquer selon le principe des différents gouvernements.

C'est encore dans le même esprit analytique qu'Aristote examine le personnel, les attributions, le mode de formation des tribunaux, variables également suivant la constitution générale de l'État, soit que les juges soient choisis dans l'universalité ou dans une partie seulement des citoyens, soit qu'ils aient pour origine l'élection ou le sort.

Aristote ne voit aucun inconvénient à la confusion dans le même citoyen des fonctions de juge et de magistrat (fonctionnaire). « Le trait éminemment distinctif du vrai citoyen, écrit-il, c'est la jouissance des fonctions de juge et de magistrat. » Cependant la langue n'a pas de terme unique pour rendre l'idée de juge et de membre de l'assemblée publique. Il adopte, afin de préciser cette idée, les mots de magistrature générale et appelle citoyens tous ceux qui en jouissent. Cette définition du citoyen, ajoute-t-il, s'applique mieux que toute autre à ceux que l'on qualifie ordinairement de ce nom. On peut étendre à tous ou à quelques-uns la faculté de délibérer sur les affaires de l'État et celle de juger. De même, cette faculté peut s'appliquer à tous les objets ou bien être restreinte à quelques-uns.

Après avoir pris au philosophe grec son point de départ, Montesquieu, on le voit, s'en trouve vite éloigné. Outre la tendance dogmatique qui d'une façon générale, caractérise l'un, et la tournure de génie essentiellement analytique de l'autre, la diversité des buts qu'ils poursuivaient devait les faire promptement diverger. L'auteur de la *Politique* visait comme objet principal l'établissement d'une démocratie modérée, et le philosophe français celui d'une « monarchie ». Il remarque qu'Aristote ne connaissait pas plus que les anciens en général la vraie « monarchie ». Il constate l'embarras du philosophe grec quand il traite de la monarchie, dont il distingue les espèces non par la forme de la constitution mais par des choses d'accident... Montesquieu recherche pourquoi la monarchie, au sens où il l'entend, c'est-à-dire avant tout *dépouillée du droit de juger*, n'a jamais réussi en Grèce ni à Rome, et il remarque que chez les Grecs des temps héroïques, si la monarchie ne subsista pas c'est que les trois pouvoirs y étaient distribués de manière que le peuple y avait la puissance législative et exécutive avec la puissance de juger : au lieu que dans les monarchies que nous connaissons le prince a la puissance exécutrice et la législative, ou du moins une partie de la législative : *mais il ne juge pas*. On n'avait pas découvert, ajoute-t-il, que la vraie fonction du prince était d'établir des juges et non pas de juger lui-même.

Montesquieu trouve au gouvernement des rois de Rome (et il a longuement développé ce point de vue qu'il poursuit dans l'histoire entière de la République aux différentes époques) des rapports avec celui des rois des temps héroïques chez les Grecs. Leur gouvernement tomba par son vice général, la confusion des puissances, quoique en lui-même il fût très bon. « Tarquin avait réuni les trois pouvoirs dans sa personne : mais le peuple se souvint un moment qu'il était législateur, et Tarquin ne fut plus. »

III

L'idée de la limitation de la puissance royale en Angleterre par le Parlement était, est-il besoin de le dire, une idée partout répandue, lorsque Montesquieu aborda sur place l'étude des institutions britanniques.

Les pamphlets des adversaires de la royauté, des publicistes de 1648, inspirés des écrits démocratiques du XVIe siècle, et répondant aux partisans de la monarchie absolue, tels que Hobbes et Filmer[1], les

1. Voy. Milton, Harrington, Sydney, etc., et pour le XVIe siècle, Knox, Buchanan, etc. Fortescue (XVe siècle) dans son ouvrage *De laudibus legum Angliæ*, avait déjà dit : « Angliæ statuta nedum principis voluntate, sed et totius regni assensu conduntur neque rex ibidem per se aut ministros suos tallagia, subsidia aut quævis aurea alia imposuit legibus suis, aut leges eorum mutat... sine assensu totius regni sui in parliamento suo expresso. » Saint-Evremond avait dit : « Quiconque se met à écrire l'histoire d'Angletere, doit écrire l'histoire du Parlement. » Mistress Hutchinson écrivait en tête de ses *Mémoires* : « On n'a vu dans aucun pays des lois ni une constitution meilleures que celles de l'Angleterre. Son gouvernement contient à la fois des principes de monarchie, d'aristocratie et de démocratie, dans des proportions raisonnablement suffisantes pour éviter les fléaux inhérents à chacune de ces formes particulières, savoir : la tyrannie, l'esprit de faction et l'anarchie. » (Cité par Rémusat : *Philos. angl.*, t. 1, 393). Dans la liste des vingt-sept propositions condamnées par l'Université d'Oxford

ouvrages des écrivains contemporains ou nés de la révolution de 1688, étaient pleins de considérations sur les restrictions imposées successivement au pouvoir royal malgré ses résistances, par les représentants de la nation, et définitivement consacrées par les derniers événements. Locke, résumant le sujet dans son dessein de justification du récent changement de souverain, avait en écrivant l'*Essai sur le Gouvernement civil*, défini en termes précis les fonctions du pouvoir législatif et du pouvoir exécutif, et montré comment elles se combinaient dans l'action de la couronne et du Parlement. On a souvent répété que Montesquieu lui avait pris directement sa théorie de la séparation des pouvoirs [1].

Dans quelle mesure l'auteur de l'*Esprit des Lois* s'est-il en effet inspiré du défenseur de la Révolution de 1688? Il l'avait certainement lu dès l'époque des *Lettres persanes*. On trouve dans l'une de celles-ci une des idées fondamentales et presque les termes mêmes de Locke, sur les bornes nécessaires

dans Milton, Knox, etc., on trouve celle-ci: « Toute autorité civile dérive du peuple. Il y a un contrat perpétuel entre le prince et les sujets : si le prince n'accomplit pas son devoir, les sujets sont déchargés des leurs. La société réside en Angleterre dans ces trois puissances : le roi, les lords, les communes. Le roi n'en a qu'une certaine part qui, dans certains cas, est subordonnée à l'autorité des deux autres corps. » V. Geffroy : *Ecrits politiques de Milton* (appendice).

1. Un éditeur de Montesquieu, Parrelle, écrit (1822) dans une note, au ch. VI, liv. XI, de l'*Esprit des Lois*: « La plupart des principes que Montesquieu pose dans ce chapitre sont tirés du *Gouvernement civil* de Locke, ch. XIII. » Depuis, tous les éditeurs (y compris Ed. Laboulaye) ont reproduit cette note sans commentaire et peut-être sans suffisante vérification.

du pouvoir royal : « L'humeur impatiente des Anglais ne laisse guère à leur roi le temps d'appesantir son autorité... Ils soutiennent que tout pouvoir sans bornes ne saurait être légitime : car nous ne pouvons pas, disent-ils, *donner à un autre plus de pouvoirs sur nous que nous n'en avons nous-mêmes :* or nous n'avons pas sur nous-mêmes un pouvoir sans bornes : par exemple nous ne pouvons pas nous ôter la vie : personne n'a donc sur la terre un tel pouvoir[1] ». C'est exactement le raisonnement fondamental de Locke.

Montesquieu a certainement rencontré dans celui-ci la division du pouvoir en législatif et exécutif : mais quand on regarde de près à la division de Locke, on constate qu'il ne l'entend pas dans le même sens que l'a fait plus tard Montesquieu.

La séparation du législatif et de l'exécutif remonte pour Locke au contrat par lequel l'homme en entrant en société a abandonné son pouvoir individuel de punir les manquements à la loi naturelle. « En confiant au pouvoir législatif le jugement des offenses, il a donné à la communauté le droit d'employer sa force pour l'exécution de ses propres jugements... et ici nous avons l'origine du pouvoir législatif et exécutif de la société civile, qui consiste à juger par des lois permanentes jusqu'à quel point les offenses doivent être punies lorsqu'elles ont été commises à l'intérieur de la communauté, et aussi à déterminer jusqu'à quel point les injures venues du dehors doivent être vengées : et dans les deux cas à employer toute la force de la totalité

1. *Lettres persanes*, ch. v.

des membres de la société, si cela est nécessaire. »

Pour Locke, le pouvoir législatif étant celui de faire des lois pour toutes les parties de la nation est le seul véritable souverain, celui auquel tous les autres sont subordonnés; seulement il est limité par les droits des individus, ceux-ci ne pouvant en transmettre plus qu'ils n'en possèdent sur eux-mêmes, et leurs droits sur eux-mêmes n'étant pas illimités.

De là l'obligation pour le pouvoir législatif de n'être ni absolu ni arbitraire, et pour le gouvernement, de gouverner par des lois connues, de ne point s'emparer de la propriété privée des citoyens et par conséquent de ne pas imposer de taxes sur les biens propres du peuple sans son consentement donné immédiatement par lui-même ou par ses députés.

Tels sont les devoirs essentiels et en même temps les bornes du pouvoir législatif : quant à la division des puissances législative et exécutive, elle dérive, pour Locke, de circonstances positives et contingentes bien déterminées et qui n'ont rien d'absolu ni de métaphysique : « Les lois qui doivent être constamment exécutées et dont la vertu doit toujours subsister, peuvent être faites en peu de temps : il n'est donc pas nécessaire que le pouvoir législatif soit toujours sur pied, n'ayant pas toujours des affaires qui l'occupent... Et comme ce pourrait être une grande tentation pour les personnes qui ont le pouvoir de faire des lois, d'avoir aussi entre leurs mains le pouvoir de les faire exécuter, dont elles pourraient se servir pour s'exempter elles-mêmes de l'obéissance à ces lois... dans les États bien réglés, le pouvoir législatif est remis entre les mains de diverses personnes, qui, dûment assemblées, ont elles seules ou conjointement avec d'autres, le pouvoir de faire des lois auxquelles, après qu'elles se sont séparées, elles sont elles-mêmes sujettes, ce qui est un motif bien fort pour les engager à ne faire de lois que pour le bien public... Mais parce que les lois ont une vertu constante et durable, il est nécessaire qu'il y ait toujours quelque puissance sur pied qui fasse exécuter ces lois et qui conserve toute leur force : et c'est ainsi que le pouvoir législatif et le pouvoir exécutif se trouvent souvent séparés. »

Locke distingue encore le pouvoir exécutif et le pouvoir confédératif, celui qui a pour but la sûreté de l'État vis-à-vis des États voisins. Mais il remarque que, quoiqu'ils soient réellement distincts en eux-mêmes, ils se séparent cependant malaisément, et qu'on ne les voit guère résider en un même temps dans des personnes différentes. Car l'un et l'autre requérant, pour être exercés, les forces de la société, il est presque impossible de remettre les forces d'un État à différentes personnes qui ne soient pas subordonnées les unes aux autres. Par son essence même, le pouvoir confédératif est moins capable de se conformer à des lois antécédentes, stables et positives que le pouvoir exécutif à l'intérieur et, par cette raison, il doit être laissé à la prudence et à la sagesse de ceux qui en ont été revêtus, afin qu'ils le ménagent pour le bien public.

L'alliance de l'exécutif et du législatif dans le souverain est, encore suivant Locke, le propre des monarchies : Là l'assemblée n'est pas toujours sur pied ; une seule personne est revêtue du pouvoir exécutif et a également sa part du législatif. Cette personne peut être considérée, en quelque manière comme souveraine ; non en tant qu'en elle seule réside tout le pouvoir souverain de faire les lois, mais « premièrement en tant qu'elle a en soi le pouvoir souverain de faire exécuter les lois, et que de ce pouvoir dérivent les différents pouvoirs subordonnés des magistrats ; et en second lieu, en tant qu'il n'y a aucun pouvoir supérieur législatif au-dessus d'elle ni égale à elle, et que l'on ne peut faire aucune loi sans son consentement... Le pouvoir exécutif suprême conféré à une personne qui n'a pas de supérieur législatif... n'est pas plus subordonné qu'elle-même ne juge devoir l'être ».

Locke va même plus loin : il accepte pour le monarque des pouvoirs d'un caractère spécial auxquels il conserve l'appellation traditionnelle de « prérogative ».

« Dans les monarchies modérées, comme dans tous les États bien réglés, le bien de la société demande qu'on laisse quantité de choses à la discrétion de celui qui a le pouvoir exécutif ; car les législateurs n'étant pas capables de prévoir tout, ni de pourvoir par des lois à tout... celui qui a le pouvoir exécutif a, par les lois communes de la nature, le droit d'employer son pouvoir pour le bien de la société... jusqu'à ce que le pouvoir législatif puisse être dûment assemblé... et aussi dans les cas où celui-ci ne pourrait y pourvoir en aucune manière. Ce pouvoir est ce qu'on appelle « prérogative ».

Voilà ce qu'étaient pour Locke, les bornes et les attributions essentielles du pouvoir exécutif, examinées, comme on le voit, d'un point de vue tout pratique, dans leur combinaison avec le législatif, de façon à assurer à la fois la liberté des sujets et les droits du gouvernement, d'un véritable gouvernement.

Plus tard, un historien, français d'origine, appartenant à la religion réformée, réfugié en Angleterre, Rapin de Thoiras, de qui Voltaire a dit que « l'Angleterre lui fut longtemps redevable de la seule bonne histoire complète qu'on eût faite de ce royaume et de la seule impartiale qu'on eût d'un pays où l'on n'écrivait que par esprit de parti[1] » — (éloge que plus tard Guizot a confirmé), — Rapin de Thoiras avait, soit dans son *Histoire générale*, soit dans sa *Dissertation sur les Wighs et les Tories*, émis des idées remarquables sur la constitution britannique, idées qui ouvrirent probablement la voie à Montesquieu pour formuler ses généralités sur l'équilibre des pouvoirs et la fusion des formes de gouvernement dans l'État britannique[2]. Le gouvernement d'Angleterre, suivant Rapin, est véritablement monarchique : mais la monarchie est tempérée et limitée par des lois. C'est ce qui la distingue de tous les autres gouver-

1. *Siècle de Louis XIV*, 1er vol. Table des écrivains.

2. M. A. Sorel indique, dans son *Montesquieu*, Rapin de Thoiras comme « ayant publié une très ingénieuse description du monde politique anglais, que Montesquieu connaissait et dont il fit si bon usage qu'il la fit oublier à la postérité ». Nous n'avons retrouvé dans Rapin que quelques pages qui aient pu servir à l'auteur de l'*Esprit des lois* : elles sont surtout dans la *Dissertation sur les Wighs et les Tories*, dont nous citerons quelques extraits.

nements monarchiques où aujourd'hui la volonté du prince fait seule la loi... Le gouvernement n'y est pas purement monarchique, puisque les grands et le peuple ont entre leurs mains le pouvoir législatif conjointement avec le roi, et que le roi ne peut imposer aucune taxe sans le consentement du peuple. Il n'est pas non plus républicain, puisqu'il y a un roi qui exerce l'autorité souveraine, qui confère, selon son bon plaisir, les charges et les dignités tant ecclésiastiques que civiles et militaires et qui peut faire la paix ou la guerre sans être obligé de consulter ses sujets... C'est un gouvernement mixte et composé du mélange des trois. « Les prérogatives du souverain, des grands et du peuple y sont tellement tempérées les unes par les autres qu'elles se contiennent mutuellement. En même temps, chacune des trois puissances qui ont part au gouvernement peut mettre des obstacles invincibles aux entreprises de l'une des deux autres ou même de toutes ensemble pour se rendre indépendantes. »

Il est certain, dit encore Rapin dans la *Préface de son Histoire*, que tous les gouvernements établis en Europe, par les nations septentrionales, étaient les mêmes à peu près que celui que les Saxons établirent en Angleterre. C'étaient des monarchies. (On retrouve là les termes de Montesquieu.) On n'entendait pas par ce mot un pouvoir despotique et arbitraire, mais un pouvoir qui, bien qu'entre les mains d'un seul, était néanmoins restreint par l'obligation de gouverner selon les lois de la nation. »

Ce pouvoir, entre les mains d'un seul et néanmoins contenu par les lois [1], c'est celui en face duquel se trouve Montesquieu, quand, revenu de l'antiquité au temps présent, il veut étudier une « constitution ayant pour objet direct la liberté politique, et où la liberté paraîtra comme dans un miroir ».

Dans le cas qu'il observe, la position des questions est bien différente de ce qu'elle était pour Aristote. Pour celui-ci qui ne considérait qu'un souverain, le pouvoir législatif, représenté par l'assemblée délibérante, la division des fonctions subordonnées était en quelque sorte une question de pratique, de bonne organisation. Montesquieu, au contraire, se place en présence d'une souveraineté complexe, puisqu'elle comprend, à la fois, celle du pouvoir législatif, représentant de la nation, et celle du monarque. Pour les Anglais, contemporains de Montesquieu la conception de cette souveraineté composite est suffisamment claire parce qu'elle s'appuie sur une longue expérience des faits et qu'elle est comme la conséquence tangible de ces faits. Ce que Locke avait divisé, pour la clarté de son sujet, en deux branches, dont il avait ensuite cependant montré les liens nécessaires, ils le réunissent dans leur théorie du gouvernement tempéré qui est celui de leur patrie. Swift qui avait précédé Montesquieu dans l'étude de la balance des pouvoirs à travers l'histoire

1. Cf. Hume : *Essais moraux et politiques* : « De tous les genres de gouvernements, le genre monarchique me paraît avoir fait les plus grands progrès : on peut aujourd'hui appliquer aux monarchies civilisées ce qu'on disait autrefois à la louange des républiques : qu'elles ne sont pas gouvernées par les hommes mais par les lois. »

grecque et romaine, et en avait ensuite analysé le fonctionnement en Angleterre même[1], Swift conclut qu'il y a dans tout peuple un pouvoir suprême de faire des lois, qui est sans limites et qui a le droit d'exiger l'obéissance universelle. « Ce pouvoir, dit-il, réside chez nous, tout le monde le sait, dans le roi *conjointement avec les lords et la Chambre des communes du royaume...* L'administration ou pouvoir exécutif, seule, est confiée au prince. »

Bolingbroke, dont l'influence directe sur Montesquieu n'a peut-être pas été assez remarquée, observe que « la constitution anglaise est une transaction (*a bargain*), un contrat conditionnel entre le prince et le peuple. Pour que ce pacte ne puisse être rompu, ni par le prince, ni par le peuple, *le pouvoir législatif ou suprême* est conféré par notre consti-

1. Voir surtout : *A discourse of the contests and dissentions in Athene and Rome* (1701) et *l'Examiner* nº 33. Un écrivain allemand, M. Harry Jannsen, a beaucoup insisté sur la part qu'aurait eue Swift dans le développement des idées politiques de Montesquieu.. *V. Montesquieu's Théorie von der Dreitheilung der Gewalten in Staate auf ihre Quelle zurück geführt*, (Gotha 1878.) Il y a certainement des rapports et même des imitations de forme : exemple : Swift : The fate of empire is grown a commonplace, that all forms of government having been instituted by men must be mortal like their authors. Montesquieu : « Comme toutes les choses humaines ont une fin, l'État dont nous parlons perdra la liberté, il périra ; Rome, Lacédémone et Carthage ont bien péri... » De même, Swift emploie et développe en détail l'image reprise par Montesquieu de la balance des pouvoirs : mais les trois pouvoirs auxquels il fait allusion sont le roi, les communes et les pairs et non ceux qu'a envisagés Montesquieu. Il y voit la combinaison des trois gouvernements dont la théorie remonte à l'antiquité et que Montesquieu n'avait pas, par suite, à emprunter à Swift.

tution *à trois puissances dont le roi est l'une*... C'est par ce mélange de pouvoirs.,. combinés en un système unique, et se balançant l'un l'autre que notre constitution libre a été si longtemps préservée ou restaurée [1] ».

Montesquieu, tout en s'inspirant de ces vues des

1. *Dissertation upon the parties*, lettre XIII. Ce volume est extrait du Journal le *Craftsman* qui a commencé à paraître en 1726. Dans l'ouvrage intitulé : *Remarks on the history of England*, Bolingbroke revient sur les mêmes idées : Le roi est le magistrat suprême qui a une voix négative dans la législature. Il est chargé du pouvoir exécutif, et maints autres pouvoirs et privilèges que nous appelons prérogatives, sont annexés à ce mandat. Les deux Chambres ont leurs droits et privilèges; elles préparent, passent les bills ou refusent de voter ceux qui leur sont soumis, elles adressent, avertissent, blâment... La judicature suprême réside dans les lords : aux communes il appartient de juger les dépenses publiques et de donner les ressources nécessaires. « Si le pouvoir législatif aussi bien que le pouvoir exécutif étaient entièrement remis au roi, comme dans certains pays, le roi serait un roi absolu : si aux lords, notre gouvernement serait une aristocratie; si aux communes, une démocratie. C'est cette division du pouvoir et des privilèges distincts attribués au roi, aux lords et aux communes qui constitue une monarchie limitée... si aucune des trois parties qui constituent notre gouvernement voulait usurper... les deux autres peuvent, en unissant leurs forces réduire la première à ses limites propres... même si deux des parties composantes voulaient s'unir pour usurper, le poids de la troisième peut du moins retarder le mal et donner au temps des chances de l'empêcher... C'est là cette balance dont on a tant parlé et c'est là l'usage qui doit en être fait. Il est conforme au sens commun et à l'expérience. »

Cf. Montesquieu : *Notes sur l'Angleterre*. « J'appelle l'Angleterre libre parce que le prince n'a qu'un pouvoir contrôlé et borné... mais si la Chambre basse devenait maîtresse, son pouvoir serait illimité et dangereux parce qu'elle aurait en même temps la puissance exécutrice : au lieu qu'à présent le pouvoir illimité est dans le parlement et le roi, et le pouvoir exécutif dans le roi dont le pouvoir est borné ».

publicistes anglais, ne semble pas en comprendre clairement l'esprit fondamental, qui est la complexité nécessaire du pouvoir exécutif et législatif dans une monarchie tempérée.

Il veut reprendre la triple division d'Aristote, qui convenait à une démocratie où la souveraineté est unique, résidant dans l'assemblée du peuple — qui s'applique fort mal à une monarchie, à moins de réduire le monarque au rôle subordonné de l'un de ces fonctionnaires ou magistrats dont parle l'auteur de la *Politique*, comme étant chargés simplement de l'administration ou exécution des lois. En confinant le souverain dans le pouvoir purement exécutif (quoiqu'en lisant entre les lignes, ou à pénétrer dans le détail de sa pensée, on sente bien qu'il reconnait la nécessité de lui confier en réalité d'autres fonctions), Montesquieu crée des amphibologies et des confusions qui devaient plus tard engendrer bien des erreurs pratiques: quelques-unes ont été funestes et les conséquences s'en font encore sentir aujourd'hui[1]: bien que la force des choses ait depuis longtemps brisé la formule dogmatique où elles s'appuyaient.

Montesquieu semble avoir d'abord hésité sur la

1. Cf. R. von Mohl : *Geschichte und Litteratur der Staat wissenschaften* (111, p. 386 et 41, p. 39.) « Le monde aurait évité plus d'un faux pas et d'une erreur, si Montesquieu n'avait réussi à faire prévaloir pour longtemps la théorie de la division des pouvoirs... C'est un de ses crimes d'avoir posé la constitution d'Angleterre comme un exemple convaincant de sa théorie et d'avoir placé ses institutions sur un lit de Procuste, afin d'en tirer en les torturant, la séparation des pouvoirs ». Les publicistes allemands ont depuis longtemps en grande majorité condamné la théorie de la séparation. V. Seignobos, *loc. cit.* *Rev. de Paris*, 1er *mars* 1895.

formule de séparation des pouvoirs qu'il adopterait. Il pose, en effet, une première division des pouvoirs de tout État en trois puissances, qui lui a, sans doute, été inspirée par Locke.

Les trois puissances sont : la puissance législative, la puissance exécutrice des choses qui dépendent du droit des gens (c'est le pouvoir confédératif de Locke) et la puissance des choses qui dépendent du droit civil.

Par la première, le prince ou le magistrat fait des lois pour un temps ou pour toujours, et corrige ou abroge celles qui sont faites. Par la seconde, il fait la paix ou la guerre, envoie ou reçoit des ambassadeurs, établit la sûreté, prévient l'invasion... Par la troisième, il punit les crimes ou juge les différends des particuliers... On appellera cette dernière la puissance de juger.

Cette première formule, on le voit, divise en réalité la puissance « civile à l'intérieur », en deux; puissance législative et puissance de juger. Celle-ci est « une partie de la puissance exécutrice de l'État pour les choses qui dépendent du droit civil. »

Si Montesquieu s'était tenu à cette première division, il aurait pu facilement démontrer comme Aristote l'a fait, qu'à côté de la justice, la puissance exécutrice comprend un autre rameau, qui est l'administration (ce qu'Aristote appelle les magistratures) et — point capital qui a échappé à l'antiquité, qui pourrait bien être encore dans l'avenir, un avenir trop prochain, méconnu par la démocratie — que la liberté ne peut exister si ces deux branches de l'exécutif sont aux mêmes mains, et encore moins si elles sont toutes deux aux mains du législateur : ce qui ne veut pas dire qu'elles ne doivent pas émaner de lui avec des garanties d'indépendance et d'autonomie suffisantes, surtout en ce qui concerne les juges chargés de punir la désobéissance aux lois ou de trancher les différends des citoyens entre eux ou avec l'État.

Au fond, c'était là la seule thèse logique, celle conforme à la véritable nature des choses et dont l'évolution même des institutions a partout prouvé la vérité. Mais Montesquieu qui en a d'abord aperçu les points saillants, gâte vite cette thèse juste et fondamentale par des catégories différentes et absolues d'apparence, qui ne reposent plus sur aucune analyse claire des faits, véritables abstractions d'un génie grand amateur de formules et qui excellait à les polir, parmi les témoignages d'admiration d'un siècle qui n'était pas encore saturé de généralités : abstractions qui n'auraient pas d'inconvénient grave si elles avaient seulement « poussé à penser » comme le demandait l'auteur à la fin d'un de ses plus célèbres livres, mais qui, prises à la lettre et dépouillées de tout ce que l'écrivain avait pu supposer qu'on lirait entre les lignes, ou sous-entendu de réserves et de correctifs, ont porté des fruits dangereux, conduit à des séparations de pouvoirs arbitraires et artificielles, énervé dans certains cas la partie la plus essentielle du gouvernement, le pouvoir d'action, compromis son association avec les corps délibératifs, et, par réaction, à d'autres moments, confondu toutes les puissances et la source de toutes les fonctions dans la main d'un homme.

A la division en deux, que nous venons de rappeler, de la puissance civile à l'intérieur, Montesquieu sans s'expliquer, substitue la division en trois, qui le rapproche, en apparence seulement, d'Aristote et à laquelle il s'arrête définitivement : la puissance législative, l'exécutive et la judiciaire.

La séparation de ces trois puissances peut seule assurer la liberté politique, et il faut pour cela qu'elle soit complète : non seulement « tout serait perdu si le même homme ou le même corps des principaux ou des nobles ou du peuple, exerçait ces trois pouvoirs : celui de faire des lois, celui d'exécuter les résolutions publiques, et celui de juger » ; mais encore, suivant l'affirmation célèbre et tant de fois reproduite, la liberté n'existe pas « lorsque dans la même personne ou dans le même corps de magistrature, *la puissance législative est réunie à la puissance exécutrice* : car on peut craindre que le même monarque ou le même Sénat ne fassent des lois tyranniques pour les exécuter tyranniquement ».

IV

C'est un fait remarquable que ni dans les *Lettres*, ni dans celles des *Notes de voyage* publiées jusqu'ici, ni dans *l'Esprit des lois*, on ne trouve trace d'une observation directe de Montesquieu sur l'évolution et les crises que depuis Locke avait subies l'organisation du gouvernement britannique en ce qui concerne précisément les rapports du législatif et de l'exécutif, que dans son ouvrage il sépare si délibérément. La question des relations des conseillers du roi avec le parlement et la couronne avait cependant passionné depuis des siècles l'Angleterre. Les prétentions des communes à *l'impeachment* des conseillers du souverain, la résistance de la couronne dans des circonstances historiques et devenues tragiques, la lutte survenue plus tard entre le conseil privé resté sous l'influence des communes et l'autorité toujours grandissante du petit groupe connu sous le nom de *junte*, de *cabale* ou de *cabinet*[1] recruté parmi les amis fidèles et véritablement agissants du roi, les péripéties de cette lutte au milieu de la division des partis et sous l'influence des événements extérieurs, sous l'influence aussi du caractère personnel des monarques; les premières tentatives d'un véritable ministère homogène sous Guillaume III, suivies de réactions en sens contraire; l'avènement final d'un cabinet d'opinion unie sous le premier des Georges, avec les Wighs et Walpole, ministère qui avait subsisté sous Georges II, (Montesquieu voyait ce cabinet à l'œuvre en 1729); la prédominance du ministre assurée pendant de longues années, fût-ce au moyen d'influences corruptrices ou de manœuvres blâmables, en face de princes d'origine étrangère, peu soucieux des affaires du Royaume-Uni[2] et d'un parlement

1. La première mention du « cabinet » se trouve dans le *Diary de Pepy* (16 novembre 1667. vol. III, p. 304. Voir Franqueville : *Du parlement et du gouvernement d'Angleterre*, t. I, p. 437. La *cabale* remonte, on le sait, aux conseillers du roi en 1671 : Clifford, Arlington, Buckingham, Ashley, Lauderdale, dont les lettres initiales ont formé son nom.

2. H. S. Maine : (*La constitution fédérale des États-Unis*) : « Cinquante ans plus tôt ou cent ans plus tard, le roi d'An-

recruté, en grande partie, au moyen de voix gagnées ou achetées; la chute ensuite de ce ministère lorsque l'accord avec le Parlement avait cessé, sans qu'une demande de mise en accusation des ministres tombés eût été accueillie : tous ces événements avaient singulièrement modifié en Angleterre la situation réciproque de la couronne et du Parlement. Il semble que Montesquieu ne les ait pas aperçus ou de propos délibéré n'y ait pas, dans son célèbre ouvrage, attaché d'importance. Ce grand fait qu'il avait sous les yeux, bien qu'enveloppé encore de nuages épais : la transmission de la majeure partie du pouvoir de gouvernement, du monarque à ses ministres, paraît lui échapper. Il en reste dans la question des rapports des conseillers du roi avec le Parlement à la situation des Stuarts et des communes, les uns repoussant, les autres revendiquant le droit d'*impeachment*, ou à Guillaume III usant sans ménagements de son droit de veto et constituant des ministères bigarrés d'opinion. Pour lui, la puissance exécutrice doit être toujours dans les mains du monarque « parce que cette partie du gouvernement qui a presque toujours besoin d'une action momentanée est mieux administrée par un que par

gleterre aurait apparu aux auteurs de la Constitution sous un jour très différent. Il y avait, en somme, un accord tacite entre les deux premiers Georges et l'aristocratie wigh, stipulant que le roi gouvernerait le Hanovre, et le ministère wigh la Grande-Bretagne. »

M. Morley dans son *Walpole* fait observer que depuis la reine Anne les souverains n'ont plus assisté aux délibérations des ministres, faute probablement pour les premiers Georges d'entendre l'anglais.

plusieurs[1], que s'il n'y avait point de monarque et que la puissance exécutive fût conférée à un certain nombre de personnes tirées du corps législatif, il n'y aurait plus de liberté, puisque les deux puissances seront unies, les mêmes personnes ayant quelquefois et pouvant toujours avoir part à l'une et à l'autre » — ce qui était nier en principe l'existence possible compatible avec la liberté des citoyens, d'un conseil de gouvernement émané de l'assemblée elle-même, tel qu'était en partie celui de Walpole [2].

Quant à la responsabilité des conseillers de la puissance exécutrice, Montesquieu ne la définit pas autrement que dans ces lignes : « Comme celui qui exécute ne peut rien exécuter mal sans avoir des conseillers méchants et qui haïssent les lois comme ministres quoiqu'elles les favorisent comme hommes, ceux-ci peuvent être recherchés et punis. »

1. Gravina avait dit : « Les lois seraient inutiles et sans effet si le ministère de l'homme ne les convertissait en pratique, et, si du consentement des citoyens, elles n'étaient confiées à un personnage grave et prudent dont la voix et l'autorité les mît en vigueur. C'est l'office du magistrat. Ce magistrat est en quelque sorte l'âme et le bras des lois. Il produit un avantage prompt que tous les citoyens ensemble ne pourraient produire qu'avec des difficultés inexprimables. » (*Trad.* Requier, t. III, p. 187.)

2. Morley : *R. Walpole.* « C'est à Walpole que nous devons ce fait que le gouvernement est dirigé en Angleterre non par des ministres impériaux comme en Prusse, ni par des ministres populaires comme aux Etats-Unis, mais par des ministres parlementaires. »

Macaulay, *Hist. du règne de Guillaume III*, ch. II. « Vers la fin de 1693, on voyait les principaux emplois du gouvernement distribués d'une manière égale entre les deux grands partis, les hommes qui remplissaient ces emplois cabaler

Par qui et comment? L'auteur de l'*Esprit des Lois* laisse entendre qu'ils doivent être cités par la Chambre basse devant la Chambre des nobles (ce qui est une infraction commise par l'auteur lui-même à sa doctrine de la séparation des pouvoirs), mais il a toujours en vue la responsabilité pénale, mise en œuvre par une procédure judiciaire et entraînant des peines corporelles. Il n'a pas l'idée d'une responsabilité purement politique, ou du moins il ne s'attache pas à cette sorte de responsabilité, qui s'était cependant affirmée lors de la première démission de Walpole; qui devait, avant l'apparition de l'*Esprit des Lois*, s'affirmer une seconde fois lors de la chute définitive du même premier ministre (1742). « Depuis, et y compris cet événement, écrit Macaulay, il a passé dans la pratique — une pratique non strictement conforme à la théorie de notre Constitution, mais cependant plus salutaire — de considérer la perte de la charge ministérielle et la désapprobation pu-

perpétuellement les uns contre les autres, provoquer les uns contre les autres des votes de censure, des chefs d'accusation; vers la fin de 1696, au contraire, on vit que tous les principaux serviteurs de la couronne appartenaient au parti wigh, qu'ils étaient étroitement unis entre eux par des liens publics et privés, qu'ils se montraient prompts à se défendre les uns les autres contre toute attaque, que la majorité de la Chambre des communes était rangée en bon ordre sous ses chefs et qu'elle avait appris à se mouvoir comme un seul homme à leur commandement. »

Cf. Remusat : *Etudes sur l'Angleterre*, t. I, p. 380. « Voltaire et Montesquieu ont pu voir de leurs yeux marcher régulièrement le gouvernement représentatif. A l'époque où ils ont visité l'Angleterre, la nation, peut-être sans s'en rendre bien compte, sortant définitivement des révolutions, entrait en pleine possession de ses institutions constitutionnelles. »

blique comme des châtiments suffisants pour des erreurs commises dans la gestion du pouvoir, non imputables à la corruption personnelle. Rien, nous le croyons, n'a plus contribué que cet adoucissement à élever le caractère des hommes publics. L'ambition est par elle-même un jeu suffisamment hasardeux et profond pour enflammer les passions sans ajouter propriété, vie ou liberté à l'enjeu.... Notre ancienne façon de faire sur ce point était aussi absurde que celle de ce roi d'un conte d'Orient qui proclamait que tout médecin pouvait venir à la cour et soigner les maladies royales ; mais que si le remède échouait, le médecin aurait la tête coupée... D'ailleurs il aurait été impossible, depuis la Révolution, de punir aucun ministre pour sa politique générale, avec la moindre apparence de justice : car depuis ce temps, aucun ministère n'a été à même de poursuivre aucune politique générale sans l'approbation du parlement[1]. »

V

On pourrait pousser plus loin l'examen de l'analyse que Montesquieu a faite des principes de la constitution anglaise et montrer comment, sur beaucoup d'autres points, il est resté très éloigné de la réalité vivante des faits ; comment ses formules

1. Essai sur l'*Hist. const. de Hallam*. Voir sur cette période de fondation et de premières transformations du cabinet : *Todd*, *Parliamentary government*. Hallam, *Constitut. hist. of England* (trad. Guizot). Erskine May, *Constitut. history*. Gneist, *Die englische Verfassung*. Stubbs, *The Const. hist. of England in its origin and developpment*. Freeman,

donnent souvent de ceux-ci une idée erronée ou incomplète. On pourrait, pour ne citer que quelques exemples, se convaincre qu'en ce qui concerne le pouvoir judiciaire, il a été beaucoup plus préoccupé du criminel que du civil, s'attachant, suivant la remarque d'un de ses modernes commentateurs, seulement au jury (qui depuis a sans cesse perdu de son importance dans les procès civils), et laissant de côté les juges nommés par la couronne, qui constituent le rempart le plus solide des libertés individuelles[1]; affaiblissant par cette omission même, sa formule de division des trois pouvoirs, dont deux, dans son tableau, proviennent de la même source populaire.

On pourrait de même observer qu'il a confondu dans une désignation générale de « corps des nobles » un groupement d'influences et de puissances sociales qui, en Angleterre, ne ressemblaient que de fort loin à la noblesse française et qu'il n'a pas définies[2]; qu'en ce qui touche à la Chambre des communes, il l'a considérée pour ainsi dire en bloc comme « le corps représentant le peuple » sans exa-

Le Développement de la constit. anglaise (trad. Delahaye). Franqueville : *Du Gouvernement et du Parlement anglais.* Boutmy, *Etudes de droit constitutionnel; Le Développement de la constitution en Angleterre;* et enfin l'ouvrage de M. Depriez sur les *Ministres dans les principaux États* (1892) qui résume tous ces auteurs sur ce sujet spécial.

1. Saint-Girons : *De la Séparation des Pouvoirs*, p. 93.

2. Voir Boutmy, *op. cit.*

Montesquieu a cependant mis en relief quelques traits de cette différence : « Les dignités faisant partie de la constitution fondamentale, seraient plus fixes qu'ailleurs ; mais d'un autre côté, les grands, dans ce pays de liberté, s'approcheraient plus du peuple : les rangs seraient donc plus séparés, et les personnes plus confondues. »

miner les bases mêmes de l'élection ni jusqu'à quel point, au XVIIIe siècle, en Angleterre, elle était loin de réaliser cette condition posée par l'auteur de l'*Esprit des Lois*, que tous les citoyens, dans les divers districts, doivent avoir droit de donner leurs voix pour choisir les représentants « excepté ceux qui sont dans un tel état de bassesse qu'ils sont réputés n'avoir pas de volonté propre ». Il faudrait encore remarquer comme, dans ce mélange apparent de monarchie, d'aristocratie et de démocratie, qu'il pensait être la base du gouvernement britannique, il n'a pas aperçu ou signalé la prédominance effective de l'élément aristocratique ou oligarchique, qui avait en quelque sorte absorbé et organisé à son profit la nation, en assurant les avantages de la possession du pouvoir tantôt à l'un et tantôt à l'autre des deux partis qui se le disputaient : comment enfin, il n'a pas suffisamment mis en lumière l'influence d'un « quatrième pouvoir » précisément né ou du moins très grandi un peu avant l'époque où il observait l'Angleterre : la presse politique, qui par son contrôle des autres pouvoirs, par ses excitations sur l'esprit public, par les armes redoutables fournies aux partis, par tout ce travail de propagande et d'action passionnée ou intéressée, au développement presque effrené et effrayant duquel nous assistons depuis lors, allait complètement modifier les conditions d'existence du gouvernement en Angleterre d'abord, et ensuite dans le monde entier[1].

1. Montesquieu, qui ne parle pas de la presse comme pouvoir politique, a cependant observé (*Esprit des Lois*, XIX, 27), que, pour jouir de la liberté, il faut que chacun puisse

Un examen de ce genre nous entraînerait trop loin de notre sujet : il était bon cependant de se souvenir de quelques-unes des lacunes d'observation de Montesquieu sur d'autres parties de la constitution anglaise ou sur plusieurs rouages essentiels de son existence politique, pour mieux s'expliquer celles qui sont demeurées dans son analyse de la séparation des pouvoirs entre la puissance législative et l'exécutrice[1]. Il rencon-

dire ce qu'il pense...; un citoyen dans cet état dit et écrit tout ce que les lois ne lui ont pas expressément défendu de dire ou d'écrire. Il remarque que le « Craftsman » le journal de Bolingbroke et de Pultney, est examiné par trois avocats avant de l'imprimer, pour savoir s'il y a quelque chose qui blesse la loi. Il observe que « comme on voit le diable dans les papiers périodiques, on croit que le peuple va se révolter demain, mais il faut seulement se mettre dans l'esprit qu'en Angleterre comme ailleurs le peuple est mécontent des ministres et qu'il y écrit ce qu'on pense ailleurs... Le roi a un droit sur les papiers qui courent et qui sont une cinquantaine, de façon qu'il est payé par les injures qu'on lui dit... Un couvreur se fait apporter la gazette sur les toits, pour la lire. » (*Notes sur l'Angleterre.*)

En 1710, écrit Buckle, (*De la civilisation en Angleterre*, tr. fr. t. II, p. 114) les journaux au lieu d'indiquer seulement les nouvelles, commencèrent à prendre part à la discussion des sujets politiques. En 1738, Danvers disait au Parlement : « Le peuple de la Grande-Bretagne est gouverné par un pouvoir dont on n'a jamais entendu parler jusqu'ici : Ce pouvoir ne consiste pas dans la volonté absolue du prince, dans les ordres du Parlement, dans la force d'une armée, dans l'influence du clergé, ce n'est pas non plus le régime du cotillon, mais c'est le gouvernement de la presse. »

1. On a souvent dit que Montesquieu est resté exprès dans le vague et la généralité au sujet de la constitution anglaise, qu'il a usé de circonspection pour ne pas encourir les rigueurs de son gouvernement. « Il enveloppa, dit M. Sorel, de voiles savamment disposés les observations qui pouvaient passer pour séditieuses, et les comparaisons qui risquaient de froisser le patriotisme des sots. C'est peut-être

trait en ce qui concerne cette partie de son sujet, des causes particulières d'erreurs ou de vues incomplètes, erreurs ou vues incomplètes qu'il a partagées avec un bon nombre de publicistes de son temps, qu'il lui aurait fallu une divination tout à fait exceptionnelle pour éviter à l'époque où il écrivait. L'état de l'Angleterre lorsqu'il l'a vue, pouvait, au point de vue politique, être considéré comme passager. Il était tout nouveau. Il était dû à des causes dont plusieurs semblaient devoir être transitoires. L'effacement et l'amoindrissement de l'influence prépondérante personnelle du monarque devait être attribué à des circonstances qui disparaîtraient et ne se renouvelleraient sans doute pas. Montesquieu pouvait se croire en droit de penser qu'avec d'autres souverains, la couronne reviendrait à un autre état de puissance d'intervention. Nul ne pouvait savoir, dès cette époque, que le régime constitutionnel qui s'était, par la

une des raisons qui l'amenèrent à décrire, sous une forme toute générale, toute cosmopolite pour ainsi dire, sans termes techniques et sans noms propres, le phénomène très local de la constitution d'Angleterre. Cette généralisation arbitraire en soi a été considérée souvent comme un acte de prudence... Il n'y a pas d'exemple plus singulier de ces précautions que le chapitre où Montesquieu explique « comment les lois peuvent contribuer à former les mœurs d'une nation. » L'Angleterre seule est en cause et Montesquieu ne la nomme pas. Il la présente par hypothèse. »

Cette opinion ne nous paraît pas très plausible. Il faut remarquer, en effet, que si, dans le chapitre auquel M. Sorel fait allusion, Montesquieu ne nomme pas l'Angleterre, dès les premières lignes de ce chapitre, il renvoie au chapitre VI du livre XI dont l'intitulé est : « *De la constitution d'Angleterre* » où il nomme à plusieurs reprises les Anglais et où il traite, sans aucun voile, de leurs institutions.

force même de la pratique et des événements, implanté en Angleterre, dans la première moitié du XVIIIe siècle, et qui avait procuré la prédominance effective aux ministres parlementaires, deviendrait peu à peu et après bien des tentatives de réaction, son régime définitif. Les essais renouvelés de Georges III pour revenir à d'autres conditions de pouvoir prouvent bien qu'il n'y avait rien d'irrévocable en apparence dans les combinaisons qui avaient prévalu sous ses prédécesseurs. On comprend dès lors que Montesquieu n'ait pas attaché à la croissance du pouvoir ministériel aux dépens des prérogatives royales, le caractère d'un phénomène constitutionnel essentiel. On le comprend d'autant mieux qu'aucun des auteurs qui l'ont suivi, jusqu'à une époque relativement récente, n'a attribué à l'existence et au développement du cabinet l'importance qu'il aurait méritée. « Quelle que soit l'importance du rôle pris par le cabinet, écrit M. de Franqueville [1], même son existence n'est consacrée par aucun texte légal. Le terme de conseil de cabinet ayant été introduit dans un projet d'adresse à la couronne, du temps de la reine Anne, fut rejeté parce que c'était une expression « inconnue à la loi du pays [2]. » Plus d'un demi-siècle après cette époque, Delolme et Blackstone ignoraient absolument l'existence du cabinet. Le premier ministre, qui est devenu le véritable pivot de tout le système

1. *Op. cit.*, t. I, p. 445.

2. Macaulay appelle le cabinet une institution inconnue, une organisation dont aucun statut ne fait mention (*Hist. of England*, t. VII, p. 217). Tous les auteurs s'expriment dans ce sens ; Hallam, Cox, etc., cités par Franqueville.

anglais, était un rouage encore plus inconnu ou méconnu. Walpole, malgré sa situation prépondérante et qui a en réalité inauguré la série des « premiers », considérait comme un outrage qu'on l'appelât « premier ministre ». Clarendon dit que, de son temps rien n'était plus odieux aux Anglais qu'un premier ministre. « Ils aimaient mieux être les sujets d'un usurpateur comme Cromwell que d'un roi qui les renvoie à un grand vizir[1]. »

Il convient enfin de rappeler que « l'opposition » parmi laquelle Montesquieu comptait ses principaux amis, celle des Bolingbroke, des Pultney, s'acharnait à considérer l'organisation du pouvoir entre les mains de Walpole comme presque inconstitutionnelle. Le « *Craftsman* » la dénonçait comme paralysant par la corruption le contrôle des Chambres et par là même détruisant la balance des pouvoirs, base de la Constitution. Bolingbroke reprochait à Walpole « d'avoir usurpé le pouvoir, de s'être emparé par la cabale, l'intrigue, les détours, d'un poste auquel il n'avait pas été appelé par le suffrage général, ni peut-être par le choix de bon gré de son maître lui-même ». C'est de la Grande-Bretagne vue sous cet angle que Montesquieu écrivait : « Ce n'est point à moi d'examiner si les Anglais jouissent actuellement de la liberté ou non. Il me suffit de dire qu'elle est établie par leurs lois, et je ne cherche pas davantage[2]. » C'est d'elle qu'il avait dit dans ses *Notes* : « Les Anglais ne sont plus dignes de leur liberté. Ils la vendent au roi, et si le roi la

1. Macaulay, *Hist. d'Anglet.*, t. III, p. 13.
2. *Esprit des lois*, XI, VI.

leur redonnait, ils la lui vendraient encore... Un ministre ne songe qu'à triompher de son adversaire dans la Chambre basse, et pourvu qu'il en vienne à bout, il vendrait l'Angleterre et toutes les puissances du monde... Cet État périra, lorsque sa puissance législative sera plus corrompue que l'exécutrice[1]. »

Quelles que soient les raisons qui ont influé sur l'esprit de Montesquieu et qui expliquent jusqu'à un certain point, historiquement, sa façon incomplète ou inexacte d'envisager l'ensemble des institutions qu'il révélait comme propres à garantir la liberté politique, il faut bien avouer que le tableau qu'il a tracé du pouvoir exécutif anglais, outre qu'il n'était pas conforme à la réalité qu'il avait sous les yeux, ne satisfait nullement la raison, ni même le bon sens, au point de vue du fonctionnement d'un gouvernement quelconque : quel pouvoir d'action pourrait vivre dans les limites beaucoup trop étroites où il l'a enfermé, en croyant qu'il assurait ainsi l'équilibre des puissances et par là la liberté des citoyens ? Le pouvoir exécutif tel qu'il ressort des grands traits de son tableau, et en prenant à peu près les termes mêmes que l'auteur emploie, est déposé aux mains d'un monarque, inviolable dans sa personne, source des honneurs et des dignités, armé du pouvoir d'*empêcher* mais non de *statuer*, n'entrant pas par suite dans le débat des affaires et ne *devant pas proposer* la loi, chargé de convoquer et de dissoudre le pouvoir législatif, conseillé par des ministres qui peuvent être pour-

1. Cette dernière phrase est dans l'*Esprit des lois*.

suivis et punis, ne nommant pas les juges qui doivent être pris parmi le peuple à titre de jurés, chef d'une armée qui ressemble à une milice et qui ne peut être cantonnée ni dans des camps séparés ni dans des casernes ; ou qui est une armée permanente « qui puisse être cassée par la puissance législative, sitôt qu'elle le désire », dont la force sera décidée d'année en année par l'assemblée législative, dont le budget sera également fixé chaque année par la même puissance.

Supposons la totalité du pouvoir de gouvernement bornée à ces attributions. Il deviendra le simple vassal et comme l'instrument passif ou le frein impuissant du pouvoir législatif qui restera le seul véritable souverain, et on se trouvera loin de l'idéal posé par Montesquieu, de cet équilibre « où les deux parties du pouvoir législatif enchaînées par leur faculté mutuelle d'empêcher et toutes les deux liées par la puissance exécutrice qui le sera elle-même par la législative, devraient former un repos, une inaction, mais où, comme par le mouvement nécessaire des choses elles sont contraintes d'aller, elles seront forcées d'aller de concert ». Elles n'auraient jamais été « de concert » sans le lien qui rendait ce concert possible et que Montesquieu n'a pas aperçu ou n'a pas voulu mettre en relief, l'action combinée de la couronne et des Chambres dans le cabinet, et le partage entre les deux puissances de l'initiative législative avec une tendance accentuée à laisser de plus en plus la proposition de la loi à l'exécutif, contrairement à ce qu'avait statué l'auteur de l'*Esprit des Lois :* car il faut bien constater que précisément le droit de proposer que Montesquieu voulait refuser à l'exécutif, s'est constamment développé entre ses mains, tandis que le droit d'empêcher, le veto, qu'il lui accordait exclusivement, a été, depuis plus de cent cinquante ans, abandonné en fait par la couronne.

En réalité, au moment où Montesquieu observait l'Angleterre, elle était en train d'établir dans son organisation politique, à la suite de luttes séculaires, un agencement pratique, une répartition d'attributions qui, comme il advient dans toute entreprise humaine qui réussit, devaient permettre aux fonctions d'initiative et de contrôle, d'action et de surveillance, de se combiner et de se compléter, en laissant une indépendance suffisante au pouvoir d'action. Bien qu'au XVIIIe siècle, cet agencement fût loin d'atteindre le degré d'organisation que la constitution ou plutôt la pratique gouvernementale a fini par réaliser en Angleterre, celle-ci, par le rôle attribué respectivement au Parlement, aux ministres et à la couronne, s'en était plus approchée dès cette époque qu'aucun autre gouvernement existant ou ayant existé : seulement dans la pondération, résultat d'une longue hostilité historique [1], chaque élément principal était

1. « L'indivisibilité du pouvoir public en Angleterre a constamment tourné les vues et les efforts du peuple vers un seul et même objet ; et la permanence de ce pouvoir a aussi donné la permanence aux précautions qui ont été prises pour le restreindre. Sans cesse tournés vers cette ancienne forteresse, le pouvoir royal, les Anglais en ont fait pendant sept siècles l'objet de leur crainte ; ils en ont considéré toutes les parties avec une jalousie soupçonneuse... ils ont même creusé la terre pour explorer ses avancées secrètes et ses ouvrages souterrains (Delolme, l. I, ch. II).

entré non pas revêtu d'une désignation conforme à la réalité de son rôle effectif, mais avec des appellations qui étaient de nature à tromper l'observateur passager : ni le roi, ni les conseillers du roi, ni le Parlement lui-même n'agissaient dans la constitution en la qualité propre qu'indiquaient leurs noms. Il s'était fait entre eux des combinaisons de pouvoirs, des compromissions, des échanges d'initiatives et de sanctions qui étaient beaucoup moins simples et plus conformes aux nécessités politiques que leurs rapports apparents. Dans l'ardeur de la lutte, chaque pouvoir avait cherché à réduire le rôle extérieur du pouvoir antagoniste et pour cela l'avait diminué par le titre même qu'il lui donnait. C'est ainsi que lorsque le Parlement a été définitivement vainqueur de la royauté au XVIIe siècle, il a confiné celle-ci au nom de pouvoir exécutif, en conservant pour lui-même celui de pouvoir législatif dont l'autre ne devait en apparence être que l'agent d'exécution. Et cependant dans la réalité des faits, la couronne, avec ses conseillers choisis par elle, ou désignés indirectement par le Parlement, a toujours, même dans son plus grand abaissement, été autre chose : son assimilation à un pouvoir purement exécutif était une fiction, le résultat d'une concession faite à un instant de triomphe du Parlement, enregistrée par les théoriciens du moment et que d'autres théoriciens ont eu tort de conserver comme principe essentiel des institutions de l'Angleterre au moment même où celle-ci réalisait, par la constitution du cabinet homogène et responsable, une véritable collaboration, une fusion mesurée et réglée des pouvoirs législatif et exécutif, un accord pratique qui s'éloignait singulièrement de la formule simpliste de la séparation des pouvoirs.

VI

Par un singulier effet de choc en retour, l'influence des idées de Montesquieu sur un siècle qui n'était pas encore blasé de systématisations trop vastes ou trop hâtives, qui en goûtait pleinement l'attrait séducteur, a été telle, que, même en Angleterre où les écrivains politiques n'avaient jamais vu jusque-là dans leur constitution tout ce que l'auteur de l'*Esprit des Lois* y a mis, la formule de balance des pouvoirs présentée par Montesquieu est entrée dans les esprits comme résumant d'une façon suffisamment précise la théorie essentielle des institutions libres. Bien que Macaulay déclare qu'à l'époque où Montesquieu écrivait, « les Anglais considéraient un Français parlant des freins constitutionnels et des lois fondamentales, comme une merveille non moins étonnante que le *porc savant* (*the learned pig*), ou le musicien petit prodige[1] », Hume, Blackstone, Paley, plus tard Delolme (venu de Suisse), se sont profondément imprégnés de Montesquieu. On a pu dire de ce dernier qu'il avait révélé aux

1. *Essai sur Machiavel*, où il se montre très sévère pour l'auteur de l'*Esprit des lois*. « Le spirituel Président construisait des théories aussi vite et aussi légèrement que des châteaux de cartes : à peine achevées elles étaient détruites, et détruites, oubliées. »

Anglais leur constitution : en réalité, il leur en a montré certaines vérités et les a aussi induits comme ses lecteurs français ou autres, en de multiples méprises. « Malgré le caractère historique de nos institutions, dit l'auteur de l'article *Constitution* dans l'*Encyclopædia Britannica*, on a commis l'erreur de les considérer comme un système élaboré en vue de réaliser le « bon gouvernement ». Cette erreur a sa formule dans ce qu'on appelle la théorie des freins ou de la balance des pouvoirs, théorie qui veut que la puissance soit distribuée entre les divers éléments de l'État de telle façon que chacun agisse comme frein sur les autres et qu'aucun ne soit souverain. C'est le fait de Blackstone et des écrivains de cette catégorie. » Ce serait cependant se tromper gravement que de penser que Blackstone et les Anglais qui l'ont suivi ont reproduit sans l'atténuer la théorie de Montesquieu. Ils ont vu de plus près la réalité pratique et l'ont mieux exposée. « Les parties constitutives du Parlement, dit Blackstone, sont le roi et les trois *états* du royaume... Il est très nécessaire pour maintenir la balance de la constitution que le pouvoir exécutif soit *une branche du pouvoir législatif*, sans être le pouvoir législatif *entier*. Leur réunion dans une même main conduirait à la tyrannie : leur séparation absolue produirait à la fin, les mêmes effets... Le pouvoir législatif deviendrait bientôt tyrannique parce qu'il empiéterait sans cesse sur les droits du pouvoir exécutif... C'est pour empêcher de pareilles usurpations que le roi est *lui-même une partie du Parlement*. Ce contrôle respectif de toutes les parties entre elles est réellement ce qui constitue l'excellence du gouvernement anglais [1]. »

Blackstone, on le voit, n'est pas aussi loin qu'on pourrait le croire au premier abord, de l'opinion qui a prévalu depuis chez la plupart des publicistes anglais, éclairés par une longue contemplation des faits réels, touchant le véritable caractère de la constitution anglaise. « En réalité, écrit l'un d'eux, l'un des plus éminents, Bagehot, l'efficacité secrète de notre constitution réside dans l'étroite union, dans la fusion presque complète du pouvoir exécutif et du pouvoir législatif. » Ce qui manque à Blackstone et aux autres commentateurs anciens, c'est d'apercevoir clairement le lien qui rend cette union possible. Bagehot, de nos jours, et beaucoup d'autres l'ont mis en plein relief et il est actuellement visible à tous les yeux. « Le lien qui unit la couronne et le Parlement, écrit l'auteur de *La constitution anglaise*, s'appelle le cabinet. Par ce terme nouveau, nous entendons un comité du corps législatif choisi pour être le corps exécutif. Pour former ce comité principal, l'assemblée législative choisit les hommes qui lui inspirent le plus de confiance. Elle ne les choisit pas directement, mais son choix est tout puissant, bien qu'il soit indirect... L'Angleterre a un premier magistrat qui est aussi véritablement électif que l'est en Amérique l'homme dont les électeurs font le premier magistrat du pays. La reine est seulement à la tête des parties imposantes que renferme la constitution : le premier ministre est à la tête des parties effi-

1. *Comment.*, t. I, l. I, chap. II.

cientes. La couronne est, suivant l'antique adage, la source des honneurs, mais la trésorerie est la source des affaires [1]. »

Avant que le véritable caractère de la constitution britannique eût suffisamment frappé les regards, on a vu l'Amérique, on le sait, prendre et s'approprier dans son entier la théorie de Montesquieu sur la séparation des pouvoirs. « On ne rencontre guère, dit S. Maine, dans son *Étude sur la constitution des États-Unis*, on ne rencontre guère dans *le Federalist* de familiarité intime avec les spéculations antérieures sur la politique, sauf avec celles de Montesquieu dans son *Esprit des Lois*, qui était le livre populaire du jour. Les auteurs attachaient la plus grande importance à toutes les opinions de Montesquieu [2]. » Et cependant, Madison avait, dans ce recueil même, cherché comme Blackstone, à tempérer les formules de Montesquieu, en supposant ce que celui-ci avait voulu dire plutôt que ce qu'il avait dit. « Des faits qui ont guidé Montesquieu, observe-t-il, on peut conclure que cet auteur n'entend pas exclure toute espèce de mélange des pouvoirs entre eux... Sa pensée n'a été que d'établir que là où la totalité d'un pouvoir est exercée par les mêmes mains qui détiennent la totalité d'un autre pouvoir, les principes fondamentaux d'une constitution libre sont bouleversés. » Malgré ces indications, la majorité qui a adopté la constitution fédérale s'est ralliée en principe à la théorie de l'indépendance absolue des pouvoirs

1. Bagehot. *La Constitution anglaise*, trad. franç., p. 16.
2. *Essai sur le gouvernement populaire*, trad. franç., p. 286.

qu'elle énumère dans l'ordre même et suivant la terminologie de Montesquieu : elle crée un chef élu du pouvoir exécutif fédéral qui sort, au second degré, des choix populaires et n'est pas responsable devant le pouvoir législatif représenté par les assemblées électives : les ministres, nommés par le président, sont également indépendants des votes des Chambres et ne doivent pas paraître aux Chambres : elle institue un pouvoir judiciaire élu par le peuple dans la plus grande partie de ses membres, et qui, sous sa forme supérieure de cour suprême nommée à vie, juge même, souverainement, de l'inconstitutionnalité des actes du pouvoir exécutif ou du pouvoir législatif. Cependant, tout en allant plus loin qu'aucune autre nation ne l'avait fait, dans la voie de la séparation, il a bien fallu, même en Amérique, transiger sur certains points et établir des empiètements ou plutôt des actions régulières d'un pouvoir sur l'autre. C'est ainsi que la constitution a donné au président le droit de proposition des lois et un droit de veto, suspensif ou définitif dans certaines conditions, sur les décisions du congrès ; que, par contre, elle a conféré au sénat le droit d'intervenir dans la négociation des traités et la nomination des agents diplomatiques, des juges de la cour suprême et autres fonctionnaires supérieurs de l'administration. Dans la pratique, il s'est introduit successivement bien d'autres atténuations à la séparation absolue des pouvoirs [1].

1. Voir, par exemple, sur les rapports qui se sont établis entre les ministres et les standing-committies des Chambres

Sans tenir compte de ces altérations dues soit à la législation elle-même soit aux mœurs politiques, sans considérer davantage la différence essentielle d'un pays centralisé comme la France par toute son histoire et d'une république fédéraliste comme les États-Unis, où la plus grande partie du gouvernement réel restait aux mains des législatures et des autorités d'États, un bon nombre d'esprits, en 1789, trompés par les apparences de la jeune et populaire constitution d'Amérique, ont voulu appliquer à notre propre situation politique les principes de Montesquieu, tels qu'ils se les figuraient réalisés de l'autre côté de l'Océan, bien mieux que dans l'Angleterre contemporaine [1] qui leur semblait les avoir trahis.

Les avertissements ne manquèrent pas cependant à l'Assemblée touchant les sophismes sur lesquels repose en grande partie la théorie de la division des pouvoirs. « Nous aurons bientôt l'occasion, s'écriait Mirabeau (le 16 juillet 1789), d'examiner cette théorie des trois pouvoirs, laquelle, exactement analysée, montrera peut-être la facilité de l'esprit humain à prendre des mots pour des choses, des formules pour des arguments, et à se routiner

pour faire aboutir les bills désirés et même rédigés par le gouvernement, à l'exclusion des autres : Bryce, Laveleye et Dupriez qui les résume.

1. Ils connaissaient surtout la constitution des États-Unis par deux ouvrages qui ont eu un grand retentissement en France : le livre de John Adams, second président des États-Unis, et celui de Robert Livingstone. *Examen du Gouvernement d'Angleterre, comparé aux Constitutions des États-Unis.* Mounier y fait allusion dans son mémoire du 12 août 1789 et Lally-Tolendall compare les deux ouvrages dans son rapport du 31 août 1789.

vers un certain nombre d'idées sans jamais revenir à examiner l'inintelligible définition qu'il a prise pour un axiome. Les valeureux champions des trois pouvoirs tâcheront alors de nous faire comprendre ce qu'ils entendent par cette grande locution des trois pouvoirs, et comment, par exemple, ils conçoivent le pouvoir judiciaire distinct du pouvoir exécutif, ou même le pouvoir législatif sans aucune participation au pouvoir exécutif. »

La défiance du pouvoir exécutif fut plus forte que ces sages réflexions, auxquelles Malouet, Mounier, Thouret et d'autres joignirent leurs objections. Le souvenir des excès de pouvoir des *gens du roi*, l'exemple récent des empiètements des Parlements, firent consacrer comme un dogme par l'Assemblée la pensée empruntée à la constitution d'Amérique plus qu'aux institutions anglaises en ce moment discréditées auprès de la majorité, qu'il fallait diviser les pouvoirs par des « limites sacrées ». Celles-ci étaient plus faciles à poser théoriquement que pratiquement. A mesure qu'apparut l'impossibilité d'opérer effectivement la séparation absolue et la nécessité, si on voulait les isoler réellement l'un de l'autre, de sacrifier l'un des pouvoirs à son rival, ce fut, tout naturellement, l'exécutif qui se vit dépouillé successivement de toutes ses prérogatives les plus nécessaires, par un pouvoir législatif nouveau, inexpérimenté et d'autant plus jaloux de son autorité. La couronne perdit son droit d'initiative législative [1], son droit

1. Les idées de Montesquieu exerçaient une telle influence sur les esprits, que les constitutionnels partisans du *veto* absolu étaient opposés au droit de proposition du roi en

de veto absolu, son droit de dissolution. « L'assemblée, s'écriait Barère, cesse d'être libre, si la volonté du roi, si les vues, les projets, les systèmes de ses ministres précèdent ou influencent la volonté nationale... Sans doute, il est désirable que le pouvoir législatif et le pouvoir exécutif marchent d'accord; mais cela est impossible. Ce n'est plus à l'assemblée qu'il faut apprendre que le pouvoir exécutif sera toujours l'ennemi du pouvoir législatif et lui fera tout le mal qu'il pourra lui faire. » Peu à peu on s'est trouvé transporté si loin du système anglais (sans réaliser le système américain qui du moins organisait le pouvoir exécutif), qu'il a été stipulé que les ministres ne seraient reçus à l'assemblée « que pour être entendus sur les objets relatifs à leur administration, ou lorsqu'ils seront requis de donner des éclaircissements », qu'ils n'eurent pas de responsabilité politique définie, qu'on décida enfin qu'ils devraient être recrutés en dehors des membres de l'assemblée, et que ceux-ci seraient exclus du conseil, même en abandonnant leur mandat de députés. De cette façon, la couronne s'est trouvée

matière législative et demandaient l'exclusivité de l'initiative pour le Corps législatif. (Voir le discours de Mounier, 5 septembre 1789.)

Sur les préjugés habituels à la fin du XVIIIe siècle contre la constitution anglaise, voir Janet : *Histoire des Doctrines politiques*, et plus bas, la présente étude, p. 169. On sait les objections de Turgot et des économistes. Lameth protestait contre les préjugés avec lesquels les Anglais avaient dû composer; Lanjuinais s'élevait contre Delolme, contre Montesquieu, « qui n'a pas pu se soustraire aux préjugés de sa robe » : toutes ces hostilités se sont trouvées réunies contre le principe des deux Chambres.

découverte devant l'Assemblée et devant le pays en même temps qu'elle était dépouillée des moyens de gouverner, et privée de rapports réguliers et normaux avec le corps législatif : d'autre part celui-ci est sorti de son rôle de législateur sans déléguer la puissance exécutive à un organe muni de pouvoirs réguliers et suffisants. En prenant les attributions d'un pouvoir de gouvernement il n'a pas su les garder. Exagérant le principe de la séparation des pouvoirs et confiant à l'excès dans le choix éclairé des « capacités » par le peuple, la Constituante l'étend à tous les degrés de la vie administrative et judiciaire du pays. Elle organise l'élection s'appliquant aux assemblées de département et aux municipalités, ainsi qu'aux juges dont elle fait un corps indépendant et autonome. « Tous les anciens agents du pouvoir exécutif, écrit M. René Millet, dans son *Tableau de la France provinciale*, sont congédiés et supprimés. L'administration est confiée à une hiérarchie de conseils. On ne se contente pas de remettre aux assemblées la gestion des intérêts locaux, on les investit de pouvoirs (notamment l'emploi de la force armée), qui partout ailleurs sont réservés au gouvernement... »

« Entraînée par la lutte contre le régime de la monarchie absolue qu'elle voulait détruire à jamais, l'assemblée finit par ne laisser au pouvoir exécutif qu'un titre et une couronne. Dans son organisation administrative, répondant par un autre excès à l'excès de centralisation de l'ancien régime, elle confiait aux assemblées de département, de district et aux municipalités élues par les citoyens, le soin de gérer les intérêts de l'État comme ceux des localités, sans placer auprès d'elles aucun représentant de l'autorité centrale, en sorte que le roi était le chef nominal d'une administration sur laquelle il n'avait aucune action. Barnave ne dissimulait pas qu'on avait voulu constituer un pouvoir administratif indépendant du roi, comme on avait créé, par l'institution de la garde nationale, un pouvoir militaire dont il n'était pas le chef[1]. »

Quant au pouvoir judiciaire, Bergasse proclame dans un rapport du 17 août 1789, qu'il sera mal organisé, s'il dépend, dans son organisation, d'une autre volonté que celle de la Nation. Barnave établit, en s'appuyant sur Montesquieu « qu'il est faux, souverainement faux, que le pouvoir judiciaire soit une partie du pouvoir exécutif (6 mai 1790). » La Constitution de 1791 (titre III) stipule que le pouvoir judiciaire est délégué à des juges élus à temps par le peuple. Thouret et d'autres auraient voulu que le ministère public fût recruté de la même façon : « Contre qui, disait Thouret, se commettent les crimes et délits, si ce n'est contre le peuple..? C'est donc au nom du peuple et par un délégué du peuple qu'ils doivent être poursuivis. » Cependant, par une contradiction qui ne manqua pas d'être relevée, le ministère public resta nommé par le roi, sauf l'accusateur public qui dut, en principe, être élu par le peuple[2].

1. Aucoc : *Séparation des pouvoirs*, p. 9. Cf. Taine, *Rév.*, t. I, 247.

2. Si la Révolution avait été logique dans la doctrine de la séparation des pouvoirs, elle aurait, comme les États-Unis, créé une cour suprême, destinée à trancher les conflits constitutionnels ou à amender les décisions législatives con-

Le désordre effroyable qui sortit de cette extension absurde du vote populaire, tout le monde le connaît. Lorsqu'elle sentit la nécessité de rétablir un ordre hiérarchique nécessaire à l'existence même de la nation, la révolution, plutôt que de rendre à un gouvernement proprement dit ses attributions normales, en arma souverainement et en les confondant toutes, en apparence l'assemblée élue, et en réalité le Comité de salut public.

Les auteurs de la Constitution de 1795, par réaction contre le despotisme conventionnel et la Terreur qui en était sortie, voulurent rétablir le principe de la séparation absolue en rendant entièrement indépendants le pouvoir législatif et l'exécutif : « condamnés à se heurter dès qu'ils cesseraient de marcher dans des lignes absolument parallèles », on sait dans quelles crises s'agitèrent et succombèrent finalement les Conseils et le Directoire.

Le régime consulaire, puis impérial, prit la place de cette dualité impuissante et concentra successivement tous les pouvoirs politiques dans la main d'un seul homme — ce qui était une façon simple mais non durable, de résoudre la question de leurs rapports.

C'étaient là des solutions extrêmes quoique opposées, du problème de la coordination des pouvoirs politiques. La France avait été, sans y trouver le repos, ballottée de la séparation com-

traires à la constitution : mais les doctrines d'Etat s'y opposaient. Par un singulier emploi des termes, elle s'est servi du principe de la séparation pour créer ou maintenir les tribunaux administratifs, sous prétexte que le judiciaire ne devait pas empiéter sur les décisions de l'Etat.

plète à la complète confusion des branches de la puissance gouvernementale. La Charte de 1814 est un premier essai d'application à notre pays de la collaboration des pouvoirs, conforme à la pratique anglaise. S'inspirant des institutions libérales redevenues en faveur dans une partie de l'Europe, par réaction contre l'Empire et en proportion de la puissance de résistance qu'elles avaient déployée contre l'Empire, la Charte rend à la représentation de la nation sa place à côté du roi et décide que la puissance législative « s'exerce collectivement par le roi, la Chambre des pairs et la Chambre des députés ». Cependant elle laisse au roi, exclusivement, la proposition des lois que les ministres ont mission d'apporter aux Chambres et de discuter avec les représentants du pays. Elle institue « l'ordre judiciaire » qui n'est plus un « pouvoir » comme dans les constitutions de la Révolution, en établissant que toute justice émane du roi qui nomme et institue les juges rendus inamovibles.

La Charte de 1830 se conforme à ces précédents; néanmoins elle confère parallèlement la proposition des lois, aux Chambres et à la couronne.

La Constitution de 1848, reprenant la tradition de 1789, sur ce point comme sur d'autres, et se préparant à un prompt échec, rétablit la séparation des pouvoirs qui, depuis l'an VIII, avait disparu de nos monuments constitutionnels. Elle déclare que la séparation des pouvoirs est la première condition d'un gouvernement libre. Elle confie le pouvoir législatif à une Chambre unique, et le pouvoir exécutif à un président responsable élu par le suffrage universel, et à qui « le peuple délègue sa puissance ». Le droit d'initiative législative est partagé entre les membres de l'Assemblée et le président qui doit faire présenter ses projets par les ministres. Le pouvoir judiciaire est restitué en apparence, mais en réalité les juges restent nommés par le président.

Les actes constitutionnels du second Empire, maintiennent, en principe, le partage de l'action législative entre l'empereur, le Sénat et le Corps législatif. Mais l'empereur, responsable devant le peuple, *gouverne* au moyen de ministres non responsables, du Conseil d'État et des deux Assemblées, l'une nommée à vie et l'autre issue du suffrage universel, dont les pouvoirs sont très limités. L'ordre judiciaire a disparu : la justice se rend au nom de l'empereur. Le pouvoir exécutif a de nouveau, en réalité, absorbé les autres.

Dans la Constitution de 1875, la dernière de nos chartes constitutives, l'antique distinction entre les pouvoirs n'existe plus. Elle est remplacée par une collaboration formelle entre le président, les ministres et les Chambres ; celles-ci nomment le président qui lui-même désigne les ministres, mais ceux-ci restent responsables devant les Chambres. La Constitution dit bien que le pouvoir législatif est confié à deux Chambres, mais elle ne parle ni du pouvoir exécutif, ni du pouvoir judiciaire. Elle établit que le président a l'initiative des lois, concurremment avec les membres des deux Chambres et qu'il peut, par un message motivé, demander aux Chambres une nouvelle délibération d'une loi votée par elle. Il a les attributs généraux de la souveraineté constitutionnelle, soit vis-à-vis du Parlement et de l'armée, des fonctionnaires et des magistrats, soit vis-à-vis de l'étranger. Le président peut, d'accord avec le Sénat, dissoudre la Chambre élue par le suffrage universel et faire appel au pays. De cette façon, le Gouvernement devient une création complexe qui réside dans plusieurs mains dont la collaboration est nécessaire au jeu de ses organes essentiels. Contrairement à la théorie de l'*Esprit des Lois*, cette coordination délicate et multiple rétablit l'union brisée de nouveau depuis 1848, entre l'exécutif et le législatif; s'inspirant des conditions habituelles des entreprises collectives qui ont réussi, elle confie la partie principale de l'initiative aux personnes que précisément Montesquieu voulait exclure du législatif, c'est-à-dire à celles qui, responsables des suites de l'exécution, sont celles qui peuvent le mieux prévoir les conséquences d'un nouvel acte législatif, en deviner l'opportunité ou en pressentir les inconvénients.

Dans cet agencement de gouvernement muni d'un cabinet responsable, sous la direction d'un « premier », désigné lui-même indirectement par le pouvoir législatif et choisi par le président issu d'un vote des Chambres, agencement qui a ses racines dans les institutions anglaises du XVIIIe siècle, mais qui, en se développant, a porté un branchage assez différent, il est impossible de retrouver l'ancienne séparation des pouvoirs : elle a été remplacée par une combinaison d'efforts et de contrôles, une coordination et une hiérarchie de fonctions, les unes d'initiative, les autres de délibération et d'examen, d'autres d'exécution et d'application, d'autres enfin de censure avec droit de châtiment, qui toutes concourent à l'œuvre de gouvernement, non pas en se combattant, mais en se complétant. Appliquée dans son esprit véritable, cette combinaison, qui se rapproche dans une certaine mesure, des conditions d'existence qui ont assuré le succès des entreprises collectives, commerciales ou autres, devrait, en politique, produire des résultats relativement satisfaisants ou, en tous cas, supérieurs à ceux des autres systèmes de gouvernement. Le difficile est de conserver et de faire respecter par la masse des citoyens, au milieu du conflit des passions et des intérêts, l'esprit d'institutions aussi complexes et qui reposent sur des distributions de fonctions et de responsabilités malaisées à comprendre pour le plus grand nombre des intelligences, plus difficiles encore à faire accepter par une démocratie de suffrage universel, leurrée, depuis un siècle, sur l'étendue et le caractère de ses droits, qu'elle a cependant laissé violer à plusieurs reprises, enivrée d'une soi-disant souveraineté que nous avons ici cherché à réduire à ses justes limites, mais qui en a de tout autres ou plutôt qui n'en a pas dans les imaginations populaires surchauffées par des flatteurs intéressés. Cette démocratie jalouse de ses droits souverains a, soit directement, soit encore plus dans sa représentation élue, conservé, contre le pouvoir dit exécutif, des défiances profondes que, jusqu'à un certain point, l'histoire explique, et elle cherche par un effort constant, à faire revivre en sa propre faveur, c'est-à-dire au profit du pouvoir législatif qu'elle nomme directement, l'ancien principe de la séparation.

« Quand après un long despotisme, écrivait

Thouret, dans son rapport du 13 août 1791, exprimant des sentiments qui ne devaient guère être suivis à l'époque où il parlait, une nation s'éveille et se reconstitue, son principal ennemi dans cette situation est alors le pouvoir exécutif, parce que c'est lui qui est corrompu, c'est lui qui a opprimé et que c'est contre lui, non pas pour l'anéantir, mais pour le faire rentrer et le contenir à l'avenir dans ses justes bornes, que la révolution a lieu et que le travail de la régénération se fait... Mais, ajoute Thouret, quand la révolution est finie, quand il s'agit, après avoir détruit, de rebâtir, quand il s'agit d'établir une constitution d'où doit résulter un véritable gouvernement, nous avons cru que c'était une erreur profonde que de traiter encore le pouvoir exécutif en ennemi de la chose publique et de la liberté nationale. Est-ce que le pouvoir exécutif n'est pas le pouvoir de la nation, émanant d'elle comme le pouvoir législatif? Il y a dans le pouvoir législatif, d'une part, et dans le pouvoir exécutif, de l'autre, les deux pièces fondamentales de l'organisation politique : elles doivent concourir, s'entr'aider et se fortifier mutuellement. Ennemies nécessairement, pendant le mouvement révolutionnaire, elles sont nécessairement amies dans la théorie d'une constitution ; et la révolution ne peut pas être achevée, tant qu'on ne les a pas instituées de manière à pouvoir collaborer fraternellement. » Ce sont là de sages considérations à mettre, après cent années, sous les yeux de notre représentation nationale.

III

REPRÉSENTATION NATIONALE ET GOUVERNEMENT

« La représentation, a écrit l'auteur d'une remarquable préface à la traduction du *Gouvernement représentatif* de S. Mill, M. Dupont-White, envisagée *a priori* ne fait pas pas grande figure : c'est une des notions qui ont le plus besoin d'être expliquées et qui comportent le plus de réserves... Tout dépend de ce qui sera représenté... On ne peut pas dire que représentation soit le nom d'une chose essentiellement bonne et désirable comme la tolérance religieuse, l'impôt proportionnel, la publicité judiciaire etc. La chose ne vaut que par une infinité de conditions qui ne tiennent pas dans son nom et qu'il faut ajouter à son essence. »

Les démocraties modernes, et notamment la nôtre, ne se placent pas généralement à ce point de vue tout relatif pour envisager la représentation. Elles la détachent de ses racines historiques : elles en font une sorte d'entité, d'institution pourvue de droits absolus : elles y voient une synthèse et un résumé toujours agissants de la souveraineté nationale qui s'incarne en elle, faute de pouvoir exister directement, la source légitime unique des pouvoirs publics qu'elle doit sans cesse retremper et renouveler dans le suffrage populaire, qu'elle doit ensuite constamment inspirer ou harceler dans leur action. Est-il besoin de dire que revêtue de ces attributions, la représentation nationale, image réduite de la souveraineté du peuple, toujours « invisible et présente », devenue une sorte de « touche à tout » qui se croirait omnisciente et omniprévoyante, qui, dans la séparation des pouvoirs, voudrait tout tirer à elle, pourrait aboutir à des conséquences presque aussi fâcheuses et peu pratiques que la souveraineté populaire directe ?

I.

On a cherché au régime représentatif électif, entendu au sens moderne, et en dehors de l'évolution historique qui l'a tout naturellement créé chez certains peuples comme un compromis à la suite de luttes prolongées, des fondements rationnels de diverses sortes. L'une des théories les plus séduisantes qu'on lui ait données pour appui est celle qui le fait reposer sur une sorte de sélection des plus capables dans l'État par l'élection.

Voici le principe du système représentatif moderne, suivant l'un des plus éminents théoriciens contemporains de ce régime [1], appuyé il est vrai dans la pensée de l'auteur, sur un système électoral censitaire : « La vraie loi du gouvernement c'est la raison, la justice que personne ne possède mais que certains hommes sont plus

1. Guizot : *Origines du gouv. représent.* T. I, p. 109 et t. II, p. 152.

capables que d'autres de chercher et de découvrir. Fidèle à ce but, le gouvernement représentatif repose sur la répartition du pouvoir de fait entre les hommes en raison *de leur capacité d'agir selon la raison et la justice*, d'où découle le pouvoir de droit. Ce principe est appliqué dans la vie commune et dans l'intérêt des individus eux-mêmes ; il n'accorde la souveraineté de sa propre personne, de sa famille, de ses biens, qu'à l'individu qu'il présume capable d'en user raisonnablement... il la retire à celui qui en est reconnu incapable... Le gouvernement représentatif distribue la souveraineté selon la capacité correspondante... il ne place le pouvoir de fait que là où il découvre la présence d'un pouvoir de droit, présumé d'après certains symptômes ou acquis par certaines preuves. Le pouvoir prouve sa légitimité en se faisant reconnaître et accepter par la raison libre des hommes sur qui il s'exerce.

« Dans le gouvernement représentatif, ajoute le même écrivain, le pouvoir absolu, la souveraineté de droit n'est dans aucun des pouvoirs qui concourent au gouvernement : il faut qu'ils s'accordent pour faire la loi ; et même, quand ils se sont accordés, au lieu d'accepter à toujours le pouvoir absolu qui se trouve en fait dans leur concert, le système représentatif soumet ce pouvoir à la mobilité de l'élection. C'est le caractère du système qui n'admet nulle part la légitimité du pouvoir absolu, d'obliger tous les citoyens à chercher sans cesse la vérité, la raison, la justice qui doivent régler le pouvoir de fait. C'est ce que fait le système représentatif : 1° par la discussion qui oblige les pouvoirs à chercher en commun la vérité; 2° par la publicité qui met les pouvoirs occupés de cette recherche sous les yeux des citoyens; 3° par la liberté de la presse qui provoque les citoyens eux-mêmes à chercher la vérité et à la dire au pouvoir. Enfin, les pouvoirs sont obligés de prouver qu'ils ont cherché la vérité et l'ont prise pour règle, il faut qu'ils légitiment leur titre par leurs actes. La responsabilité est inhérente au système représentatif. »

De cette façon et dans cette théorie, la capacité, sanctionnée par l'élection, responsable devant les électeurs, appelée à discuter librement, avec d'autres capacités, les affaires publiques, se trouve par définition placée à la base du pouvoir de représenter : elle est la condition même de la représentation, et elle aboutit au « gouvernement des meilleurs ». Mais où la capacité réside-t-elle et qui la reconnaîtra? une fois reconnue, sera-t-elle choisie? une fois choisie, sera-t-elle, dans la discussion et la délibération, suffisamment indépendante de ceux qui l'auront désignée et qui devront après un certain délai, la désigner à nouveau? Ceux-ci la jugeront-ils par des motifs d'intérêt public ou simplement élevé? Enfin la réunion des capacités, en supposant que ce soient elles qui seront élues et réélues, mises en présence dans une assemblée nombreuse, à passions et à entraînements fréquents, constituera-t-elle un gouvernement, propre à gouverner? Suivant les réponses qui seront données à ces multiples interrogations on se trouvera en face de formules plus ou moins vides, ou d'une théorie conforme aux conditions réelles de nos organisations politiques contemporaines à large suffrage ou à suffrage universalisé.

Machiavel et Montesquieu ont émis, au sujet du choix des capacités par le peuple, une opinion optimiste qui serait tout à fait favorable à la démocratie représentative, même étendue, et qui a souvent été invoquée à l'appui de celle-ci. Machiavel écrit : « Le peuple se trompe sur les objets généraux, mais il est éclairé sur les particuliers. *Il sait notamment choisir les autorités.* Un homme sage ne doit pas appréhender le jugement du peuple dans les affaires particulières, telles que la distribution des emplois et des dignités : car c'est en cela seul que le peuple ne se trompe point... ou si du moins il se trompe quelquefois, ces exemples sont si rares qu'un petit nombre de citoyens seraient sujets à de bien plus fréquentes erreurs si le soin de ces distributions leur était confié. » — « Le grand avantage des représentants, écrit à son tour Montesquieu [1], c'est qu'ils sont capables de discuter les affaires. Le peuple n'y est point du tout propre. Il ne doit entrer dans le gouvernement que pour choisir ses représentants, *ce qui est très à sa portée* : car s'il y a peu de gens qui connaissent le degré précis de la capacité des hommes, chacun

1. (*Esprit des Lois :* L. XI. ch. VI. et L. II. ch. II). Depuis la publication des « *Voyages de Montesquieu en Italie* (1894) » on pourrait opposer l'auteur de l'*Esprit des Lois* à lui-même : « Les pays électifs pires que les héréditaires... On suppose que les électeurs cherchent le bien public; ce n'est que leur bien particulier... Et quand on choisirait celui qui a la réputation d'être le plus digne, qui dit que lorsqu'il sera élu, il ne changera pas, comme il est arrivé à tant d'autres? »

est pourtant capable de savoir en général si celui qu'il choisit est plus éclairé que la plupart des autres... Le peuple est admirable pour choisir ceux à qui il doit confier quelque partie de son autorité. »

Dans sa portée générale, l'opinion de Machiavel et de Montesquieu a été acceptée par la grande majorité des esprits libéraux de la fin du siècle dernier, comme une vérité indiscutable : « Les hommes du XVIIIe siècle, dit avec justesse M. Faguet, ont tous plus ou moins cru qu'une nation ne pouvait pas ne pas bien entendre son intérêt : ils voient une nation comme une famille qui a un procès, et qui ne songe qu'à bien choisir son avocat[1] ».

« Un défaut essentiel, écrit J.-J. Rousseau. (*Contrat social*, l. III. ch. VI) et inévitable, qui mettra toujours le gouvernement monarchique au-dessous du républicain, est que dans celui-ci *la voix publique n'élève presque jamais aux premières places que des hommes éclairés et capables qui les remplissent avec honneur*, au lieu que ceux qui parviennent dans la monarchie ne sont le plus souvent que de petits brouillons, de petits fripons, de petits intrigants, à qui les petits talents qui font parvenir dans les cours aux grandes places ne servent qu'à montrer au public leur ineptie aussitôt qu'ils sont parvenus. *Le peuple se trompe bien moins sur ce*

1. On sait que la Révolution, confiante dans cette aptitude des hommes à choisir leur défenseur légal, supprima l'ordre des avocats. « A qui appartient, s'écriait Robespierre, le droit de défendre les citoyens? aux citoyens eux-mêmes ou à ceux en qui ils ont mis leur confiance. » (Voir : *Le barreau libre*. Revue des Deux-Mondes, 1er août 1893).

choix que le prince : et un homme d'un vrai mérite est presque aussi rare dans le ministère qu'un sot à la tête du gouvernement républicain. »

Du choix des élus, l'optimisme a passé au gouvernement par les élus. « Dès que le peuple, observe Marmontel, dans ses *Mémoires*, rentrerait dans ses droits d'égalité, d'indépendance, on exagérait follement les espérances et les promesses. Il semblait que c'était par des hommes de l'âge d'or qu'on allait être gouverné. Ce peuple libre, juste et sage, toujours d'accord avec lui-même, toujours éclairé dans le choix de ses conseils, de ses ministres, modéré dans l'usage de sa force, ne serait jamais égaré, jamais dominé, ses volontés feraient ses lois et ses lois feraient son bonheur. »

Ces idées relativement simples ont longtemps survécu dans les esprits. « Il n'y a point d'homme, lit-on dans l'introduction de la réimpression de l'ancien *Moniteur*, qui puisse vouloir autre chose que son bonheur : ce qui est vrai de l'individu ne l'est pas moins des agrégations. Si cette agrégation est un peuple, si la représentation de cette agrégation est formée des députés du peuple pris indistinctement dans toutes les classes, l'unique corps que cette assemblée représentera sera le peuple et le résultat des délibérations devient nécessairement le bonheur général. Dans une assemblée nationale, l'intérêt personnel n'est jamais bien dangereux parce qu'il s'accorde à beaucoup d'égards avec l'intérêt public, et que, dans ce qu'il a de contraire, il est d'une injustice si frappante et si honteuse qu'il rougit de se montrer en présence de tout un peuple. »

« Mon père et moi, ainsi s'exprime, dans son *Autobiographie*, S. Mill, nous professions en politique une confiance à peu près illimitée dans le gouvernement représentatif et la liberté complète de discussion. Si grande était la confiance de mon père dans l'influence de la raison sur l'esprit de l'homme, qu'il croyait que tout serait gagné si tout le monde savait lire, si toutes les opinions pouvaient librement s'adresser à tous par la parole et par la presse, et si, *grâce au droit de vote, le peuple pouvait nommer une législature qui fît passer dans les faits les opinions régnantes.* Il pensait que du moment que la législature ne représentait plus l'intérêt d'une classe, elle tendrait à représenter l'intérêt général honnêtement et avec la sagesse qui convient, puisque le peuple dirigé par les hommes éclairés, *choisirait en général bien les personnes qui doivent le représenter*, et après cela laisserait à ceux qu'il aurait choisis une pleine liberté. »

Prévost-Paradol a résumé en quelques lignes très nettes l'idéal de la démocratie reposant sur le choix des plus capables par la majorité des électeurs : « Dans cet état, nul homme n'est absolument privé de pouvoir, et chacun exerce sa part d'influence sur la destinée commune... La puissance publique venant de tous, pouvant être incessamment reprise par tous, obtenue de tous par quelques-uns, au moyen de la seule persuasion, et concentrée ainsi pour un temps dans la main des plus capables et des meilleurs... la démocratie repose sur cette idée que le plus grand nombre des citoyens fait un usage raisonnable de son vote et voit toujours avec discernement ce qui est conforme à la justice et avantageux à l'intérêt commun[1]. »

II

Ce sont là des principes théoriques : la réalité du développement des institutions représentatives dans les pays où elles étaient sorties du courant même des événements, des conflits de forces et de passions ou d'intérêts, comme en Angleterre, cette réalité avait été tout autre, et le régime constitutionnel, lorsqu'il attira au XVIIIe siècle, les regards des réformateurs et des philosophes, reposait chez nos voisins d'Outre-Manche sur des fondements très spéciaux.

« L'intervention du peuple anglais dans ses affaires a observé avec justesse Ch. de Rémusat, (*Études sur l'Angleterre*), n'est pas le dogme abstrait de la souveraineté du peuple, ou le simple fait du suffrage universel; c'est l'intervention de la nation sous forme représentative, consacrée par la pratique des siècles, expliquée par des précédents innombrables, régularisée par l'expérience. » Là, dans le développement des institutions représentatives, la question fondamentale du choix des capacités a été en grande partie résolue par l'histoire et la force des choses. Le choix par le peuple a été longtemps fictif. L'autorité politique s'est vue, dans le fait, attachée à un ensemble de conditions

1. *La France nouvelle.*

sociales, héréditaires ou acquises, dépendant de la naissance, de droits confirmés par une prescription plusieurs fois séculaire, de la désignation par le souverain ou des collectivités puissantes, celles-ci appuyées sur la tradition, sorties toutes vivantes de luttes prolongées contre la royauté, fortifiées par l'esprit de corps, renouvelées à temps par l'accession ouverte à la richesse, à l'éclat de la gloire ou du talent, ce qui, tout en constituant un corps aristocratique le liait intimement à la nation et en même temps, par une longue pratique des affaires, aussi bien locales que générales, ecclésiastiques ou politiques, l'imprégnait des qualités de gouvernement. Au XVIIIe siècle, chez nos voisins, la nation, prise dans sa masse, était, en fait, dispensée de la difficulté et de la responsabilité du choix de ses représentants. Les membres des Communes sortaient en apparence de l'élection; en réalité, grâce à un bon nombre d'anomalies bien connues qui, comme l'a écrit Gladstone, faisaient de l'ancienne constitution « la plus étrange des mosaïques », ils formaient, avec les lords, une caste de puissance qui par divers moyens — quelques uns des moins louables — assurait la continuité de son influence politique et le dépôt de la puissance parlementaire entre un petit nombre de mains. C'était une véritable oligarchie gouvernementale et gouvernante, dépositaire et mandataire d'intérêts de castes, de corporations, d'églises, se recrutant dans les conditions les plus irrégulières et les plus anormales au point de vue de la proportionnalité en nombre des électeurs et des élus, constituée souvent par ses propres choix ou grossie dans certains cas par le souverain, en somme une classe représentante plutôt qu'une représentation de la nation[1].

L'idée de l'institution représentative telle qu'elle avait pratiquement triomphé de l'autre côté du détroit, comme suite d'une longue tradition, ne s'est pas implantée et ne pouvait pas s'implanter d'une manière un peu générale dans les esprits français de la seconde moitié du XVIIIe siècle. Elle était trop contraire au passé de notre histoire qui, en constituant l'unité nationale par la monarchie avait peu à peu abaissé devant elle les influences aristocratiques ou ecclésiastiques propres à lui faire contrepoids; aux précédents mêmes de nos anciens États généraux ou de nos assemblées provinciales, tenues en vue « des plaintes ou des subsides » et où les

1. « Sauf en de rares occasions, écrit Erskine May (*Histoire constitut. de l'Angleterre*, tr. de Witt, t. I. p. 79), jusqu'à la réforme de 1832, la représentation a été en Angleterre une théorie constitutionnelle plutôt qu'une force politique active. »

« A une époque (XVIIIe siècle), observe à son tour Green, (*Histoire d'Angleterre*, t. II), où elle était toute-puissante dans l'Etat, la Chambre des communes avait perdu tout vrai caractère représentatif. En théorie, le Parlement représentait le peuple anglais tout entier; mais en fait, la masse du peuple n'avait aucune action sur le gouvernement... ». « Cette Chambre des communes, s'écriait le jeune Pitt, ne représente pas le peuple de la Grande-Bretagne, elle représente des bourgs qui n'existent pas, des villes en ruines, des familles nobles, de riches particuliers, des potentats étrangers... » Voir sur la *gentry* et ensuite sur l'oligarchie terrienne et industrielle anglaise, Boutmy (*Op. cit.*, p. 239): « Un statut de la reine Anne en 1711, exige un revenu de 600 livres en terres, pour les représentants des comtés, de 600 livres en terres pour les représentants des bourgs. Au XVIIIe siècle, la haute classe rurale est seule ou presque seule représentée au Parlement : elle y dispose de la loi. Au commencement du XIXe siècle, 487 membres sur 658, sont

délégués de la nation avaient été des mandataires chargés d'une mission spéciale et circonscrite de vote ou de répartition des impôts, ou bien dans d'autres occasions plus solennelles, habituellement à des époques de troubles ou de désastres, s'étaient vus munis de cahiers énonciatifs de leurs mandants et chargés de porter les doléances de ceux-ci à l'autorité royale. La couronne, en fait, malgré les efforts de plusieurs assemblées réunies dans des circonstances graves, est toujours, grâce à des causes complexes, demeurée finalement maîtresse de ses décisions et triomphante dans sa souveraineté, tandis que les ordres, divisés dans leur action et dans leur votes, n'ont pu faire sortir un véritable

nommés virtuellement par des lords et de riches squires. » Cf. Ostrogorsky : les *Origines des associations politiques en Angleterre*, Rev. hist., juillet 1893 :

« Pendant longtemps, les partis n'eurent en Angleterre d'existence propre que dans le Parlement : dans le pays, ils existaient à peine, indépendamment des personnages ou des familles qui les incarnaient. Le langage courant ne faisait qu'attester les faits en employant au lieu de « tory » et de « wigh » les expressions « the Rutland interest » « The Fortescue interest « etc. Les électeurs étaient les hommes liges des rivaux qui se combattaient dans le duel électoral, ou ils se vendaient à eux le jour du vote, à prix d'argent. Dans les comtés, le tenancier suivait son land-lord; quand le propriétaire changeait, tous les tenanciers changeaient leur couleur politique, si le nouveau seigneur n'était pas du même parti que son prédécesseur. Il en fut ainsi très souvent, même après la réforme de 1832. Les petits propriétaires (freeholders) ruraux, plus indépendants, gravitaient généralement dans l'orbite du grand seigneur qui rayonnait sur la localité. Parmi les bourgs, plusieurs dépendaient directement de magnats territoriaux; ceux-ci les possédaient en propriété ou y exerçaient une influence héréditaire, la plupart des autres villes se vendaient aux élections, en bloc ou en détail... »

régime de représentation régulier et permanent, de l'intervention exceptionnelle et intermittente des États.

Lorsque la monarchie absolue fut ébranlée dans ses fondements, l'idée de la représentation à la façon anglaise, irréalisable dans l'état de désorganisation de l'aristocratie française, se trouva également contraire aux traditions monarchiques, aux intérêts des vieux Parlements de la monarchie, jaloux de leurs prérogatives, et au dogme de la souveraineté du peuple, inaliénable, indivisible et indélégable tel que Rousseau l'avait promulgué et en remplissait les imaginations. Aussi une forme de représentation autre que celle qui s'était développée en Angleterre a-t-elle tout d'abord prévalu en 1789, et l'idée même qui a présidé à la fondation de notre régime représentatif a réagi sur son entier développement. En déléguant le moins possible de la souveraineté à ses délégués, en leur imposant par ses *cahiers*, une mission bien circonscrite et stipulée d'avance, la nation réunie dans ses collèges à deux degrés[1], chargés à la fois de la rédaction de ses vœux et de l'élection de ses mandataires, pensa à la fois suivre d'anciennes traditions[2] et s'éloigner le moins possible de la théorie

1. Ceux-ci, on le sait, ont été convoqués dans les formes de la convocation des États de 1614, les anciens bailliages étant pris comme base des circonscriptions.

2. Voir G. Picot : *Histoire des États généraux*, t. V, p. 146. « Chaque village dressait un recueil de plaintes et de propositions de toutes sortes qui prenait le nom de cahier : lorsque cette première opération était terminée, il se tenait au chef-lieu de bailliage une assemblée générale dans laquelle les délégués des villages formaient un nouveau cahier de l'ensemble des doléances particulières... Les dé-

de Rousseau qui, appliquée à la lettre, aboutissait au néant.

Le représentant était lié à ses commettants par

putés choisis dans ces réunions devaient défendre le cahier en entier et n'avaient le droit de rien modifier sans l'autorisation de leurs commettants. C'est ainsi qu'étaient remis aux élus les « mandats impératifs ». Arrivés dans le sein des États, chaque député avait donc un pouvoir absolument circonscrit par les limites mêmes des remontrances dont il était porteur. Si une nouvelle question surgissait tout à coup, l'embarras devenait extrême. Quand les députés en arrivant à Orléans, apprirent la mort de François II, ils demandèrent d'une seule voix à retourner dans les bailliages pour connaître l'opinion de leurs mandants, sur la constitution d'un conseil de régence. »

Cf. Harangue du Chancelier de l'Hopital, assemblée de 1560 : « Tenir les États généraux, c'est de la part du souverain communiquer avec ses sujets, prendre leur avis sur des matières qui touchent à l'ordre public, écouter leurs plaintes pour y appliquer les remèdes convenables. »

Louis XVI disait encore en 1789 aux États généraux : « Je ferai le bien de mes peuples... et connaissant vos cahiers, connaissant l'accord parfait qui existe entre le vœu le plus général de la nation et mes intentions bienfaisantes, je marcherai vers le but auquel je dois atteindre avec tout le courage et toute la fermeté que je dois avoir... » Il avait dit précédemment (19 nov. 1787) au Parlement qui réclamait les États généraux « un roi de France ne pourrait trouver dans les représentants des trois ordres de l'État qu'un conseil plus étendu composé des membres choisis d'une famille dont il est le chef et il serait toujours l'arbitre suprême de leurs représentations ou de leurs doléances. »

« Les États généraux, écrit M. Guizot (*Essais*, p. 153) au moment même de leur plus grand éclat, c'est-à-dire au XIVe siècle, n'ont guère été en France que des accidents, un pouvoir national et souvent invoqué, mais non un élément constitutionnel. »

« Vous n'avez certainement pas de loi, dit Lally-Tollendal, dans la chambre de la noblesse (15 juin 1789) qui établisse que les États généraux sont partie intégrante de la souveraineté, car vous en demandez une, et jusqu'ici tantôt un arrêt du conseil leur défendait de délibérer, tantot l'arrêt d'un parlement cassait leurs délibérations. »

une délégation formelle dont le caractère plus ou moins rigoureux a varié suivant les circonscriptions et aussi suivant l'interprétation des repré-

« En France, disait encore Charles X, le roi consulte les Chambres, il prend en grande considération leurs avis et leurs remontrances, mais quand le roi n'est pas persuadé, il faut bien que sa volonté soit faite. » (Barante, *Royer-Collard*, t. II, p. 38).

La forme représentative anglaise, était, on le sait, très attaquée au moment de la Révolution : d'Holbach avait reproché à la constitution anglaise l'indépendance des représentants qui, une fois élus, n'ont plus de comptes à rendre à leurs commettants : à la Chambre des communes la corruptibilité de ses membres. « Un ministre de ce pays (Walpole) disait qu'il avait le tarif des probités du pays. »

L'abbé Raynal combattait la séparation des pouvoirs, préconisée par Montesquieu : « Une constitution où le pouvoir législatif et le pouvoir exécutif sont opposés, porte en elle-même le germe d'une division perpétuelle ».

Grimm trouvait que, malgré la liberté politique, personne n'était moins libre qu'un citoyen anglais : « Il n'est pas libre de brûler du café chez lui. »

Filangieri accusait la constitution anglaise de couvrir le despotisme.

En Angleterre même, Fergusson et Hume voyaient la monarchie pencher vers la monarchie absolue, par l'excès de pouvoir laissé à la couronne (V. Janet, t. II). La constitution anglaise était en même temps attaquée aux États-Unis, et le triomphe de la constitution américaine réalisée dans des conditions qui rappelaient superficiellement celles prévues par Rousseau, servait d'argument en France aux adversaires des institutions britanniques. Parmi ceux-ci, avaient encore figuré, on le sait, les économistes et Turgot, ennemis « des contre-poids et des contre-forces. »

« La constitution d'Angleterre, disait plus tard Condorcet, est faite pour les riches; celle d'Amérique pour les citoyens aisés : celle de France doit être faite pour tous les hommes. Dans tous les pays libres, on craint, avec raison, l'influence de la populace, mais donnez à tous les hommes les mêmes droits et il n'y a plus de populace. »

Quelques esprits logiques à l'excès poussaient la crainte de diminuer le pouvoir populaire, au point de refuser à la nation le droit de se lier par une constitution. « Non seule-

sentants eux-mêmes: mais absolu ou mitigé le mandat n'en existait pas moins, et on sait les difficultés qu'amena tout d'abord dans le sein de l'Assemblée cette façon d'envisager la délégation nationale[1]. La force des choses, malgré bien des résistances individuelles, emporta la barrière mise aux libres débats des représentants, et ceux-ci, sous la pression des circonstances, se constituèrent bientôt en véritable assemblée délibérante[2].

ment, écrivait Sieyès, la nation n'est pas soumise à une constitution, mais elle ne peut l'être.

« Elle ne peut pas l'être : de qui, en effet, aurait-elle pu recevoir une forme positive?

« Dira-t-on qu'une nation peut, par un premier acte de sa volonté, s'engager à ne plus vouloir à l'avenir que d'une manière déterminée? D'abord, une nation ne peut aliéner ni s'interdire le droit de vouloir et quelle que soit sa volonté, elle ne peut pas perdre le droit de la changer, dès que son intérêt l'exige. En second lieu, envers qui cette nation se serait-elle engagée? Peut-elle, en aucun sens, s'imposer des devoirs envers elle-même? Une nation ne sort jamais de l'état de nature. »

« Les associés, disait-il encore, sont trop nombreux et répandus sur une surface trop étendue pour exercer facilement eux-mêmes leur volonté commune. Que font-ils? Ils en détachent tout ce qui est nécessaire pour veiller et pourvoir aux soins publics et cette portion de volonté nationale et par conséquent de pouvoir, ils en confient l'exercice à à quelques-uns d'entre eux. C'est l'époque d'un gouvernement exercé par procuration. La communauté ne se dépouille point du droit de vouloir : c'est la propriété inaliénable, elle ne peut qu'en consentir l'exercice... Le corps des délégués ne peut pas même avoir la plénitude de cet exercice. La communauté n'a pu leur confier de leur pouvoir total que cette portion qui est nécessaire pour maintenir le bon ordre. »

1. Sur les cahiers et le degré de leur caractère impératif. Voir Chassin, *Le génie de la Révolution*, t. I

2. C'est sur la proposition de Talleyrand, que l'Assemblée nationale s'est, le 8 juillet 1789, formellement affranchie du mandat impératif des cahiers, que tant de députés devraient

Mais il est resté de l'ancienne habitude des cahiers, des germes qui n'ont jamais disparu de l'esprit français. L'idée du *mandat*, sorte de tempérament entre la doctrine absolue de Rousseau sur l'impossibilité de déléguer la souveraineté, et les nécessités pratiques de l'organisation du gouvernement de la démocratie dans les grands États, n'est jamais sortie du programme démocratique radical, et a été insuffisamment effacée du pro-

cependant encore invoquer pendant la discussion de la Constitution, pour appuyer ou repousser les propositions portées à la tribune. Déjà la déclaration royale du 23 juin avait proclamé que le roi cassait et annulait comme anticonstitutionnelles, contraires aux lettres de convocation et opposées à l'intérêt de l'État, les restrictions de pouvoir qui en gênant la liberté des députés aux États généraux, les empêchaient d'adopter les formes de délibération prises séparément par ordre ou en commun. Cependant, le roi permettait aux députés qui se croiront gênés par leur mandat de demander à leurs commettants un nouveau pouvoir. « Sa Majesté déclarait en outre que dans les tenues suivantes d'États généraux, elle ne souffrira plus que les cahiers ou les mandats puissent être jamais considérés comme impératifs : ils ne doivent être que de simples instructions confiées à leur conscience et à la libre opinion des députés. »

En décembre 1789, l'Assemblée défendit aux électeurs de donner à l'avenir des mandats impératifs : « l'acte d'élection sera le seul titre des représentants de la nation ; la liberté de leurs suffrages ne pourra être gênée par aucun mandat particulier. »

La Constitution de 1791 déclarait que « les représentants ne seront pas représentants d'un département particulier, mais de la nation entière : il ne pourra leur être donné aucun mandat. »

La Constitution de l'an III, celle de 1848, ont reproduit la même interdiction. De nos jours, l'article 13 de la loi du 30 novembre 1875, qui régit l'élection des députés, décide que tout mandat impératif est nul et de nul effet. On sait que dans la pratique il a subsisté, au moins sur les programmes électoraux de certains candidats qui l'acceptent en principe, sauf à ne pas en tenir compte une fois élus.

gramme simplement libéral[1] : elle a eu toutes sortes de conséquences sur lesquelles nous reviendrons brièvement plus loin. Elle s'est combinée, pour produire ces conséquences, avec d'autres facteurs qui ont fait varier les conditions et le caractère de la représentation en France suivant les péripéties générales des événements et des passions; de sorte qu'une histoire de la représentation depuis la Révolution serait un miroir fidèle de l'histoire politique du pays depuis cette époque jusqu'à nos jours. Nous n'avons ni l'intention ni la place de tracer ni même d'esquisser ici cette histoire. Il nous faut rappeler seulement en très peu de mots contre quelles difficultés bien connues et souvent signalées la création du régime représentatif devait, dès le début, se débattre dans notre pays, puis par quelles transformations essentielles le principe de la représentation a passé avant d'aboutir au suffrage universel.

« La nation française, disait Turgot, dans une page célèbre, est une société composée de différents ordres mal unis, et d'un peuple dont les membres n'ont entre eux que très peu de liens, et où, par conséquent, personne n'est occupé que de son intérêt particulier. Nulle part, il n'y a d'intérêt commun visible. » Dans un pareil émiettement, les éléments organiques en quelque sorte du régime représentatif, ceux qu'on avait vus à l'œuvre en Angleterre, devaient tout naturellement faire défaut. « Dans les gouvernements libres, écrit Mme de

1. Cf. une étude récente de M. Orlando. (*Rev. du droit public*) qui nie qu'il puisse y avoir *mandat* de l'électeur à l'élu.

Staël, le peuple doit se rallier à la première classe en y prenant ses représentants, et la première classe doit chercher à plaire au peuple par des talents et des vertus[1]. » C'était la vision anglaise, au moins la vision théorique. On en était bien loin en France, au moment où s'est posée, à la fin du XVIIIe siècle, la question de la représentation élue. La haine des privilèges et les préjugés des privilégiés s'opposaient à toute idée d'imitation de l'Angleterre pour le choix des représentants du pays.

Nous avons rappelé comment le *mandat* substitué

1. *Considérat. sur la Révol. franç.*, t. I, 3e part. ch. XXIII. Cf. Bagehot, *Constit. angl.* « On a regardé comme étrange, mais c'est une grande vérité, qu'il y a des nations, chez lesquelles la multitude moins habile politiquement que le petit nombre des privilégiés, désire être gouvernée par eux. La majorité numérique, est disposée à déléguer le pouvoir de choisir ses gouvernants à une certaine minorité d'élite. »

« En réalité, c'est à peine si l'amour de la liberté est plus fort en Angleterre que celui de l'aristocratie... C'est une religion ! La grande force de la Chambre des lords dans l'opinion populaire ne résulte pas de ses œuvres législatives ni même de la haute valeur personnelle de ses membres, mais de la manière admirable dont une partie considérable d'entre eux accomplit ses devoirs sociaux. » (Gladstone, *Questions constitutionnelles*, 1877, trad. par M. Gigot.) Si l'on compare ce langage avec celui tenu par M. Gladstone et lord Rosebery, il y a quelques mois, au sujet des lords, on mesurera le chemin parcouru par le parti libéral anglais en moins de vingt années.

« Un inconvénient de la France, écrit encore Mme de Staël, c'était cette foule de gentilshommes de second ordre, anoblis de la veille soit par les lettres de noblesse que les rois donnaient, soit par les charges vénales qui associaient de nouveaux individus aux droits et aux privilèges des anciens gentilshommes. La nation se serait soumise volontiers à la prééminence des familles historiques, et je n'exagère pas en affirmant qu'il n'y en a pas plus de deux cents en France... Mais les cent mille nobles et les cent mille prêtres qui voulaient avoir des privilèges à l'égal de ceux de MM. de Mont-

depuis longtemps au principe de la véritable représentation, s'était concilié avec les doctrines de la souveraineté du peuple pour se répercuter sur celle de la représentation, et la modifier profondément. Une autre conséquence de cette même doctrine de la souveraineté nationale, également d'accord avec le mouvement général de l'opinion contre les ordres privilégiés, a été aussi fatale au bon fonctionnement du régime : elle s'est produite sous la forme d'une longue hostilité de la majorité des Français contre la division du pouvoir législatif entre deux ou plusieurs organes, hostilité qui, malgré certaines apparences, n'a jamais disparu complètement des esprits. L'objection s'est présentée dès le début de la Révolution, et elle n'a pu être vaincue par les efforts des partisans de la constitution anglaise, que la souveraineté ne peut se diviser ; que si l'un des pouvoirs représente vraiment la

morency, de Grammont, de Crillon, etc., révoltaient généralement, car des négociants, des hommes de lettres, des propriétaires, des capitalistes, ne pouvaient comprendre la supériorité qu'on voulait accorder à cette noblesse acquise à prix de révérences et d'argent et à laquelle vingt-cinq ans de date suffisaient pour siéger dans la Chambre des nobles, et pour jouir des privilèges dont les plus honorables membres du tiers état se voyaient privés. »

— « Au moment de la Révolution, la noblesse haïssait la magistrature et affectait de la mépriser... Les parlements, à leur tour, détestaient cette noblesse qui, dans ses manières hautaines... ne laissait apercevoir que du dédain pour la robe... Néanmoins, ces deux classes se ressemblaient en ce point qu'elles affectaient à l'égard du peuple la supériorité la plus humiliante pour lui. Enfin, la noblesse et la magistrature s'étaient rendues odieuses au peuple, la première par ses vexations et son insolence, la seconde par sa morgue et de criantes injustices... » Mém. de Larevellière-Lépeaux, t. I, p. 261.

nation souveraine, l'autre ou les autres ne représenteront rien que lui-même ou eux-mêmes. Nous avons rappelé les arguments qu'a trouvés dans ce raisonnement la Constituante, pour refuser le partage du pouvoir législatif avec la couronne. Ils ont été également puissants pour faire repousser la création d'une seconde Chambre[1]. « On vous a dit, s'écriait Malouet: la puissance législative est une, donc il ne peut y avoir qu'une seule Chambre. C'est ainsi qu'avec des principes généraux, on conclut ce qu'on veut et que des abstractions métaphysiques sont une source d'erreurs en législation. »

Par suite d'un long enchaînement de circonstances historiques bien connues, les éléments *représentatifs* qui manquaient à une Chambre haute, étaient également incomplets et défectueux pour une Chambre unique ou une seconde Chambre. En l'absence d'un personnel de propriétaires

1. L'entente, on le sait, n'existait pas plus dans la noblesse que dans la nation pour la création d'une double représentation. Beugnot rappelle, parmi tant d'autres, que le projet d'une Chambre haute « trouva dans l'ordre de la noblesse autant d'ennemis prononcés qu'il s'y trouvait de nobles qui n'avaient pas l'espoir de faire partie de cette Chambre et qui ne voulaient à aucun prix voir s'élever en France une noblesse supérieure à la leur ». M. de Villèle soutenait encore, en 1814, que « une Chambre héréditaire était une monstrueuse anomalie. » C'était, suivant lui, supprimer en fait la noblesse au profit de deux cents familles qui seraient choisies pour la pairie. (V. Duvergier de Hauranne, *Gouv. parlem.* t. II, p. 149.)

Napoléon disait à l'île d'Elbe : « Le Parlement anglais représente par voie d'hérédité ou d'élection les intérêts capitaux tant du commerce que de la propriété foncière, et c'est là vraiment l'aristocratie d'un pays... En France je vous ferais quarante sénats aussi bons l'un que l'autre. » (V. *Rev. bleue*, 18 déc. 1894, p. 745.)

résidents, de notables de différentes classes et de diverses professions rompus aux questions politiques par la pratique et l'expérience des affaires générales ou locales, tels que les possédait l'Angleterre, les hommes de loi et les avocats devaient, dès le début, jouer, comme représentants du Tiers, un rôle prépondérant dans nos premières assemblées, de même que les parlementaires avaient tenu une place prépondérante dans le mouvement des esprits immédiatement avant la Révolution[1]. « On avait alors, écrit Henri Saint-Simon qui vit de près les choses de la Révolution débutante, on avait le préjugé des lumières. Les intéressés ne sentirent pas assez combien il leur importait de traiter eux-mêmes leurs intérêts : croyant devoir recourir à des gens plus capables, ils prirent des avocats, ils envoyèrent plaider pour eux, non des hommes qui fussent avec eux en communauté d'intérêts, mais de ceux qui font métier de traiter les affaires des autres et qui se passionnent beaucoup moins pour des réalités et pour des

1. Un écrivain de l'époque dit des séances agitées du Parlement avant l'exil à Troyes : « La grande affaire qu'on y traitait, la liberté de penser, les nouvelles maximes qu'on adoptait, tout faisait croire par une douce illusion, qu'on était au Parlement d'Angleterre, et on avait adopté jusqu'au terme de *motion*. Mais là, on raisonne sur des affaires dont on a une grande habitude : on les discute à fond, parce qu'on en a fait l'étude de toute sa vie. Ici on parlait d'affaires étrangères à presque tous les magistrats, puisque leurs fonctions n'ont point les grandes matières d'administration pour objet... Les plus hardis couraient après une réputation éphémère et voulaient être cités dans le monde pour avoir fait une motion et avoir dit des choses fortes. (*Hist. du gouv. franç. depuis l'assemblée des notables jusqu'en déc.* 1787, anonyme, Londres 1788, attribué à l'abbé Papon.)

choses que pour des idées et des abstractions[1]. »

« Républicain par caractère, lit-on, dans les *Mémoires* de Marmontel, fier et jaloux de sa liberté, enclin à la domination par l'habitude de tenir dans ses mains le sort de ses clients, répandu dans tout le royaume... en relations continuelles avec toutes les classes de la société, l'ordre des avocats devait avoir sur la multitude un ascendant irrésistible : les uns par la force d'une véritable éloquence, les autres par cette affluence et ce bruit de paroles qui étourdit les têtes faibles et leur en impose avec des mots, ils ne pouvaient manquer de primer dans les assemblées populaires et d'y gouverner l'opinion, surtout en s'annonçant pour les vengeurs des injures du peuple et les défenseurs de ses droits[2]. »

A cette représentation de la France de la Révo-

1. *Du système industriel.*

2. « Depuis deux mois, écrit le marquis de Fodoas (cité par Taine), les juges inférieurs, les avocats, dont toutes les villes et les campagnes fourmillent, en vue de se faire élire aux États généraux, se sont mis après les gens du tiers état sous prétexte de les soutenir et d'éclairer leur ignorance... Ils se sont efforcés de leur persuader qu'aux États généraux ils seraient les maîtres à eux seuls de régler les affaires du royaume et que le tiers, en choisissant ses députés parmi les gens de robe, aurait le droit et la force de primer et d'abolir la noblesse, de détruire tous ses droits et privilèges... »

A la Constituante, sur 577 membres il y avait 373 avocats ou gens de loi, notaires, procureurs du roi, etc. (Taine, t. II, p. 155; Cf. Sorel, t. I, p. 231) : « La nation choisit les légistes en grand nombre, parce que, dans chaque village, ils étaient les plus connus et passaient pour les plus capables. »

A la Législative, qualifiée par un contemporain de « conseil des avocats de toutes les villes et villages de France (*Lettre du baron de Staël*, 6 oct. 1791), il y a 400 avocats pris

lution[1], représentation brillante, généreuse, incomplète, passionnée et inexpérimentée, débordée par le mouvement qu'elle avait en partie engendré, créatrice de grandes réformes législatives dont

pour la plupart dans les derniers rangs du barreau. » On a calculé, écrit le comte de la Marck (10 oct. 1791) que tous les nouveaux députés ensemble, n'ont pas en biens-fonds 300,000 livres de revenu. »

1. Le corps électoral chargé de désigner les représentants et sur lequel repose en définitive tout le régime électif a varié dans sa composition depuis la Révolution.

Le décret du 22 décembre 1789 qui le premier a constitué en France un véritable « pays légal » compose les assemblées primaires des Français âgés de vingt et un ans, payant une contribution directe de la valeur de trois journées de travail et n'étant point dans la condition de serviteurs à gages. Les électeurs du second degré chargés de nommer les députés, sont désignés par les assemblées primaires : ils doivent payer une contribution égale à la valeur de dix journées de travail. — La constitution de 1791 fixe comme condition nécessaire à la fonction d'électeur du 2e degré, la possession ou la jouissance d'une propriété d'un revenu variant entre cent et quatre cents journées de travail, suivant les circonstances — la journée de travail ne devant jamais être évaluée à plus de vingt sous. — La condition de cens disparaît avec le décret du 11 août qui établit que, pour être électeur du 1er ou du 2e degré, il suffit d'être Français, âgé de vingt et un ou de vingt-cinq ans, domicilié depuis un an, vivant de son revenu ou du produit de son travail et n'étant pas en état de domesticité.

Dès les premières années de la Révolution, les assemblées électorales se trouvent, on le sait, par la désertion des uns et l'oppression des autres, aux mains de minorités violentes. Ce sont, tout d'abord celles qui sont chargées d'élire les autorités départementales et municipales et qui conduisent à une anarchie administrative telle qu'il faut, au bout d'un an, rendre, au moins en principe, au pouvoir exécutif, sauf appel à l'Assemblée, le droit d'annuler les actes des corps administratifs élus. Ce sont ensuite les assemblées qui doivent nommer les députés. Dès 1791 on se plaint que sur 100,000 citoyens *actifs* existant dans Paris, à peine un dixième se montre aux élections. (Weil, *Les*

nous vivons, et coupable de singulières erreurs politiques dont les conséquences pèsent encore sur nous, violentée par l'émeute, décimée par les proscriptions, soulevée au-dessus d'elle-même par le

élections législatives depuis 1789, p. 35). Dans les assemblées primaires, en 1792, il manque 6 millions 300,000 électeurs sur 7 millions (Taine). On sait ceux qui y sont restés. Les assemblées du second degré ainsi constituées procèdent également par la violence en excluant les candidats dont le passé ou les opinions déplaisent à la majorité...

La constitution de 1793 établit le suffrage direct et fait nommer un député par chaque assemblée primaire résultant d'une population variant de 39,000 à 41,000 âmes et formée par tous les citoyens de vingt et un ans domiciliés depuis six mois dans chaque canton. Mais cette constitution n'est pas appliquée et est remplacée « pour la durée de la guerre » par le régime révolutionnaire qui met tous les pouvoirs aux mains du Comité de salut public. Les assemblées primaires même, auxquelles on soumet la constitution de 1793 n'ont été, si l'on en croit les témoignages contemporains, consultées que pour la forme. — V. le rapport de Boissy d'Anglas, 1795.

Les rédacteurs de la constitution de l'an III, qui devait mettre fin au régime révolutionnaire de la Convention, n'innovent pas beaucoup par rapport à la constitution de 91, en ce qui concerne les bases de la représentation. Ils conservent les assemblées primaires et les assemblées électorales recrutées par les premières à raison d'un électeur par deux cents citoyens. L'électeur doit avoir vingt-cinq ans posséder, à titre de propriétaire ou de locataire un revenu déterminé.

La principale nouveauté de la constitution de l'an III, au point de vue de la représentation était, on le sait, la division du pouvoir législatif en deux assemblées et le renouvellement par tiers des conseils.

« Quoiqu'il n'y eût, écrit Beugnot dans ses *Mémoires*, entre le Conseil des Cinq-Cents et celui des Anciens, que la différence de l'âge et de la condition d'homme marié pour ce dernier conseil, on s'aperçut assez promptement du bon effet de la division. Les lois soumises à une double discussion retrouvèrent leur véritable caractère : quelques-unes figurent encore avec honneur dans nos codes et si des

péril extérieur, ballottée par le flux et reflux d'événements gigantesques dans lesquels il serait puéril de rechercher les conditions de fonctionnement normal d'un régime constitutionnel, retombée avec le Directoire dans l'anarchie et les discordes intestines, — on sait comment le Consulat, puis l'Empire ont substitué une sorte de résurrection du césarisme romain sous forme de l'incarnation du pouvoir de la nation dans un homme, qui a successivement annihilé les organes réguliers issus de l'élection en prétendant les remplacer par un représentant unique de la volonté du peuple.

« Il n'y a point, suivant le mot de Montesquieu, d'autorité plus absolue que celle du prince qui succède à la République, car il se trouve avoir toute la puissance du peuple qui n'avait su se limiter lui-même. » Napoléon, même à l'apogée de son auto-

orages survinrent encore sous cette constitution, il faut les attribuer, moins à la manière dont le pouvoir législatif était organisé qu'à l'imperfection du pouvoir exécutif. »

Le 18 Fructidor, en assurant, par un coup d'État violent, le triomphe temporaire d'une partie des directeurs, en proscrivant les élus, en annulant les élections, en enchaînant la liberté des électeurs, marque le commencement d'une longue série d'attentats contre la représentation du pays. A ce moment, quarante-neuf départements voient leurs élections cassées, tandis que cinquante-trois membres des conseils sont proscrits ou déportés. Les parents et alliés d'émigrés, déjà inéligibles par la loi du 3 brumaire, sont rayés des assemblées primaires.

A la suite des élections de l'an VI, le Directoire annule (par la loi du 22 floréal), les choix de sept départements, reconnaît comme représentants de quatorze autres des individus choisis par les minorités scissionnaires, exclut enfin trente-quatre députés triés en raison de leurs opinions dans les départements dont les opérations électorales étaient déclarées valables. C'est ce qu'on a appelé dès cette époque, *substituer la réalité aux abstractions*.

rité souveraine et de son éclat de conquérant, a toujours prétendu être le dépositaire, le mandataire représentatif de la souveraineté de la nation qui lui avait transmis directement et irrévocablement ses attributs de puissance absolue et indivisible. Il restait ainsi dans l'ancienne tradition de la représentation et n'en changeait que le fondé de pouvoirs.

En 1808, pendant la guerre d'Espagne, l'impératrice ayant répondu au Corps législatif qui la félicitait d'une victoire de notre armée, qu'elle remerciait le corps qui « représente la nation », le *Moniteur*, sur l'ordre de l'empereur, rectifia ses paroles : « Il est impossible que l'impératrice ait prononcé ces mots : elle connaît trop bien nos constitutions : elle sait trop bien que le premier représentant de la nation, c'est l'Empereur. S'il y avait un corps représentant la nation, ce corps serait souverain. La Constituante, la Convention, ont été représentantes : de là tous nos malheurs. Ce serait une prétention chimérique et criminelle que de vouloir représenter la nation avant l'empereur. »

Avant d'arriver à cette incarnation officielle de toute la nation dans sa propre personne, Bonaparte qui avait accepté de Sieyès la première organisation passablement confuse du consulat « comme accoutumant le pays à l'unité, ce qui était le premier pas » (ce sont ses propres paroles dans ses *Mémoires*)[1], Bonaparte avait, dès le consulat à vie, sin-

1. Sieyès avait préparé le terrain en répandant la célèbre doctrine que « la confiance doit venir d'en bas et l'autorité d'en haut ». Les listes des collèges ont été appelées les « listes de confiance ».

gulièrement affaibli le principe électif discrédité ou annulé temporairement par la Révolution et le Directoire. Les collèges électoraux de la Révolution renouvelables par l'élection suivant certaines périodes, bases de l'organisme représentatif, sont à cette époque remplacés par des *collèges à vie* qui tiennent leur existence des assemblées de cantons, formées elles-mêmes de tous les citoyens domiciliés dans le canton. — Les deux catégories de collèges électoraux d'arrondissement et de département, chargées de présenter des listes sur lesquelles les députés seront désignés par le Sénat, voient leur président nommé par le consul, à chaque session. De plus, les collèges départementaux doivent être recrutés sur une liste, dressée dans chaque département par les soins du ministre des finances, des six cents citoyens plus imposés. Enfin, le premier consul peut ajouter aux conseils d'arrondissement, dix membres, et aux conseils de département, vingt membres.

« Bonaparte, écrit Thibaudeau dans ses *Mémoires*, s'inquiétait fort peu du nom qu'on lui donnait, pourvu qu'il fût le maître, et on pouvait, sans le blesser, prononcer devant lui les mots de république, de souveraineté du peuple, d'égalité, de liberté, à condition qu'on se félicitât d'en avoir conservé la jouissance : mais il s'était accoutumé à voir son autorité obéie, et les institutions ne lui paraissaient que des obstacles, les corps représentatifs que des empêchements à la marche du gouvernement. Sénat, Corps législatif, Tribunat, tout cela n'était pour lui que des instruments qui devaient rendre fidèlement des sons, des presses destinées à reproduire exactement les pensées qu'il leur transmettait, à leur donner le type légal et à les mettre en circulation. » Ils s'acquittèrent docilement du rôle qui leur était attribué.

Après l'éblouissement de l'Empire, puis son engloutissement, la nation se retrouve aussi ardente qu'en 1789 à réclamer une part d'intervention dans les affaires publiques sous forme d'un retour au véritable régime représentatif.

La Charte de 1814 et l'*Acte additionnel* des Cent Jours rétablissent des assemblées réellement électives et délibérantes. L'esprit rétrograde des Bourbons et l'autoritarisme de Napoléon ont été également obligés de céder au courant de l'opinion :[1] mais le régime représentatif ne repose en France sur rien d'existant, de traditionnel : aucune classe, aucun groupe d'intérêts n'est désigné par l'histoire ni par les faits pour incarner en lui-même le droit et la puissance de représentation. Aussi, pendant une longue période d'années, à partir de la seconde Restauration, le législateur peut, suivant la fluctuation des événements et au milieu de passions violentes, tailler et retailler à loisir le corps électoral, tantôt le réduisant à n'être qu'un fantôme, tantôt le transformant en une oligarchie étroite, tantôt l'étendant à nouveau jusqu'à l'universalité : le pays recueille, pendant cette période, d'immenses bien-

1. Voir sur la *Charte* et les résistances de la cour, les Mémoires de *Beugnot*. — « Sous les Cent Jours, dit le duc de Rovigo le cri de constitution était partout. « L'empereur lui-même disait : « La nation veut, ou croit vouloir une tribune et des assemblées... Le goût des constitutions, des débats, des harangues paraît revenu... »

faits d'un régime constitutionnel mutilé, imparfait, toujours discuté dans ses bases, attaqué dans son fonctionnement, fécond nonobstant en œuvres de justice, en développements matériels et moraux : mais il ne voit pas prendre vie à cette synthèse qui est l'idéal du système et qui est restée en France (et peut-être ailleurs) un idéal irréalisé, à ce résumé des véritables et essentielles forces vives de la nation, équitablement et proportionnellement réunies et comme condensées dans des assemblées élues, assurant la collaboration en même temps que le contrôle de l'élite du pays à un pouvoir suffisamment indépendant sans être despotique, chargé de gérer les intérêts collectifs de l'État, de maintenir son indépendance et sa grandeur, de planer au-dessus des partis tout en s'appuyant sur eux, et s'éclairant de leurs délibérations. Pas plus avec le cens qu'avec le suffrage universel, la représentation n'a été cette synthèse vivante de la nation.

Après avoir été purement « illusoire et métaphysique » sous l'Empire [1], dès la Restauration, la participation du pays à ses propres affaires, rétablie par la force de l'opinion [2], est comprimée par le courant général de réaction qui domine dans les classes élevées. A ce moment, où les anciennes sources d'autorité sociale cherchent à reconquérir, sur le terrain électoral, leur prépondérance brisée par la Révolution, la noblesse terrienne, ancienne et nou-

1. Ce sont les expressions même de Napoléon (*Mémoires*, t. VI.)

2. « Nous voyions, dit Lamartine dans ses *Confidences*, reprendre avec la royauté constitutionnelle, la Révolution de 1789 interrompue. »

velle, veut en s'appuyant sur le clergé accaparer à son profit le « pays légal ». Jetée témérairement en travers d'un courant de pensée et de passion qui avait submergé l'ancien régime, n'ayant « rien appris ni rien oublié », divisée elle-même en partis divergents, désavouée à maintes reprises par le gouvernement qui se sentait menacé par ses exagérations, après une première surprise de l'opinion, après plusieurs retours offensifs, finalement elle a échoué dans son entreprise de supprimer la Révolution, mais elle est parvenue pendant de longues années à maintenir la base électorale entre d'étroites limites. Les collèges de l'Empire chargés de dresser ces « listes de confiance » qui en s'épurant successivement en listes de département, puis en listes nationales, finissaient par laisser les choix effectifs à l'arbitraire absolu du souverain, les collèges avaient été conservés aux premiers jours de la Restauration; mais les collèges d'arrondissement s'étaient vus chargés de désigner les candidats parmi lesquels les collèges de département devraient choisir les députés et non plus seulement les présenter au choix du souverain. Le gouvernement gardait le droit d'adjonction aux collèges, qu'avait pratiqué l'Empire [1]. La loi du 5 février 1817, établit l'élection directe : elle institue un collège électoral par département et le compose de tous les citoyens ayant trente ans accomplis et payant 300 francs de contributions directes. Les éligibles doivent acquitter 1,000 francs de contributions. Le

1. A cette époque, le corps des électeurs représente 72,000 inscrits sur lesquels 48,478 ont voté en 1815 et 47,427 en 1816 (V. Weil, *Les élections législatives depuis* 1789, p. 66).

« pays légal » représente dans ces conditions 72,000 électeurs et 17,000 éligibles. En 1820, après l'assassinat du duc de Berry, la majorité le trouve encore trop étendu : les conditions relatives au cens sont aggravées, en favorisant la propriété foncière. La distinction entre les collèges de département et ceux d'arrondissement est rétablie : les premiers, composés des plus imposés, nomment 172 députés, les seconds 258. Les électeurs plus imposés votent à la fois aux deux collèges, suivant le système dit du double vote. Les 25,000 propriétaires les plus riches de France avaient ainsi mission d'élire les 2/5 de la Chambre. Celle-ci comptait en outre, beaucoup de fonctionnaires. « Il est bon, disait Cuvier, que la Chambre soit remplie de fonctionnaires, attendu que les hommes qui ont le plus à craindre les révolutions, sont les fonctionnaires attachés au gouvernement qui existe. »

Des combinaisons légales de ce genre, appuyées par l'intervention constante et avouée du gouvernement dans les élections, qui devait jusqu'à la fin du second Empire, fausser ouvertement les rouages du mécanisme représentatif et lui imprimer un caractère artificiel, semblaient devoir être plus favorables à la prédominance de la bourgeoisie riche qu'à celle des anciens ou des nouveaux nobles. La classe moyenne aisée était dans de meilleures conditions que son aînée pour acquérir ou conserver un privilège électoral. Démocratisée par la Révolution, répandue et comme distribuée par les progrès de la science et de la culture générale, la richesse constituait une grande force sociale. Elle s'associait en général à l'éducation, à la tradition, à l'expérience, à la pratique des affaires. Et cependant, pour des causes complexes, dont plusieurs tiennent à notre histoire nationale, dans ce qu'elle a de plus profond et de plus organique, le résultat du quasi-monopole d'électorat ou d'éligibilité attribué par le cens un peu élargi de la monarchie de Juillet, à la bourgeoisie fortunée[1], et en dépit des larges services rendus au pays pendant cette période, par le régime représentatif même incomplet, ce résultat a été à beaucoup de points de vue peu satisfaisant. L'aristocratie électorale de 1830 à 1848 n'a pas, plus que son aînée de la Restauration, malgré ses qualités privées et l'éclat ou la distinction d'un grand nombre de ses membres, fourni, dans son ensemble, la preuve d'une capacité politique de nature à la sauver elle-même et à sauver avec elle le principe du suffrage restreint. La majorité parlementaire que le cens a engendrée a manqué à la fois de largeur dans ses vues sociales et de hardiesse dans ses résolutions. Elle n'a su ni se démocratiser à temps, et, en élargissant peu à peu ses rangs, se mettre en communion avec les aspirations libérales du pays, ni former une oligarchie de gouvernement s'imposant à la nation par

1. La monarchie de Juillet abaisse à vingt-cinq ans l'âge requis pour l'électorat, à 200 francs le cens nécessaire pour être électeur, à 500 pour être éligible. Le pays légal se trouve ainsi comprendre environ 200,000 électeurs. En même temps, la pairie, qui avait été composée de membres héréditaires sous la Restauration, fut constituée à vie. Le Gouvernement avait d'ailleurs, même avant 1830, singulièrement affaibli le principe héréditaire en faisant des fournées successives de pairs, dont l'une fut, d'un seul coup, de 76 pairs nouveaux.

l'énergie de la volonté, la netteté des desseins, la fermeté des actes. Soutenue artificiellement par le pouvoir, qui la composait en partie de ses propres fonctionnaires, soutenant elle-même mollement le gouvernement, hésitante entre les divers cabinets qui se disputaient sa confiance, mue par des questions de personnes ou par des intérêts individuels trop visibles, elle n'a pas su garantir le régime politique, dont elle était le fondement, contre les révolutions, ni fournir à la monarchie libérale parlementaire une base solide. Ils se sont abîmés dans une commune destruction.

« Est-il possible de définir en termes précis la capacité politique, écrivait Courcelles-Seneuil [1], et de désigner en termes juridiques une classe de citoyens possédant cette capacité ? En France, on ne peut rencontrer une classe semblable... Dans tout le cours de son existence qui a été longue, la noblesse française s'est distinguée par l'absence de toute capacité politique et c'est cette incapacité des nobles qui a causé l'établissement du pouvoir absolu des rois [2]. Depuis que la noblesse a cessé d'exister, les descendants des anciens nobles et plus encore les prétendus nobles de toute origine et de toute couleur, ont persisté à élever et à soutenir des intérêts privés distincts de ceux de la nation à laquelle ils sont devenus odieux... Les électeurs censitaires, qui, de 1815 à 1848 ont disposé du gouvernement, ont imité les nobles : ils n'ont vu dans la possession du pouvoir souverain qu'un

1. *Préparation à l'étude du droit.*
2. Cf. Renan : *Questions contemporaines.*

moyen d'acquérir ou d'augmenter leur fortune privée...[1] »

Que ce jugement soit exact ou trop rigoureux, il faut bien reconnaître que, la capacité politique n'étant plus, ou n'ayant jamais été, en France, de par la sanction des faits, l'apanage particulier traditionnel, respectable ou respecté, d'aucune classe, il était naturel et probablement inévitable, après les catastrophes où le cens s'était enlisé, après le nouvel écroulement de la monarchie même retrempée dans des origines libérales, qu'un autre régime électoral prévalût; que poussée par un courant démocratique puissant, résultat du mouvement général du siècle, imbue de l'idée de souveraineté du peuple qui avait rempli la Révolution, revenant à la conception simpliste de la puissance populaire se déléguant elle-même directement à un groupe d'élus, la nation étendît la puissance politique à la masse des citoyens sans en faire le privilège du

1. Le jugement que Tocqueville a consigné dans ses *Souvenirs* est encore plus sévère : « En 1830, le triomphe de la classe moyenne avait été définitif et si complet que tous les pouvoirs politiques, toutes les prérogatives, tout le gouvernement, se trouvèrent enfermés et comme entassés dans les limites étroites de cette seule classe.... Non seulement elle fut ainsi la directrice unique de la société, mais on peut dire qu'elle en devint la fermière. Elle se logea dans toutes les places, augmenta prodigieusement le nombre de celles-ci et s'habitua à vivre presqu'autant du Trésor public que de sa propre industrie... Il se fit une sorte de rapetissement en toutes choses. L'esprit particulier de la classe moyenne devint l'esprit général du gouvernement : il domina la politique extérieure aussi bien que les affaires du dedans... esprit, qui mêlé à celui du peuple et de l'aristocratie peut faire merveille, mais qui seul, ne produira jamais qu'un gouvernement sans grandeur et sans vertu. »

rang, de la richesse, ou de tel attribut spécial; sans conserver même entre le peuple et les éligibles aucun de ces groupes intermédiaires légaux qui avaient en fait toujours subsisté depuis 1789 jusqu'à la loi de 1817. C'est ainsi qu'en 1848, le suffrage universel direct est né en quelque sorte en bloc, surprenant beaucoup d'esprits parmi les plus libéraux ou même les plus avancés, dans un moment de désastre subit des anciennes influences sociales et comme pour départager le pays dans un conflit inextricable; et c'est par là que, bien mieux que par aucune considération métaphysique[1] touchant les droits de la souveraineté nationale s'exprimant au scrutin, s'établit aux yeux du philosophe politique la légitimité relative du vote populaire direct. Le suffrage universel, résultat des faits et non d'une théorie, a passé dans nos mœurs malgré toutes les objections de principe ou d'expérience qu'on est en droit de lui adresser et qu'on ne s'est pas fait faute de lui adresser. Une fois la simplicité introduite dans les choses humaines, on l'en déloge difficilement. Ici, elle a eu pour effet d'abaisser successivement devant le suffrage du nombre ce qui restait d'influence légale aux anciennes sources d'autorité sociale et d'y substi-

1. Que signifie par exemple, si on l'analyse logiquement, l'argumentation contenue dans la proclamation du Gouvernement provisoire au moment des élections? « La loi électorale que nous avons faite est la plus large qui chez aucun peuple de la terre, ait jamais convoqué le peuple à l'exercice du suprême droit de l'homme, sa propre souveraineté! Tout Français en âge viril est citoyen politique. *Tout citoyen est électeur. Tout électeur est souverain.* Le droit est égal et absolu pour tous... Le *règne du peuple s'appelle République*... etc., etc. »

tuer une source unique de pouvoir, imposante par sa grandeur apparente, rassurante par l'impossibilité de trouver derrière elle des droits plus généraux qui pussent réclamer par la violence contre ses décisions, ce qui munissait du moins l'état démocratique d'une majesté incontestable, prévenait ou déroutait l'émeute en la remplaçant par le bulletin de vote mis aux mains de chaque citoyen, fût-ce du plus humble, permettait au pouvoir exécutif de faire respecter au nom même de la majorité numérique du pays, les résolutions de son gouvernement[1].

Un des premiers résultats du suffrage populaire destiné à universaliser la source de la représentation a été, quelques années après son établissement, de supprimer à nouveau presque complètement en fait la représentation de la nation. Appelé dans la confusion d'une première tentative de scrutin direct étendu à tous les citoyens, à recruter une assemblée qui ne pouvait être que l'image du mélange des aspirations, des passions et des intérêts du moment et qui malgré l'éclat de ses discussions, a abouti à une mauvaise constitution ; convoqué, au bout de peu de mois, à nommer, par un vote plébis-

1. Cette majesté s'est tellement imposée même aux plus récalcitrants que le dernier représentant du parti monarchique, le comte de Paris, déclarait, il y a quelques années, vouloir faire appel au suffrage universel pour restaurer la dynastie nationale (Voir son *Manifeste* du 15 septembre 1887) : « Le pacte ancien sera remis en vigueur soit par une assemblée constituante soit par le vote populaire... Un gouvernement porté par l'opinion publique comme le sera la monarchie le jour de son avènement, n'a rien à craindre de la consultation directe de la nation... C'est au suffrage universel direct que doit appartenir le choix des députés. »

citaire, la plus haute autorité de l'État, le Président de la République; effrayé par l'expansion des doctrines socialistes; entraîné dans un rapide mouvement de réaction par les partis de droite coalisés, et désireux en même temps de consacrer la destruction de l'ancien régime et de l'ancienne monarchie par l'acclamation d'un nom incarnant aux yeux du peuple à la fois l'autorité, sauvegarde de l'ordre public, et la sanction irrévocable de l'œuvre révolutionnaire, le suffrage universel érige pour son coup d'essai, en face l'un de l'autre et dans une antinomie qui ne pouvait se résoudre pacifiquement, deux pouvoirs antagonistes, tous deux représentants de la souveraineté directe du peuple[1], l'un sous forme d'une assemblée divisée d'opinions et de volontés, issue du scrutin de liste, et l'autre, d'une magistrature présidentielle mal définie, mal limitée, confiée directement par une immense majorité d'électeurs[2] à un héritier de Napoléon, dépositaire de son nom et de ses traditions autoritaires. On sait comment après plusieurs mois d'antagonisme et de suspicions réciproques, par des moyens violents, imités de Brumaire, la victoire est restée au pouvoir personnel qui devait bientôt reprendre la forme même et les institutions de l'Empire. Employé, sous couleur de plébiscite, à sanctionner cette nouvelle restauration du césarisme, puis sous

1. Louis-Napoléon disait le 2 Décembre à l'armée : « Je compte sur vous pour faire respecter la souveraineté nationale dont je suis le légitime représentant. »

2. Les élections du 10 décembre 1848 ont donné sur 7,300,000 votants :

à Louis Bonaparte	5.430.000
à Cavaignac	1.440.000

le contrôle et la pression d'une administration toute-puissante et sans scrupule au point de vue de l'intervention électorale [1], à recruter des corps électifs démunis de tout pouvoir réel, le suffrage universel désireux avant tout, dans sa majorité, de repos et de prospérité matérielle, s'est pendant longtemps, sauf dans quelques grandes villes, à peu près désintéressé de la composition d'assemblées réduites à un rôle d'enregistrement sans publicité et sans autorité. Il a fallu le mouvement général des idées libérales en Europe et l'émotion résultant des fautes de plus en plus graves commises, surtout à l'extérieur, par un pouvoir affranchi de tout contrôle, pour pousser de nouveau la nation, malgré les résistances du gouvernement impérial, à réclamer la participation effective des assemblées dans les affaires du pays. Le second Empire a dû céder peu à peu, revenir par degré aux institutions parlementaires; et le suffrage universel s'est vu placé en face d'une tâche nouvelle pour laquelle il était douteux, ou en tout cas pour laquelle l'expérience n'avait pas prouvé encore qu'il possédât les aptitudes nécessaires, à savoir le choix direct des capacités destinées à le représenter dans des corps délibératifs, discutant, votant les budgets et les lois et ayant, par les adresses ou les interpellations, une influence effective sur la marche du gouvernement. Depuis les dernières années de l'Empire,

1. M. de Persigny écrivait en 1852 aux préfets : « Comment 8 millions d'électeurs s'entendraient-ils pour distinguer entre tant de candidats 261 députés animés du même esprit? Il importe que le gouvernement éclaire à ce sujet les électeurs... par toutes les voies que vous jugerez convenables... »

et encore plus depuis le rétablissement du régime parlementaire complet qui s'est fait après 1870, nous assistons aux péripéties de cette expérience qui a consisté à concilier le caractère et les conditions spéciales du suffrage universel avec les nécessités du gouvernement parlementaire à l'anglaise, expérience propre à notre siècle et qui n'avait jamais été tentée dans des conditions analogues.

Les difficultés d'application ont varié suivant les époques et les circonstances de l'expérience : dans cette vaste action, uniforme en apparence, du suffrage du grand nombre, il existe, en effet, des phases bien diverses : son allure est toute différente lorsqu'elle s'applique à des situations exceptionnelles, lorsqu'on l'appelle à agir par un effet de masse en quelque sorte, résultant d'un large et intense mouvement d'opinion ou d'émotion, visant une conséquence simple et qui parle nettement au bon sens ou à l'imagination du peuple : ou lorsqu'elle se produit dans des conditions moyennes d'existence nationale, en vue d'organiser et de faire marcher le gouvernement de tous les jours en y résolvant les problèmes compliqués de la législation et de l'administration. Ce sont là deux points de vue qu'il faut distinguer dans le fonctionnement du suffrage universel et qui n'ont pas toujours été suffisamment séparés par l'analyse : lacune d'investigation qui a parfois amené les observateurs politiques à formuler sur lui des jugements contradictoires, exagérés d'un côté comme de l'autre, dans leur portée générale. Il faudrait, croyons-nous, dans une histoire d'ensemble du suffrage universel, maintenir avec soin cette distinction : il faudrait montrer les grands et heureux résultats obtenus, depuis la guerre, dans la politique générale intérieure, par le vote universalisé, et en même temps les vices de ses manifestations dans l'organisation de la vie représentative de la nation, l'insuffisance du recrutement qu'il assure aux assemblées délibératives, les courants et les tendances dangereuses qu'il détermine ou encourage soit dans l'opinion, soit dans les assemblées, l'impuissance législative à laquelle il aboutit, l'affaiblissement croissant du pouvoir exécutif qu'il entraîne.

A mesure que les fautes et les malheurs de l'Empire se sont produits, à mesure aussi que l'opinion s'est réveillée sous l'action d'une opposition d'autant plus ardente qu'elle avait été plus comprimée, on a vu tout d'abord celle-ci se ranimer et se manifester dans les agglomérations de populations urbaines ou industrielles où les passions politiques surexcitées par la presse et par le contact même des hommes entre eux échappent davantage à la poigne des pouvoirs administratifs. Là, l'opposition à l'Empire s'est rapidement traduite dans les choix du suffrage universel. Portés d'abord en grande partie sur des représentants de l'ancienne bourgeoisie libérale, les votes des électeurs urbains et ouvriers se sont vite rejetés sur des candidats plus démocratiques. On a vu le journaliste à opinions avancées, ou l'orateur de réunions publiques, puis bientôt le révolutionnaire professionnel, revenant de 1848, aspirant à y revenir, l'emporter sur les autres catégories de candidats; ces nouveaux venus du radicalisme battre les situations acquises par le travail régulier, dues aux traditions et au patrimoine de famille; faire apparaître peu à peu sur les listes d'élus une classe toute spéciale d'hommes qui placent dans la politique leur unique ambition et leur unique carrière, qui veulent vivre en elle, pour elle et surtout par elle (la rémunération des représentants, nécessaire dans un pays démocratique, le leur facilite, en même temps qu'elle leur sert d'appât)[1]. C'est cette classe d'hommes qui en Amérique d'abord, puis en Europe, a fait les *politiciens*. Ils ont eu sur les dernières années du second Empire une grande influence qu'ils ont largement retrouvée et accrue depuis.

Après les catastrophes de 1870, le suffrage universel où l'Empire avait cru trouver quelques mois auparavant en le consultant par plébiscite, une nouvelle sanction de son principe et de ses destinées, le suffrage universel a été appelé à trancher comme un arbitre souverain les questions vitales d'où dépendaient l'avenir et l'existence même du pays. Durant cette période, heureusement exceptionnelle, tout s'est d'abord effacé, pour la majorité du

1. « Dès que le traitement attaché aux magistratures populaires, écrivait dès 1800, un observateur clairvoyant, sir Francis d'Ivernois (*Des causes qui ont amené l'usurpation de Bonaparte*) se trouve supérieur ou même égal aux profits des travaux mécaniques, elles sont briguées à l'instant par la classe qu'ils faisaient vivre et qui profite de son influence dans les élections pour en écarter les hommes aisés. Peu à peu, ces derniers contractent un éloignement insurmontable pour une autorité qui, loin de les investir d'aucune considération, les appelle à s'associer avec des hommes tracassiers, avides et ignorants. Ils se retirent, et dès que la classe indigente se trouve exclusivement nantie du pouvoir elle s'en sert, non pour faire respecter la propriété, mais pour l'atteindre. »

pays, incarnée dans la majorité de l'Assemblée nationale, devant la nécessité de la conclusion de la paix, au prix des plus douloureux sacrifices de patriotisme, des plus lourdes charges financières, et la volonté du rétablissement de l'ordre intérieur bouleversé par l'émeute. Puis sont nées dans le pays même et dans le Parlement les questions relatives à la forme du gouvernement et à l'orientation de la politique intérieure, questions qui soulevaient à nouveau les problèmes les plus passionnants de notre histoire, remettaient en présence les intérêts et les sentiments de partis ou de conscience les plus complexes, les plus délicats et les plus intimes. Le suffrage universel a été précieux pour trancher à grands traits et sans protestation recevable ces immenses difficultés : au milieu d'agitations profondes qui forçaient en quelque sorte la conscience nationale à se sonder et à s'affirmer elle-même, on a vu de larges courants d'opinion s'établir, se retourner tout d'abord contre les souvenirs et les restes de l'Empire, remplir l'Assemblée nouvelle de partisans du régime parlementaire, soutenir le Parlement et le chef du pouvoir exécutif dans leur lutte contre la Commune et les tentatives d'agitation des grandes villes, imposer à tous le respect de la loi représentée par la majorité d'une assemblée issue du suffrage de tous, encourager celle-ci à prendre la responsabilité de répressions terribles. Pendant les années qui ont suivi, la même clairvoyance et la même fermeté de vues semblent avoir inspiré la majorité du corps électoral. Sous l'impulsion de guides éclairés et courageux, il a su déjouer les combinaisons des partis monarchiques d'accord pour renverser la République, s'ils ne l'étaient pas sur le choix de la monarchie à restaurer, protester par une opposition légale mais irrésistible contre la politique de réaction cléricale qui avait prévalu au 24 Mai, en renversant Thiers du pouvoir. Grâce à cette unité et à cette tenue d'efforts, le principe républicain a triomphé définitivement dans la constitution de 1875, avec le maintien du régime parlementaire et l'assimilation de la présidence à une sorte de monarchie à temps, irresponsable devant les Chambres et issue des suffrages du Parlement. Celui-ci s'est vu composé de deux corps délibérants armés de pouvoirs à peu près égaux (sauf le droit de dissolution accordé au Sénat d'accord avec le président, et l'antériorité pour les lois de finances accordée à la délibération de la Chambre des députés) mais nommés par des collèges électoraux différents, le Sénat étant recruté en partie par la cooptation et en partie par un suffrage indirect et soumis à des conditions spéciales de renouvellement. Une majorité républicaine s'est formée successivement dans les deux assemblées et s'y est maintenue définitivement malgré la tentative violente de réaction du 16 Mai. Après quelques années de suprêmes efforts des partis de droite anticonstitutionnelle, la première magistrature du pays a été confiée à un président républicain appuyé sur des cabinets républicains.

A cette même époque, un singulier concours de circonstances faisait disparaître dans la tombe, successivement et rapidement, les principaux compétiteurs monarchiques et troublait profondément les partis anticonstitutionnels en leur enlevant leurs chefs. C'est là un vrai moment de triomphe pour le suffrage universel et la représentation qu'il a engendrée. Il a réussi à établir un gouvernement normal sur des ruines sanglantes, à constituer régulièrement et légalement par le seul bulletin électoral, le régime républicain pourvu de ses organes esssentiels de gouvernement. Il a définitivement désarmé l'émeute en supprimant la garde nationale, organisé une armée immense et qui impose à tous les citoyens le devoir militaire, fait supporter au pays une charge d'impôts inconnue jusqu'alors.

L'ère des grands périls était passée : ce qu'on a appelé l'*ère des difficultés* a commencé pour la république parlementaire. Elles ont consisté à organiser le gouvernement démocratique représentatif appuyé sur le suffrage universel, et nous voyons trop clairement que depuis vingt ans ces difficultés n'ont pas été résolues. Les principales de ces difficultés se rattachent étroitement à la question de la représentation ou plutôt sont une des parties de la question de la représentation : car les cabinets, conformément aux principes parlementaires, ayant été des gouvernements de majorité, ont puisé dans celle-ci, telle qu'elle est sortie des passions et des intérêts du pays, leur force et leur faiblesse, leurs incertitudes, leurs tendances contradictoires. Incapables de renverser la République, les coalitions de groupes se sont ingéniées à renverser les ministères et il en est résulté un état général de précarité dans la direction des affaires publiques, et des conditions défectueuses de gouvernement qui ont amené beaucoup de bons esprits à douter de la possibilité de concilier le suffrage universel avec un véritable régime parlementaire, tel qu'il fonctionne dans certaines monarchies constitutionnelles au milieu de partis bien organisés et disciplinés. On a pu croire même, à un moment, le régime prêt à sombrer dans l'aventure boulangiste préparée par la lassitude de l'opinion en face des déceptions ou des scandales des dernières sessions, secondée par le concours inattendu et injustifiable d'une importante fraction du parti conservateur, peu scrupuleuse, dans son impuissance à rétablir la monarchie, sur les moyens de faire échec à la République. Bien que conjuré à temps par l'union des républicains momentanément refaite contre l'ennemi commun et qu'a d'ailleurs singulièrement servie la profonde incapacité du prétendant, le péril n'en a pas moins existé et on a pu voir, une fois de plus, avec quelle facilité naissent certains courants plébiscitaires avides de reconstituer le pouvoir personnel, dans un pays séculairement pétri par la monarchie[1],

1. Il ne faut pas perdre de vue le nombre considérable des voix obtenues par les candidats antirépublicains jusqu'aux élections de 1889:

	Voix républicaines	Voix réactionnaires	abstentions
1876. . . .	4.000.000	3.900.000	2.595.000
1877. . . .	4.340.000	3.639.000	1.935.000
1881. . . .	4.778.000	1.739.000	3.180.000
1885. . . .	4.373.000	3.420.000	2.285.000
1889. . . .	4.600.000	3.000.000	2.434.000
1893. . . .	5.960.000	1.179.000	3.018.800

en chiffres ronds).

dans ces masses chaotiques du suffrage universel si longtemps manipulées par le second Empire. L'attention des observateurs politiques a de nouveau été appelée sur les bases et le fonctionnement de notre représentation politique et de tout l'état démocratique qui de plus en plus tend à reposer sur elle, lorsque, les grandes crises terminées, le suffrage universel se retrouve dans ses conditions normales et comme moyennes d'existence, et qu'il fonctionne non plus en quelque sorte à l'état de consultation du pays pour trancher par la désignation de représentants élus sur un programme bien net, de grands dissentiments entre citoyens, mais en tant qu'instrument de gouvernement et d'administration quotidienne, ayant peu à peu absorbé en lui-même ou mis sous sa coupe tous les pouvoirs de contrôle et de direction.

III

En principe, notre système électoral, organe de la volonté nationale, source et origine de tout pouvoir gouvernemental, est purement numérique. Les bulletins de vote attribués à tous les citoyens majeurs se comptent sans acception de catégorie, d'âge, de capacité, de situation sociale, et sont censés intervenir au même titre et avec la même valeur dans le recrutement des corps électifs. C'est là un point de vue très simpliste : s'applique-t-il dans la réalité des faits? On doit, sous beaucoup de rapports, affirmer qu'il n'en est rien. Même en tant que numérique, le suffrage universel, tel qu'il fonctionne, ne répond pas à la notion qu'on pourrait s'en former à première vue. Par définition, une assemblée issue du scrutin universel, devrait, pour être une image fidèle de la nation prise dans son « bloc », représenter la majorité en nombre des opinions individuelles de tous les citoyens, compter un ou plusieurs délégués de toutes celles qui atteignent dans le pays un certain *quantum*, qui peuvent, en se groupant, verser dans l'urne électorale un nombre de bulletins supérieur à un chiffre déterminé lequel représente celui d'une minorité jugée trop peu nombreuse pour élire des représentants. S'il n'existait qu'un collège électoral unique, constitué par la totalité des électeurs; s'il était possible pratiquement que les électeurs s'entendissent à travers l'immensité du territoire pour le choix de candidats; si la plupart des électeurs ne devaient perdre leurs voix sur un petit nombre d'élus, les seuls connus par leur notoriété universelle; si la liste générale pouvait résulter de la libre désignation des votants et non d'un travail de comité se substituant nécessairement à l'initiative des citoyens pour éviter un éparpillement à l'infini, — dans ce cas et dans ces conditions théoriques, on pourrait dire que l'assemblée des élus serait une sorte de photographie, de carte teintée, des opinions suivant leurs proportions dans le pays[1]. Les circonscriptions électorales, résultat fatal de la nature des choses, modi-

1. « Si nous pouvions n'avoir, disait Gambetta dans un discours sur le scrutin de liste en 1881, qu'un collège, qu'un vote, qu'une expression, ce jour-là nous serions dans la réalité de la souveraineté nationale. »

fient complètement cette situation. Le territoire national, au lieu d'être consulté dans son intégrité comme collège électoral unique, est subdivisé en territoires partiels qui forment des collèges fragmentaires. Chacun de ces collèges constitue une unité électorale qui peut nommer un ou plusieurs députés suivant la loi qui régit les élections. De cette façon, le ou les députés ne sont plus les élus de la nation, mais d'un arrondissement ou d'un département. C'est une première grosse infraction au principe de la représentation nationale. La division en circonscriptions amène beaucoup d'autres conséquences. Une des plus graves est que, dans nos assemblées, telles qu'elles sont recrutées, la majorité réelle des habitants répartis dans les circonscriptions électorales peut, après les élections, ne pas être représentée du tout. Ne parlons pas des femmes ou des mineurs que la loi exclut d'un trait de plume et qui constituent les deux tiers ou les trois quarts de la nation. Ceux-là, tant qu'ils sont privés de leurs droits politiques, ne peuvent évidemment avoir de représentant direct, quel que soit le mode de scrutin.

Mais le résultat peut être le même pour un grand nombre d'électeurs légaux. Il y a d'abord ceux qui s'abstiennent (habituellement de 20 à 30 sur 100 inscrits) [1] et dont le motif de s'abstenir n'est

1. Proportion des votants sur 100 électeurs inscrits : 1877, 80 p. 100; 1881, 69 p. 100; 1885 et 1889, 77 p. 100; 1893, 71 p. 100. (Voir H. Avenel, *Comment la France vote* (1894).

Les mêmes proportions variables existaient approximativement avec le cens : en 1817, 2/3 de votants; en 1831, 3/4; en 1842, 4/5. (Voir G. N. Weil, *Les élections législatives depuis* 1789.)

pas toujours la négligence[1], ou l'impossibilité matérielle de voter.

Beaucoup s'abstiennent, en effet, parce qu'ils sont sûrs, étant en minorité dans leur circonscription, de ne pouvoir faire arriver à la Chambre un candidat de leur choix, et trouvent dès lors inutile de se déranger, ou dangereux d'accuser leur petit nombre en faisant compter leurs bulletins. A côté de ceux-ci, il y a les électeurs qui ont voté pour des candidats restés en minorité, candidats que la Chambre ne verra pas siéger sur ses bancs. Si l'on ajoute les uns aux autres ces électeurs non représentés effectivement, les uns par abstention, les autres comme minorités, on arrive à cette constatation qu'habituellement plus de la moitié des électeurs (près des 3/5) n'a pas de représentant direct au Parlement[2].

C'est là un premier résultat, digne d'être signalé, des lacunes de notre organisation électorale sous le rapport numérique qui est censé la dominer. Ce n'est pas la majorité de la nation entière qui fait la loi, c'est le plus souvent la majorité d'une mino-

1. On a, à maintes reprises, depuis 1848, et sans succès, proposé des peines légales contre les abstentions non justifiées. C'est une question qui soulève bien des objections de principe et des difficultés pratiques. Voir en faveur du *Vote obligatoire* : P. Laffite, *Revue bleue*, mars 1895.

2.

	Voix obtenues par les élus	Voix non représentées.
1881	4,500,000	5,600,000
1885	4,040,000	6,000,000
1889	4,500,000	5,800,000
1893	4,500,000	5,900,000

Pour les élections municipales dans les grandes villes, on

rité. Parmi les lacunes du système, il y en a une autre également bien saisissante. L'inégalité des circonscriptions électorales au point de vue du nombre d'électeurs qu'elles contiennent, fait que la majorité réelle qui résulterait de la somme totale des votes émis si on les compte tous ensemble peut se transformer en une minorité parlementaire, ou en tout cas que la représentation réelle de telle ou telle opinion au Parlement ne correspond pas à la proportion des voix exprimées en sa faveur. Il suffit, pour réaliser le premier résultat, que les minorités des circonscriptions à grand nombre d'électeurs comptent plus de votants que les majorités des petites circonscriptions, et c'est un fait qui se produit souvent. Dans ce cas, un parti qui possède un chiffre total considérable d'adhérents dans le pays, mais qui existe surtout dans les arrondissements populeux, peut, étant battu dans quelques-unes de ces circonscriptions, se trouver avec très peu de représentants à la Chambre, contre une opinion qui triomphe comme majorité, grâce à la pluralité des circonscriptions rurales où elle domine. Pour réaliser le second cas, il suffit que tel parti ait ses adhérents dispersés sur toute l'étendue du territoire; bien que nombreux comme total, ils peuvent être en mino-

arrive à des résultats encore plus saisissants : En 1884, les conseillers élus à Paris ont réuni 113,500 voix sur 303,000 votants et 418,500 inscrits, soit moins des 2/5 des votants et 2/7 des inscrits. Aux dernières élections (de 1893), les 40 élus ont eu 190,000 voix sur 500,000 environ inscrits.

Nous avons vu récemment M. Gérault-Richard, nommé député à Paris, par 2,742 voix sur 7,509 inscrits; un député de Lyon élu par 3,383 voix sur 11,611 inscrits.

rité presque partout et être très insuffisamment représentés à la Chambre [1].

Ce sont là des faits qui, en compagnie de beaucoup d'autres, ont été bien des fois signalés avec insistance par des écrivains politiques ennemis d'un système de représentation qui, comme le disait récemment Lubbock « n'est ni scientifique ni juste [2] » ; qui prouvent en tous cas que le suffrage universel tel qu'il fonctionne répond très imparfaitement à son principe apparent qui est d'établir la représentation de la majorité en nombre, et d'en faire la directrice unique et souveraine du gouvernement. En supposant même que l'un des systèmes de « représentation proportionnelle » qui ont été proposés pour corriger ces défauts du suffrage universel simpliste, tel qu'il existe aujourd'hui, où comme on l'a dit, la moitié plus un est tout et la moitié moins un n'est rien, — on arrive à fournir à chaque opinion un peu considérable le moyen de se faire représenter à la Chambre, sans une complication trop grande dans les rouages de l'élection ou sans d'autres inconvénients graves (ce qui ne s'est encore réalisé dans aucun des systèmes étudiés théoriquement ou essayés pratiquement [3])

1. « Aux élections de 1893, les radicaux ont abouti à faire représenter 80 p. 100 de leurs partisans, les modérés et libéraux 71,3, les réactionnaires 51 p. 100, les ralliés 42,7 p. 100, les socialistes 35 p. 100. » (H. Avenel, *op. cit.*)

2. *Congrès de sociologie*, Paris, octobre 1894.

3. Voir sur ceux-ci et notamment sur le plus pratique, celui de la « concurrence des listes » qui est appliqué à Genève, le vol. *la Représentation proportionnelle*, 1888, où tous les systèmes sont passés en revue. Celui dit « des listes » suppose une discipline des partis, dont nous sommes bien loin, et qui a d'ailleurs des inconvénients : celui entre

on n'aurait pas encore résolu le problème qui consisterait à ce que chaque représentant intervienne dans le vote des lois ou des résolutions intéressant la chose publique, avec une puissance proportionnelle au nombre de voix qu'il représente : or ceci serait nécessaire pour que le régime représentatif fût vraiment numérique comme le sont les votes par nombre d'actions dans une assemblée d'actionnaires, où, à défaut de stipulation contraire insérée dans les statuts, chacun dans la délibération finale a une puissance égale à sa part d'intérêt dans la société, ou à celles qu'il représente comme délégué. En dehors d'une combinaison de ce genre, on ne pourra jamais dire que le suffrage universel soit le gouvernement du nombre, car l'élu qui a passé à dix voix de majorité ou qui a été élu au second tour grâce à un nombre de voix tout à fait infime par rapport au nombre des inscrits, (ou même des votants si ceux-ci sont restés divisés), compte

autres d'encadrer en quelque sorte mathématiquement chaque électeur dans un parti. Une fois son parti choisi, il n'a plus qu'à se laisser diriger. C'est l'écrasement des nuances, sinon des minorités. — La représentation dite des minorités aurait surtout l'avantage de faire parvenir aux assemblées des célébrités ou des capacités que le suffrage actuel en écarte, et à ce point de vue est bien digne d'étude. — Le vote plural, introduit en Belgique récemment et qui confère deux voix aux pères de famille et trois à certaines catégories d'électeurs, n'a pas donné de bons résultats pour son coup d'essai. Il a fait entrer 30 députés socialistes à la Chambre et écrasé l'ancien parti libéral sous la coalition des socialistes et des catholiques. Pour être effective, il faudrait que la pluralité fût accordée dans une proportion considérable à certains électeurs, représentant les capacités véritables. Mais comment les reconnaître et les faire accepter du suffrage universel?

autant dans les votes au Parlement que celui qui a derrière lui une majorité de plusieurs milliers d'électeurs, et qui est le délégué de la presque totalité de son collège. On n'a pas cependant proposé jusqu'ici de donner plus de bulletins de vote à tel représentant qu'à tel autre suivant le nombre réel d'électeurs qu'il représente parce qu'ils ont voté pour lui, et ce serait là cependant la conséquence logique du principe de la représentation numérique envisagé dans sa rigueur.

Il faut donc de toutes façons abandonner l'idée que, dans les conditions où elle existe, la représentation par le suffrage universel établisse le gouvernement de la majorité numérique avec quelque exactitude et que, si elle n'est pas autre chose, elle soit du moins comme un miroir des opinions individuelles se traduisant par la délibération et le vote en lois ou en résolutions qu'aurait à exécuter un pouvoir docile, reflet lui-même et instrument exact de la majorité réelle du pays.

Il n'est pas possible de croire que répondant à une conception de la représentation plus ancienne historiquement que la conception numérique, notre institution représentative soit davantage une délégation à peu près proportionnelle des intérêts corporatifs ou professionnels de la nation mis en présence pour se faire valoir respectivement, comme quelques-uns souhaiteraient qu'elle devînt, par une sorte de retour aux premières tendances de la représentation dans l'histoire. Pour atteindre à ce but, il faudrait évidemment un agencement électoral tout autre que les circonscriptions territoriales qui ne se fondent exclusivement que sur la contiguïté locale, indépendante souvent des intérêts professionnels; agencement corporatif qui, dans l'état de nos mœurs, n'est pas praticable et qui d'ailleurs offrirait bien des dangers en donnant trop d'essor à l'esprit particulariste et en sacrifiant l'intérêt des individus isolés ou des minorités, à celui des personnes morales considérables organisées pour faire triompher leur influence[1]. Actuellement, il suffit pour prouver combien on est loin du résultat qui consisterait à réaliser, dans le Parlement, la représentation des intérêts collectifs confiée à des délégués professionnels, de rappeler que la présente Chambre comprend sur 580 membres, 120 avocats, 52 médecins, 36 publicistes et seulement 21 commerçants, 21 agriculteurs, 10 ouvriers et artisans, etc. Il n'existe assurément aucune relation entre ces proportions dans les professions représentées et l'importance respective réelle des différents intérêts matériels ou moraux du pays.

Quand on va à la réalité des faits, il faut bien admettre que notre représentation nationale actuelle n'est ni ce que la théorie démocratique vou-

1. Voir sur ce sujet une étude de M. A. Prins sur *Le régime corporatif et la représentation des intérêts* (1887). M. Prins préconise une réforme électorale générale dans ce sens. Elle ne nous paraîtrait applicable et même désirable, dans certaines limites, qu'en ce qui concerne le Sénat. Dans certains pays (notamment l'Espagne) celui-ci réserve déjà quelques-uns de ses sièges aux représentants de catégories sociales qui ne sont pas élus directement à la Chambre-Haute, mais désignés par leur dignité ou fonctions, ou par la cooptation de leurs collègues. C'est, croyons-nous, une façon de procéder qui s'étendra et donnera de bons résultats en ouvrant les assemblées à des illustrations ou des capacités que le suffrage direct y enverrait trop rarement.

drait qu'elle fût, à savoir, une représentation vraiment numérique, conférant la puissance législative au nombre, proportionnellement au nombre; ni ce qu'elle a été dans d'autres pays et à d'autres époques, une représentation à la façon anglaise ancienne, c'est-à-dire la constitution d'un corps aristocratique et recruté par des moyens aristocratiques, d'une oligarchie de gouvernants ou de soutiens des gouvernants; ou la représentation d'intérêts de classe, de ceux de la noblesse antique ou récente, ou de la bourgeoisie riche comme sous la Restauration et la monarchie de Juillet. Elle n'est pas non plus une assemblée d'obéissance dans sa majorité, de protestation violente dans sa minorité, comme le Corps législatif à la fin du second Empire; ni le résumé de grands courants monarchiques et républicains, libéraux et rétrogrades, incarnés dans des partis disciplinés, se combattant pour la possession du pouvoir, comme pendant les années qui ont suivi la guerre de 1870; ni une représentation à peu près proportionnelle des intérêts matériels et professionnels du pays s'opposant l'un à l'autre dans une libre discussion, suivant un idéal qui n'a jamais jusqu'ici été réalisé.

Notre représentation nationale actuelle, ne répondant nettement à aucun de ces types, est assurément quelque chose de confus et dans lequel il y a beaucoup de fiction, un organisme difficile à définir, qui a varié dans sa composition et ses tendances avec les circonstances, avec les changements qui ont été adoptés dans le mode de scrutin [1],

1. Scrutin de liste : 1871. — Scrutin d'arrondissement : 1875. — Scrutin de liste : 1885. — Scrutin d'arrondissement : 1889.

mais qui s'éloigne de plus en plus de la représentation telle que l'avaient conçue d'une façon abstraite les esprits libéraux du début du siècle. Depuis que les graves questions soulevées par les événements de 1870 et qui agitaient de grandes passions, ont été successivement tranchées sans appel, il s'est produit une profonde modification dans le mécanisme représentatif et constitutionnel. A mesure que dans la compétition ardente des partis, la défaite des défenseurs de la monarchie devant le corps électoral est apparue comme définitive et irrémédiable, à mesure que la forme républicaine et les lois qui lui servaient de garantie ont dû être acceptées par tous, les grandes divisions d'opinion se sont atténuées; le personnel parlementaire s'est transformé: les tendances particularistes, la médiocrité des idées et des intérêts, la vulgarité des ambitions ou des rancunes déjà trop sensibles, même dans les luttes du passé, se sont considérablement accentuées dans le corps électoral et dans le corps élu: les questions de personnes, les haines individuelles ou locales, les appétits de coterie ou de clocher, les ambitions ou les regrets de portefeuilles l'ont plus que jamais emporté sur les questions de principes, de doctrines ou de croyances. Ce n'est pas un défaut nouveau du suffrage universel. Il y a déjà près de quinze ans que des politiques marquants, réclamant avec passion le rétablissement du scrutin de liste supprimé en 1875, indiquaient les lacunes ou les vices des derniers Parlements recrutés au scrutin uninominal et se ressentant de cette origine trop étroite; qu'ils signalaient la situation fâcheuse faite aux élus par les pressions électorales, résultat des passions locales et des coalitions d'intérêts mesquins incarnés dans les comités locaux. On prétendait, grâce au scrutin départemental, faire disparaître ces tares des assemblées délibérantes: « Avec le scrutin de liste, disait M. Bardoux en soutenant la réforme électorale provoquée et défendue ardemment par Gambetta et repoussée, de son vivant par le Sénat, celui qui est nommé est indépendant de tous les intérêts étroits et de tous les agents électoraux. C'est le remède unique à un mal qui va grandissant, le relâchement des ressorts gouvernementaux et l'ingérence des députés dans l'administration... L'élection départementale vous élevant au-dessus des coteries, vous permettra de ne vous occuper que des intérêts généraux... elle substituera à l'influence de clocher l'influence des intérêts généraux et ces grands souffles qui seuls désormais peuvent influencer la politique »...

Les résultats du scrutin de liste, adopté après la mort de Gambetta, n'ont pas été, au point de vue de l'élargissement du suffrage universel, ceux qu'on en avait attendus. Les comités n'ont point été atteints dans leur puissance. Les pressions étroites se sont retrouvées dans les comités départementaux avec autant de force que dans ceux d'arrondissement. L'influence électorale est demeurée dans les mêmes mains.

« Les listes, écrivait, quelques années après la réforme, un des anciens défenseurs du grand scrutin, sont dressées par des comités qui ne doivent leur nomination qu'à eux-mêmes, véritable génération spontanée de politiciens sans mandat et sans responsabilité, mais d'autant plus impérieux, arbitraires et tyranniques. Ce n'est pas même l'élection à deux degrés. L'élection, dans ce cas, suppose, en effet, la participation directe de l'électeur à la confection des listes. Où trouver, dans l'espèce, trace de cette participation? Les communes paisibles, laborieuses, n'ont pas même de comité. Dans les communes plus remuantes, ce ne sont pas d'ordinaire les plus qualifiés par l'expérience, l'honorabilité, les services rendus qui se constituent en comité; ce sont les autres... L'ensemble de ces comités ainsi constitués au cabaret, compose le plus souvent la réunion des délégués départementaux. Ces délégués ne représentent qu'eux-mêmes, mais ce sont eux qui font la loi... Comme l'élection au scrutin départemental coûte fort cher et comme les comités n'ont point de caisse, on inscrit d'abord sur la liste quelque richard, tantôt un gros propriétaire que la mouche politique a piqué, tantôt un aventurier de la finance ou de l'industrie à qui le mandat de député doit servir de passe-port et de pavillon pour ses affaires. Celui-là fera les frais. Puis à côté de lui, les politiciens du cru, avocats sans cause, médecins et vétérinaires sans clients, qui feront la campagne des réunions. Quand le suprême conseil des meneurs est habile, *il a soin de représenter sur sa liste chaque arrondissement*. C'est lui qui fait le programme, véritable table des matières de toutes les prétendues réformes que prônent les journaux à un sou. Les sept, huit, dix candidats qui ont été ainsi désignés paraissent à tour de rôle sur l'estrade de l'assemblée plénière : ils débitent leur boniment et sont presqu'aussitôt acclamés les candidats du parti. Dans tout cela que devient la souveraineté indépendante du suffrage universel ? Le propre de la démagogie, c'est de vouloir faire parler le peuple. « Le peuple veut... le peuple veut... » On l'a fait parler tout le temps et c'est à peine en réalité s'il a ouvert la bouche pour épeler la longue liste de ses représentants[1]. »

Un publiciste distingué avait devancé cette opinion dans le jugement qu'il portait de l'Assemblée de 1885, issue du « grand scrutin » : « La Chambre élue, en 1885, au scrutin de liste, n'a pas paru porter manifestement la marque de sa haute origine. On n'a pas observé que le niveau intellectuel et moral de la représentation nationale se fût sensiblement relevé. Les grands courants d'opinion se sont obstinés à se diviser en un grand nombre de petits ruisseaux fangeux. Les questions de personnes ont continué à tenir la première place dans les luttes électorales. Les intérêts de clocher n'ont pas été plus que par le passé subordonnés à l'intérêt général. Après avoir eu un député à leur service, ils ont eu tous les députés du département, et les ministres au lieu de voir entrer dans leur cabinet le député d'arrondissement acharné à la nomination d'un juge de paix ou à la révocation d'un receveur buraliste, ont eu affaire à la députation en corps, également échauffée d'un zèle solidaire pour le même objet. La députation est devenue une puissance si redoutable et si incontestée que l'usage

1. J. Reinach. *Politique opportuniste*, p. 86.

s'est établi dans les ministères de ne plus rien faire sans son aveu et d'obéir ponctuellement à ses ordres... « Adressez-vous à la députation... avez-vous pour vous la députation?... » Ces formules sont passées dans le style administratif. Point de députation, point d'affaires! A la rigueur, un ministre ou un directeur général peuvent se défendre contre un député. Mais que faire contre une députation? » [1].

La peur du boulangisme, triomphant dans plusieurs départements, les intérêts de parti et les influences individuelles ont fait, en 1889, rétablir le scrutin d'arrondissement. On ne pouvait en espérer une plus grande indépendance des représentants, ni un affaiblissement des comités locaux.

A travers les changements de scrutin, les renversements de ministères, les variations de la politique intérieure, il semble bien que ceux-ci soient demeurés les véritables maîtres des élections. Dans la réalité des faits, et c'est un résultat digne d'être noté, actuellement, le recrutement des deux Chambres s'opère également par un organisme qu'il serait vraisemblablement difficile, après la longue pratique apparente du suffrage direct appliqué à l'élection des députés, de faire adopter législativement pour la nomination de la Chambre basse, à savoir par le suffrage à deux degrés. Seulement les électeurs du deuxième degré se désignent eux-mêmes ou sont choisis obscurément par un petit nombre d'acolytes irresponsables, lorsqu'il s'agit de

1. Heurteau (*Journal des Débats*).

l'élection des députés, tandis qu'ils sont désignés d'avance par la loi ou par un mécanisme réglé, s'il s'agit du Sénat. « Trois ou quatre cents personnes au plus, écrit un ancien député, M. H. Germain, dans chaque département, rédigent les programmes et choisissent les noms des futurs représentants... Celles-là font de la politique leur carrière : elles veulent surtout et avant tout, je ne dirai pas le pouvoir, mais les places. Ces politiciens trouvent plus commode de se faire agents électoraux pour arriver aux fonctions publiques que de s'y préparer par de longues études. Ce sont ces cinquante mille personnes qui actuellement dirigent le suffrage universel et disposent des 7 ou 8 millions de voix qui se trouvent dans les urnes. » — « Par les comités électoraux, affirme à son tour un observateur sagace, M. Paul Laffitte, l'armée des politiciens se tient les coudes : elle va de victoire en victoire et se prépare, si nous n'y prenons garde à s'emparer de la République. Que sont ces comités électoraux ? D'où tirent-ils leur autorité ? Il semble que si le principe de l'élection ait quelque part une application légitime, ce soit ici : on concevrait chaque groupe d'électeurs nommant un délégué, les délégués se constituant en comité, le comité choisissant un ou plusieurs candidats : ce serait le suffrage universel dans son intégrité, dans sa sincérité. Est-ce là ce que nous voyons ? Un comité se forme, on ne sait comment : on ne le connaît pas et on ne connaît pas davantage ses candidats. Il n'importe ! Un inconnu patronné par cinquante inconnus n'est plus un inconnu.

« Je ne sais pas de plus grande merveille de notre

temps que la puissance des comités. Sans eux les politiciens ne seraient que des individualités isolées; par eux ils sont légion[1]. »

« Pendant la dernière et récente période électorale, dit un correspondant du *Journal des Débats*, bien informé de la France provinciale, préfets, sous-préfets, conseillers généraux, conseillers municipaux, ont été peu de chose à côté des comités locaux. Les membres de ces comités étaient d'autant plus assurés de conserver leur mandat qu'ils se l'étaient donné à eux-mêmes. Le rôle qu'ils ont joué dans ces quinze dernières années est immense et l'histoire de notre temps oublierait d'éclairer sa lanterne si elle n'en tenait pas le plus grand compte. L'administration a véritablement abdiqué entre les mains des comités. — C'était là une simplification de sa tâche; mais quels en ont été les résultats? Jamais, à aucune époque, il n'y a eu chez nous ni probablement ailleurs, moins de gouvernement ni moins d'administration qu'aujourd'hui, Leur rôle s'est borné à distribuer des faveurs, mais sur des indications venues du dehors. Ils n'ont pas dirigé, ils ont été dirigés. L'initiative en toute chose leur a échappé pour passer entre les mains de ces syndicats locaux dont les chargés d'affaires s'appellent députés ou sénateurs. *Le pouvoir exécutif n'a fait qu'exécuter les volontés de ces maîtres.* »

1. *Le suffrage universel et le régime parlementaire.*

IV

Le pouvoir exécutif serviteur docile du législatif, c'est là un fait qui, pendant les dernières années, a frappé tous les yeux, qui a donné une gravité extraordinaire aux vices d'organisation de la représentation du suffrage universel, reposant, comme nous venons de le voir, sur un système qui offre les inconvénients du suffrage à deux degrés sans en avoir les avantages, plus ardente à faire prévaloir ses visées à la souveraineté effective à mesure qu'elle était placée dans des conditions moins favorables pour l'exercer. Cette prétention des Chambres au gouvernement presque direct n'avait pas été prévue par les anciens prôneurs du régime représentatif.

« Voici ce qui est arrivé chez nous au suffrage universel, disait le regretté Scherer, dans un discours remarquable au Sénat, où il résumait nettement les théories pricipales de la représentation : « Au lieu de rester ce qu'il était à l'origine, un instrument de représentation nationale, il est en train de devenir une forme de gouvernement. Le suffrage universel, ainsi que son nom l'indique, n'a été d'abord que le droit reconnu à chacun de donner sa voix à ceux de ses concitoyens qu'il jugeait capables de légiférer et de gouverner.

« On supposait, avec une complaisance évidemment exagérée mais qui, en somme, ne dépassait pas trop les bornes de la fiction inhérente à toutes les institutions politiques; on supposait tous les

Français majeurs, en état de discerner les hommes auxquels ils pouvaient, en sécurité, remettre le soin de la chose publique.

« Mais on n'en est pas resté là, et, par une perversion manifeste de la donnée primitive, on attribue maintenant à la masse de nos populations non plus seulement la capacité de choisir ses représentants, mais celle de leur dire ce qu'ils auront à faire. Le suffrage universel, comme on l'entend maintenant, ne charge plus ses délégués de discuter selon leurs lumières et de voter selon leur conscience; il leur impose sur toutes les questions, des solutions toutes faites... On n'attend plus du législateur qu'il se prononce dans la liberté de son propre jugement et selon les clartés que lui apportera la discussion : on lui fait souscrire un programme. Le député ou le sénateur ne reçoit plus une mission de confiance, il prend des engagements et il aura à rendre compte de son exactitude à les remplir.

« Bien entendu, d'ailleurs, que les masses n'ayant ni le loisir, ni l'instruction nécessaires pour connaître les questions pendantes, ce sont les comités électoraux qui se substituent à l'électeur et qui imposent leurs conditions aux candidats. »

La théorie du régime représentatif classique était tout autre. Elle prétendait que le gouvernement dépendît, par son origine et par sa soumission au contrôle parlementaire, de la représentation du pays, mais non pas qu'elle se confondît avec lui, ni lui fût entièrement subordonnée.

« Il y a une différence essentielle, affirme S. Mill, entre contrôler la besogne du gouvernement et l'accomplir réellement. Il est admis, dans tout pays où le système représentatif est compris en principe, que des corps représentatifs ne doivent pas administrer. Nulle collection d'hommes n'est propre à l'action, mais une assemblée populaire en est encore plus incapable. En réalité le Parlement anglais ne décide qu'une seule question, celle de savoir lequel, entre deux partis ou trois au plus, fournira le personnel du gouvernement exécutif; l'opinion du parti lui-même désigne lequel de ses membres lui paraît le plus propre à être son chef[1]. »

C'est la même opinion que soutient un observateur profond et sagace de la constitution britannique : pour Bagehot comme pour S. Mill, le Parlement est, avant tout, un collège électoral chargé d'élire un cabinet. « Il est bon, dit-il, d'insister là-dessus jusqu'à satiété[2]. » Et il y insiste en décrivant les conditions dans lesquelles l'assemblée est placée pour remplir ce rôle : « Ce qui fait que la Chambre des communes arrive à accomplir son œuvre, c'est qu'elle a une organisation disciplinée... Lord Brougham et lord Bolingbroke ont employé leur verve à attaquer le système qui consiste à gouverner au moyen des partis; ils enlevaient au Parlement les éléments qui le rendent possible. Actuellement la majorité du Parlement obéit à certains chefs; elle appuie leurs projets et rejette les mesures qu'ils n'approuvent pas... obéir aux chefs est le grand principe accepté du Parlement. Ce qui se passe dans les circonstances peu

1. *Gouvernement représentatif*, tr. fr. p. 105.
2. Bagehot, *op. cit.*

importantes doit arriver à plus forte raison quand il s'agit d'élections qui se renouvellent souvent et qui ont un objectif si grave : le choix des gouvernants. La Chambre des communes est toujours appelée virtuellement à faire des élections; à chaque instant, elle peut avoir à choisir ou à renverser un ministère : aussi, l'esprit de parti est de son essence, c'est la chair de sa chair et l'âme de son âme. »

Pour un Anglais qui analyse avec rigueur les conditions dans lesquelles a longtemps fonctionné et devrait toujours fonctionner dans son pays le régime parlementaire, les abstractions où se sont complu nos théoriciens et qui ont plus ou moins passé dans bien des esprits sur les attributs des parlements, incarnation toute puissante et agissante de la souveraineté de la nation, ces abstractions ont, on le voit, fait place à l'idée d'un organisme très spécial, issu des choix de la nation elle-même, mais de la nation, non plus considérée dans l'éparpillement théorique d'individus juxtaposés à l'état d'unités égales et voulant trouver, dans une assemblée élue, la représentation exacte et en quelque sorte continue de leur souveraineté, ou une délégation expresse et toujours efficace de leurs opinions individuelles ou de leurs intérêts. Le régime suppose au contraire la nation formant des groupes de volontés, coordonnées et disciplinées en vue d'un but bien déterminé, qui est la constitution d'un gouvernement désigné par la majorité et placé sous le contrôle d'une minorité qui cherche, soit à l'intérieur du Parlement, soit par le recrutement de nouveaux membres dans le pays, à devenir majorité. Une image de lutte, de compétition pour le pouvoir, mais réglée par certaines formes, par certaines règles et assurant la surveillance constante du parti vainqueur par le vaincu, est, de cette façon, substituée à celle qu'a souvent fournie en France l'ancienne métaphysique politique et qui a le défaut d'ouvrir aux corps délibérants un horizon beaucoup trop vaste à la fois et mal défini.

Dans cette conception du régime parlementaire, le Parlement agit par des groupes de volontés qui luttent pour acquérir régulièrement, et à la lumière d'une libre discussion, le droit de désigner le gouvernement, et pour qu'une fois nantis du gouvernement, les chefs de ces groupes *gouvernent* en se sentant soutenus par leurs partisans, sous les yeux des représentants des groupes adverses et de l'opinion publique tenue en haleine par une presse indépendante. Dans ces données, le groupement du pays en partis disciplinés et poursuivant un but politique précis qui est l'exercice du pouvoir par un groupe d'hommes pris le plus souvent parmi les représentants et sous l'œil vigilant des représentants, apparaît comme la racine nécessaire d'un gouvernement parlementaire fidèle à son essence.

L'existence des partis et leur diversité ne sont pas, en général, dues à des causes passagères ou fortuites. Ils se retrouvent dans tous les pays où une certaine liberté règne[1]. Ils sont issus de cir-

1. « Les partis politiques, écrit Bluntschli (*La politique*, p. 319), se manifestent d'autant plus nettement que la vie politique est plus libre. C'est chez les peuples les mieux doués politiquement que leurs formations sont plus achevées. Les partis sont l'expression et la manifestation natu-

constances complexes où la combativité naturelle aux hommes, les conditions de race ou de religion, les souvenirs d'histoire, les intérêts, les préjugés, les compétitions régionales ou locales tiennent leur place et sur lesquelles, seul le temps agit, en les modifiant, soit par adoucissement, soit par transformation. La tyrannie semble parfois les effacer temporairement: elle ne peut les supprimer. La force des choses les fait revivre. Ils existent, comme les passions ou les intérêts dont ils sont l'incarnation et qui ne sauraient disparaître brusquement.

Les partis sont des organisations de lutte, donc par définition même passionnés, et souvent donc encore, injustes. Il faut s'y résigner et admettre que qui dit parti, dit méconnaissance de certaines vérités et exagération de certaines autres, complaisance pour certains hommes et inimitié souvent peu équitable ou excessive contre les adversaires, d'où mépris de la vérité absolue, du droit, de la charité, toutes choses qui, dans une nation de philosophes, devraient être soigneusement respectées: mais la politique se débat dans un monde tout relatif. Le groupement et l'équilibre fragmentaires établis par l'esprit de parti ont été le moyen de régler par une première coordination le désordre résultant de l'éparpillement des molécules sociales hostiles. Il en est comme de la formation des nationalités. La

relle et nécessaire des grands ressorts cachés qui animent un peuple. »

Sur les causes psychologiques de la diversité des partis et de leurs rapports avec les âges de la vie, voir : *Lehre von den politischen Parteien* (Rohmer, 1844.)

répartition de la population en petits groupes locaux qui vont se développant et qui finissent par se ranger en vastes agglomérations, est un progrès vers l'unité. Les unités partielles se font longtemps la guerre, et bien des siècles s'écoulent avant que sous la pression d'un danger extérieur commun, et sous l'impulsion d'un organe central assez puissant pour imposer la loi, des conventions règlent au lieu de la force les rapports des groupes naguère ennemis : mais cette opposition de quelques grandes unités provinciales est historiquement préférable à la subdivision primordiale en petites tribus et encore plus à la dispersion en simples hordes : car la guerre existait aussi bien entre ces atomes sociaux, et leur fusion en collectivités en quelque sorte primaires est la première condition essentielle d'une fusion et d'une harmonie plus vaste et plus complète. Il en est de même du groupement des opinions et des intérêts qui se lient, non plus par simple voisinage et comme par contiguïté matérielle et locale, mais qui réunissent à travers la distance les citoyens ayant des rapports de croyances, de passions ou de besoins communs. Ce groupement qui se superpose au groupement purement territorial, représente un stage de civilisation déjà plus avancé : s'il repose sur des éléments défectueux de la nature humaine et s'il les développe en quelque façon par le contact de défectuosités du même ordre, il s'appuie aussi sur des qualités de caractère et d'esprit qu'il tend à mettre en valeur par le rapprochement, par l'exercice et la pratique. Il suppose l'esprit de combativité et celui de dévouement, la haine et le respect, l'ambition ou la cupidité et l'abnégation personnelle, en somme, les conditions de la vie journalière aussi bien des collectivités que des individus, avec cette supériorité sur les mobiles individuels que, dans les efforts des partis, le bien commun est toujours censé associé ou supérieur aux profits particuliers et que l'organisation même du parti est une première coordination hiérarchique et disciplinée des volontés vers un but d'intérêt général ou relativement général. « Parmi les forces qui agissent sur l'humanité, a écrit H. Sumner Maine, aucune n'a été moins étudiée que l'esprit de parti, et cependant il n'en est pas qui mérite une attention plus sérieuse. La difficulté que les Anglais éprouvent notamment à en examiner la nature, rappelle l'embarras qu'éprouvaient jadis les gens expérimentés quand on leur parlait du poids de l'air. Il les enveloppait si uniformément et pesait sur eux si également que la théorie nouvelle leur semblait incroyable. » — « Les bons effets de l'esprit de parti, avait déjà dit Burke, ont été nombreux et importants. Le premier a été qu'il a imprimé de la suite et de la cohérence aux opinions des hommes politiques. L'attachement à leurs principes les met à même de résister aux tentations de l'intérêt privé. Leur caractère s'élève, leur esprit acquiert de la suite... Enfin, l'union d'un grand nombre de personnes sous un même drapeau donne au gouvernement la force nécessaire pour faire les lois qu'exige le bien du pays. »

Un esprit politique, ne doit pas, comme pourrait le faire un philosophe, condamner au nom de la raison ou de la liberté l'existence des partis, ce qui serait protester, d'ailleurs, contre l'inévitable; il doit rechercher quelles sont les conditions nécessaires pour que l'action de l'esprit de parti se répande d'une façon bienfaisante, quoique souvent inaperçue, sur l'ensemble de la vie politique et comme l'atmosphère, facilite et égalise les mouvements sociaux ; pour que des associations compactes, permanentes, ou du moins pourvues de durée relative, se substituent dans la mêlée des affaires à des combattants isolés, mus par des mobiles étroits et passagers, sans lien avec le bien général. Il semble que là comme ailleurs, une longue expérience seule enseigne aux peuples le meilleur moyen de tirer profit de combinaisons sociales qui sont souvent le fruit de circonstances historiques spéciales ou temporaires. L'histoire des grands partis politiques anglais depuis le XVIIIe siècle est classique, et tout le monde sait que le balancement des deux grandes fractions du Parlement a permis, après bien des résistances de la royauté, l'organisation et le développement chez nos voisins du gouvernement parlementaire poussé à un haut degré de perfection relative. On n'a plus revu dans aucun pays, et on ne voit plus même en Angleterre actuellement, ce qui s'y est vu passagèrement depuis le siècle dernier, cette répartition des forces politiques en deux armées dirigées par des chefs expérimentés et obéis, toujours prêtes à se combattre, mais prêtes aussi, après la victoire, à se substituer l'une à l'autre pour gouverner. Il s'est opéré dans les opinions comme dans les intérêts, des divisions et des subdivisions nouvelles qui ont singulièrement compliqué l'échiquier politique et ouvert la voie à toutes sortes de combinaisons, de compromissions factices nécessaires pour faire fonctionner momentanément l'organisme constitutionnel, mais foncièrement contraires, en somme, aux conditions initiales du régime parlementaire. De là sont nées les difficultés à travers lesquelles le régime représentatif se débat dans les États de l'Europe qui l'ont adopté depuis le commencement du siècle. Ils en ont tiré « des fruits de justice inconnus aux sociétés aristocratiques » (Boutmy) mais à côté des bienfaits du gouvernement de partis, ils en ont vu les difficultés d'application presque insurmontables dans certaines conditions de transformation ou de groupement des partis eux-mêmes, et qui vraisemblablement entraîneront, dans des circonstances déterminées, de nombreuses modifications des règles parlementaires traditionnelles.

Il faut remarquer, en effet, que dans les conditions nouvelles où il est placé, partout le régime représentatif marche défectueusement ; tous les peuples, sans le supprimer cependant, s'en plaignent. La crise est générale, et va toujours s'aggravant. Déjà, il y a quelques années, M. de Laveleye, sans distinguer les différentes formes du gouvernement constitutionnel, en traçait un tableau assez décourageant. « En Angleterre, écrivait-il, dans son pays d'origine, il a presque cessé de fonctionner : sans cesse arrêté, il n'est presque plus capable de faire des lois[1]. Aux États-Unis, le Congrès est de-

1. On sait que dans ces derniers temps, pour aboutir, malgré l'obstruction des partis hostiles, il a fallu que la majorité décidât. sur la proposition du cabinet libéral, que tel projet serait soumis au vote à une date déterminée même

venu le champ-clos des politiciens vulgaires... En Italie, le Parlement est un kaléidoscope... Les groupes sont sans cesse en voie de transformation. Une interpellation, un ordre du jour, une crise, un changement de ministère, voilà tout le mécanisme parlementaire[1]. En Allemagne, le Parlement a été longtemps maté ou annihilé par la volonté de fer d'un grand ministre, et aujourd'hui il l'est par celle d'un jeune empereur. En Espagne, les Chambres font peu de besogne. En Autriche, le Reichsrath est réduit à l'impuissance par les rivalités des nationalités qui s'y entrechoquent. Dans l'unique Chambre de la Grèce, les partis se livrent à des combats atroces où l'intérêt du pays est complètement oublié. Le seul pays où le gouvernement parlementaire fonctionne dans des conditions à peu près normales est la Belgique, parce qu'il n'y a dans les Chambres que deux partis... La ligne de démarcation est si tranchée que ni parmi les représentants ni parmi les sénateurs il n'y a de chaque côté, un seul dissident, un seul vote douteux. Dès que l'intérêt de parti est en jeu, les votes sont parfaitement connus d'avance... Quand un cabinet s'appuie sur une majorité réunie par des liens d'opinions communes, il peut faire adopter ses projets de loi, exiger le sacrifice des dissidences et gouverner avec autant d'autorité et

s'il restait des amendements à discuter ou des discours à prononcer. C'est ce qu'on a appelé la *guillotine parlementaire*.

1. Voir sur la désorganisation parlementaire de l'Italie, Berl. : *Les deux Rome. Revue de Paris*, 1er octobre 1894. Les derniers événements ont singulièrement aggravé cet état de choses et tourné à la dictature ministérielle.

de suite que les ministres d'un gouvernement absolu ».

Ces dernières conditions sont, l'expérience l'a prouvé, tout à fait exceptionnelles : même en Belgique, comme le fait s'était déjà produit en Angleterre, elles ont été totalement modifiées récemment par la constitution d'un troisième parti, celui des socialistes, auquel le suffrage universel a, dès ses premiers pas, donné une puissance redoutable. Malgré ses défauts et ses périls résultant de circonstances sociales et politiques nouvelles, le régime représentatif a cependant partout subsisté et s'est même étendu à une bonne partie du monde civilisé, en y comprenant l'Amérique espagnole et les colonies anglaises. « Je préfère une chambre à une antichambre », disait Cavour à un interlocuteur qui attaquait les institutions constitutionnelles. Les peuples ont prouvé qu'ils en étaient là et qu'ils craignaient plus encore qu'un système représentatif défectueux et semé d'écueils le pouvoir absolu, arbitraire et sans contrôle.

Il faut bien dire d'ailleurs que la mission du régime représentatif n'est pas exactement la même, ni circonscrite dans les mêmes attributions pour tous les peuples et pour tous les degrés d'organisation politique : il n'offre pas partout les mêmes dangers, ni par contre, en cas de succès, les mêmes garanties.

Dans certaines circonstances, le régime représentatif peut être, comme il l'a été en Angleterre et ailleurs, une sorte de lutte pacifique entre des partis historiques pour installer et consacrer au pouvoir une dynastie ou un principe de gouvernement plus ou moins libéral. Il peut encore être, dans certains pays à organisation unitaire restée incomplète (comme l'Autriche), une compétition à coups de bulletins pour faire triompher la domination ou l'influence prépondérante de telle ou telle nationalité ou de telle ou telle confession. Il peut être, dans certains États fédératifs, comme la Suisse ou les États-Unis, ou monarchiques comme la Prusse, un compromis entre le pouvoir responsable d'un chef ou d'un conseil élu ou d'un monarque héréditaire, et le *self government* représenté par des corps délibérants, chargés de voter les budgets, l'impôt et les lois, mais ne disposant pas du droit d'instituer ou de renverser les ministres par leurs suffrages. Même dans ces conditions, qui limitent son action et son rôle, ses bienfaits sont considérables, car il remplace l'émeute ou la guerre civile par l'urne qui reçoit et balance les votes et substitue la consultation régulière du pays à la violence des factions; il établit un contrôle de la nation sur ses finances et la gestion de son gouvernement, et permet aux courants d'opinion de se manifester même s'ils n'ont pas la sanction directe de la formation et du renversement des cabinets.

C'est là, en quelque sorte une phase préparatoire du véritable régime parlementaire, forme qui réclame pour fonctionner des conditions particulières et dont la difficulté réside dans l'antagonisme presque inévitable de la représentation du pays et du pouvoir exécutif s'ils ont pour origine le même corps électoral; dans la subordination nécessaire de l'un à l'autre, si l'un tire son autorité soit de l'hérédité, soit d'un suffrage plus large que le pouvoir rival. Quelles que soient la forme et le développement qu'ait pris le régime représentatif devenu organe de gouvernement régulier, les partis jouent dans son fonctionnement un rôle essentiel. Ils peuvent se transformer en partis d'opposition constitutionnelle, ou rester des partis d'hostilité irréconciliable. S'ils se rangent à ce dernier rôle, s'ils gardent la prétention d'obtenir par tous les moyens possibles sauf l'appel immédiat aux armes, un nouveau changement de régime ou d'institutions, ou un nouveau triomphe de nationalité ou le rejet de tout ce que propose le gouvernement, s'ils deviennent, en un mot, des factions irréductibles [1], ils peuvent, dans certaines conditions de composition des assemblées électives, rendre le gouvernement représentatif impraticable, quelle que soit sa constitution.

Dans une pareille situation, celui-ci est soumis aux éventualités les plus fâcheuses: il est amené par les coalitions des partis adverses à ne jamais constituer d'établissement stable. Elles empêcheraient même toute existence nationale, si l'hostilité des partis ne s'arrêtait pas devant la crainte de l'étranger et interdisait par exemple le vote des lois militaires ou d'organisation de la défense, ou si elle refusait le budget d'une façon continue.

Dans un gouvernement véritablement et complètement parlementaire, l'alliance des factions peut encore bien plus facilement réduire le fonctionnement du système à l'impuissance absolue. Les

1. « Un parti n'est plus qu'une faction, écrit Bluntschli, quand il se met au-dessus de l'État, quand il subordonne les intérêts de l'État aux siens, le tout à la partie ».

coalitions des groupes minent et culbutent toutes les combinaisons ministérielles tout en n'ayant rien de prêt pour les remplacer : elles discréditent les pouvoirs publics, dépopularisent l'idée même de la représentation nationale sur laquelle tout le régime repose. Les assemblées délibèrent et votent les lois non plus en considération du bien général, mais en vue d'intérêts de partis. Les majorités qui les adoptent ou les rejettent, essentiellement mobiles et variables, se contredisent à courte échéance. Les partis qui veulent défendre la Constitution sont forcés à une union presqu'aussi factice que celle de ses adversaires, union trompeuse où les divisions nécessaires et normales des opinions sont sacrifiées à une sorte de concentration vague, en contraignant les cabinets à flotter entre des directions diverses, sans unité de vues ni de conduite, de façon à maintenir entre des groupes peu tentés de rester rapprochés, l'unité artificielle qui assure provisoirement l'appui d'une majorité.

Par la force même des choses, cette concentration se fait aux dépens des idées modérées et au profit des groupes les plus passionnés ou les plus hardis, ceux-ci vendant leur concours momentané au prix de concessions immédiates, quitte à reprendre ensuite leur hostilité si on ne leur en accorde pas de nouvelles, et les groupes modérés subordonnant tout au désir de cohésion en face des menées anticonstitutionnelles : ce qui n'empêche pas d'ailleurs la désagrégation périodique et fréquente d'une majorité aussi peu homogène et la formation de coalitions de partis extrêmes divergents par leurs principes politiques et sociaux, mais toujours prêts à s'allier pour ruiner le gouvernement.

Ce qui peut résulter d'une pareille situation, il est malheureusement trop facile de le constater chez nous. Si les résultats directs poursuivis par les fauteurs de la politique meurtrière que nous venons de rappeler n'ont pas été atteints, puisque, après tout, ils n'ont pas abouti au renversement de la République recherché par les uns ni au triomphe du radicalisme convoité par les autres, si même il est sorti des faits la preuve patente de l'impossibilité du rétablissement de la monarchie, et d'autre part, de l'éloignement de l'immense majorité du pays pour le radicalisme en tant que gouvernement, de l'impuissance enfin des groupes radicaux lorsqu'on leur offre le pouvoir, les maux produits par le pseudo-parlementarisme qui nous régit n'ont pas moins été désastreux.

L'un des plus graves a été de discréditer successivement et comme de ruiner les chefs de partis, les têtes de colonnes qui sont en réalité la raison d'être et la condition d'existence des partis au point de vue de leur action politique, qui seuls permettent au vrai régime parlementaire de vivre et de fonctionner, puisqu'il ne fonctionne pas sans discipline, et que la discipline sans chefs est jusqu'ici un mythe aussi bien dans la direction des groupes politiques que dans toute entreprise ou toute combinaison qui repose sur l'action simultanée et parallèle des hommes. — Et nous arrivons ainsi à la définition de la seconde condition indispensable au fonctionnement à peu près satisfaisant du régime parlementaire, condition encore plus indispensable lorsque ce régime met en présence par le suffrage universalisé, des opinions, des intérêts, des passions morcelés et comme éparpillés à l'infini et qui doivent cependant se grouper pour atteindre un but commun, le bien du pays, par des moyens concertés.

Cette condition, c'est la présence à la tête des corps de troupes ou des tirailleurs isolés, de chefs politiques, munis d'une autorité suffisamment reconnue et obéie, qui ait pour point de départ le talent, la compétence et l'expérience. C'est la réalisation de cette condition qui, dans les pays où les autres circonstances favorables au parlementarisme ont disparu en totalité ou partiellement, permet encore au mécanisme de marcher à peu près convenablement. De judicieux observateurs ont remarqué par exemple que, sous l'apparence d'un gouvernement impersonnel, nulle part les personnes ne jouent un rôle aussi considérable qu'en Angleterre, même de nos jours, dans la direction générale de la politique[1]. Là, le plus souvent, le groupement des partis se fait autour d'individualités dominantes envers lesquelles l'opinion de leurs partisans est plus d'une fois arrivée à une véritable *androlâtrie*, à un culte qui change parfois d'objet, mais qui reste attaché longtemps au même héros, que ce héros se soit appelé Palmerston, Disraeli ou Gladstone. L'influence de

1. Voir Boutmy, *op. cit.* et *Journal des Débats*, 21 septembre 1888.

Sur l'autorité des chefs de partis en Espagne et la simplification qui en est résultée dans les luttes politiques : cf. Ch. Benoist, *Vingt années de monarchie en Espagne*, *Rev. des Deux-Mondes*, 1er octobre 1894.

pareils chefs, formés dès leur jeunesse et souvent par tradition héréditaire, au maniement des affaires publiques, pourvus de facultés exceptionnelles ou d'un prestige de situation incontesté, efface toutes les dissidences qui existent dans certains groupes, et, au moment de l'action, les réunit sous un drapeau et dans une initiative commune, où tout est calculé, concerté, concordant. Le *premier* d'un côté, le *leader* de l'opposition de l'autre, sont des généraux en chef. Ils ont sous leurs ordres des corps d'armée tout prêts, ayant leur état-major expérimenté et éprouvé, leur personnel longtemps pratiqué, leur organisation offensive et défensive complète, de façon à gouverner, s'ils sont au pouvoir, à remplacer l'ennemi vaincu, s'ils sont dans l'opposition : répondant ainsi sans troubles graves à un besoin de changement qui se produit dans les esprits sous l'influence des courants d'opinion ou des renouvellements de générations, fournissant un certain exutoire aux mécontentements, un point de ralliement aux espérances : système de bascule qui ne va pas sans de graves inconvénients dans les pays où, comme en Amérique, il s'accompagne d'un bouleversement complet dans tous les rouages de l'administration, où le caucus est une sorte d'association aux profits et aux pertes de l'élection conduite souverainement par les meneurs ; mais qui, lorsqu'il est contenu, comme en Angleterre, en des limites raisonnables, concilie dans la mesure du possible les nécessités de la continuité et de la variation dans la direction des affaires humaines.

Pour créer de pareils chefs, organes moteurs des

partis, capables de gouverner quand leur parti est vainqueur et de se faire suivre par leur parti dans la victoire ou dans la défaite, bien des conditions sont nécessaires. Elles sont presque l'inverse de celles parmi lesquelles se sont formés dans ces dernières années, beaucoup de nos chefs parlementaires. Il faudrait aux chefs de partis une grande indépendance d'origine, de situation ou de caractère, car c'est elle seule qui donne l'autorité véritable et durable : or, l'indépendance n'est pas la qualité que recherche avant tout le suffrage universel. La démocratie électorale choisit volontiers pour la représenter des hommes doués du talent de la plume ou de la parole, possédés d'une vive ambition et ayant le tempérament propre à la mettre en jeu, qui souvent, pour y satisfaire, ont tout à conquérir par leur effort personnel. Ils débutent fréquemment dans le journalisme local ou dans les fonctions électives inférieures, et s'accoutument de bonne heure à s'incliner, pour réussir à emporter leurs premiers avantages, devant les passions de clocher ou de coterie. Cette première abdication d'indépendance pèse sur toute leur existence politique, et elle pèse également sur celle des candidats plus indépendants de situation qui sont forcés de les imiter pour lutter contre eux avec quelque chance de succès dans l'arène électorale. Malgré la supériorité d'intelligence ou de talent (le suffrage universel a trouvé des représentants éminents sous ce rapport, comme si les difficultés mêmes de la lutte pour parvenir avaient fait saillir et s'aviver les qualités nécessaires à en triompher), les candidats prennent ainsi le pli de la servilité électorale et ne s'en délivrent plus. Dans les conseils municipaux ou généraux, à la Chambre, au Sénat, partout où le vent de la confiance populaire, constamment ménagée, les porte, on les voit chercher d'où viennent et où vont les courants. Leur intelligence ou leur talent ne leur sert pas, le plus souvent, à se hausser au-dessus de ces courants pour les dominer, les rectifier, les ralentir, les dériver ou les combattre, mais à se mettre en relief dans l'entraînement général pour se faire choisir. La souplesse de fond, accompagnée d'un certain éclat de forme, devient la première qualité des personnages parlementaires. Pourvu qu'ils l'appliquent à résoudre ou souvent à éluder les affaires aussi bien qu'à manier les hommes, ils franchissent rapidement les grades de l'armée représentative, et des commissions en vue ou des fauteuils du bureau passent aux portefeuilles. Les obscurs des assemblées suivent volontiers aux urnes des chefs de ce genre, tant qu'ils sentent qu'ils servent en les soutenant leur propre situation électorale : leur fidélité vient surtout d'un rapprochement d'intérêts personnels qui se sentent d'autant plus garantis que les liens qui les rapprochent sont plus aisés à dissoudre s'il le faut. C'est un accord qui ne survit pas à des circonstances passagères. De pareils chefs sont vite usés, et les groupes mobiles qui les suivent, les abandonnent à la première faute ou même à la première alerte. Il s'est fait, dans ces conditions, depuis vingt-cinq ans[1], une consommation de chefs

1. Depuis 1870, trente-cinq cabinets se sont succédé aux affaires.

et de sous-chefs de partis, vraiment effrayante. Les attaques d'une presse déchaînée et effrénée, répandue par millions de feuilles sur tout le territoire, distribuée à un sou dans les villes et les campagnes, saturant et empoisonnant sans contre-poids, sans contre-poison, les intelligences ou plutôt les crédulités populaires, de mensonges, de calomnies, d'insultes grossières contre les partis adverses et contre les pouvoirs publics, ont créé dans la nation une atmosphère malsaine de suspicion et de délation : les dénonciations d'aboyeurs avides de scandale, qui vivent matériellement des profits du scandale, ont exagéré, en les généralisant, des défaillances ou des hontes individuelles ; les troupes parlementaires, de peur d'être entraînées dans le discrédit des personnes attaquées, se sont débandées : elles se sont rattachées à d'autres conducteurs qui n'ont pas joui d'un long crédit. Il ne reste de la plus grande partie du personnel gouvernemental qui a momentanément dirigé la République depuis vingt ans, que des ruines, dont les plus retentissantes se sont faites bien avant la vieillesse ou l'usure naturelle. Quand la mort, hâtée par le découragement, achève d'enlever parmi ces puissances minées par la calomnie, une existence qui aurait dû être épargnée par elle, ou mieux défendue par l'appui de la majorité, on rappelle sa grandeur passée. Il se fait autour d'elle un grand concert d'éloges posthumes. Il semble qu'on mêle aux hommages funèbres qu'on rend à la personnalité disparue comme un remords de l'avoir détruite ou laissé détruire avant le temps : mais le travail de dévastation contre les quelques piliers encore debout continue, et l'écroulement définitif d'une des parties vieillies ou abandonnées de l'édifice n'empêche pas l'assaut ou la mine du reste.

Dans ces conditions d'instabilité perpétuelle, privé de direction unitaire et prolongée, de cohésion réelle dans les partis, le Parlement, au lieu d'un organisme approprié, apte à constituer et à contrôler un gouvernement, devient nécessairement une sorte de champ-clos ouvert à la compétition des intérêts locaux ou privés, des passions ou des rancunes de personnes ou de groupes, pour le triomphe desquels chacun cherche, en marchandant avec les groupes voisins, à s'attirer l'appui ou la protection de l'État. Toute vue générale ou même simplement à longue portée tend à s'effacer. Le gouvernement qui devrait être le représentant et le défenseur des intérêts permanents du pays, lié par son origine électorale et par la nécessité de conserver l'appui d'une majorité toujours fuyante et qui ne se tient que par les concessions qu'on lui fait, le gouvernement trop souvent louvoie, manœuvre, ou piétine à travers des exigences qu'il blâme, dont il sait le danger, et qu'il n'ose repousser. Tantôt sur le terrain politique ou social, tantôt sur celui des affaires, il laisse passer ou même appuie des mesures dont il sent secrètement le péril et qui n'ont d'autre justification que le désir de popularité ou le besoin de soumission des députés à leurs comités.

Le Sénat, qui échappe en partie, par son origine et la durée de ses pouvoirs, aux courants électoraux passagers, entraîné par la faiblesse du gouvernement, affaibli par le préjugé de la souveraineté du peuple qui donne dans l'opinion la prééminence

nence à l'assemblée issue du suffrage universel direct, décapité par la suppression des *inamovibles* qu'avait institués la Constitution de 1875, après avoir arrêté au passage plus d'un projet de loi funeste, a trop fréquemment cédé à de fâcheuses pressions et vu, par là même, s'affaiblir son autorité. C'est dans ces conditions de compromission des uns, de capitulation des autres, qu'ont été votées des résolutions fatales à notre grandeur extérieure, contraires à nos traditions, à nos intérêts séculaires; des lois fâcheuses par leur égalitarisme outré ou mal compris, par leur intolérance vis-à-vis de la liberté de conscience, par l'impunité qu'elles ont laissée aux effroyables excitations de la presse ou des réunions, par les encouragements directs ou indirects qu'elles ont donnés au socialisme d'État d'abord, au socialisme tout court ensuite[1], dont

1. Celui-ci, par un mouvement tout naturel et fatal, prend de plus en plus la place du simple radicalisme, devant le suffrage universel : il est le véritable et normal radicalisme des masses, celui qui flatte les besoins ou les intérêts du plus grand nombre, par des promesses de satisfactions chimériques, ou les rancunes des violents par des espérances de représailles égalitaires. Les réformes purement politiques n'intéressent plus la grande majorité des électeurs; les plus importantes, au point de vue démocratique, ont été en grande partie réalisées, et facilitent simplement l'organisation et l'influence des groupes violents ; les autres projets radicaux comme la revision de la Constitution, la suppression du Sénat ou de la Présidence, la séparation de l'Eglise et de l'État, etc., n'excitent même plus l'attention. Le grand nombre sent instinctivement que les conditions de l'existence des classes salariées n'en seraient nullement modifiées, et ce que la masse demande à ses représentants, c'est, non pas le triomphe de principes abstraits, mais l'amélioration rapide et radicale de son sort. C'est un mouvement naturel et même légitime dans son point de départ : mais qui ne voit où il peut entraîner les sociétés en

nous voyons aujourd'hui près de quarante représentants déclarés, siéger au Parlement ; des dépenses désastreuses pour nos finances, grossissant démesurément nos budgets, faisant naître de graves préoccupations pour l'avenir : résolutions, lois et dépenses[1], qui, jointes à des mesures administratives non moins fâcheuses, ont favorisé particulièrement les passions ou les intérêts électoraux d'un petit groupe violent dont l'appoint était considéré comme indispensable pour résister à l'opposition anticonstitutionnelle de la droite. Sur le terrain des intérêts matériels, il s'est établi dans les Chambres des groupements de convoitises locales ou régionales qui ont fait la loi au gouvernement dénué de l'énergie nécessaire pour leur résister, sacrifiant aux influences parlementaires l'intérêt public, forcément moins remuant et insistant que l'intérêt corporatif ou régional, abandonnant la stabilité de nos rapports d'échange avec l'étranger, pour satisfaire aux réclamations protectionnistes, reculant dans les discussions de finances ou de travaux publics devant des réformes équitables, ou acceptant des dépenses non suffisamment justifiées par l'intérêt général, pour ne pas s'aliéner des fractions

l'absence d'un principe d'autorité servant de contrepoids, d'un représentant de l'intérêt général suffisamment armé pour le défendre contre ceux qui l'attaquent de front? (Nous avons abordé ces questions dans *Socialisme, communisme et collectivisme*, Guillaumin et Cie, 1892).

1. Les dépenses publiques ont passé de 2,300 millions en 1872, à 3,134 millions en 1891; la dette, de 13 milliards en 1870, est montée à 32 milliards (égale à celle des trois puissances de la Triple-Alliance réunies) : de 1880 à 1894, l'augmentation des dépenses a été de 450 millions.

agissantes du Parlement ou du corps électoral; décourageant l'esprit d'initiative par des menaces contre le capital des entreprises, par l'impunité laissée aux meneurs de grèves violentes, à ceux surtout qui, exploitant leur mandat de député au profit de leur popularité, ont donné l'exemple scandaleux du mépris affiché de la loi, mépris prêché et pratiqué à l'abri d'une inviolabilité parlementaire qui, ainsi interprétée et exploitée, n'a jamais été dans l'intention du législateur.

Dans de pareilles conditions, la démocratie souveraine, que quelques-uns au début du siècle, considéraient comme une puissance violente prête à tout bouleverser par des à-coups formidables, s'est faite plus souple et sous forme de démocratie représentative, pourrait bien travailler, avec plus de détours mais non moins de sûreté, à la décomposition des forces sociales. Par le suffrage universel, combiné avec le parlementarisme tel qu'il est pratiqué, envahissant, gonflant et absorbant l'État, et en même temps le désagrégeant sans engager de responsabilités définies et comme dans un concert d'agents avides attachés à la même proie, elle arrive peu à peu à l'émiettement de la puissance publique qu'elle livre aux multiples convoitises des citoyens auxquels le nombre assure la prédominance, ou plutôt de ceux qui, en flattant le nombre, s'assurent des voix. Le suffrage universel est devenu tout et il aboutit à l'anarchie.

C'est une anarchie qu'on a appelée une « anarchie dormante », dès que les bombes à la dynamite ont fait silence, qui garde actuellement une apparence relativement calme, et qui par là n'inquiète peut-être pas autant qu'il le faudrait, l'opinion. Dans le conflit des partis, les anciennes passions politiques, religieuses, sociales, ont été remplacées par une sorte de marchandage de cupidités, de besoins ou d'intérêts, qui ne semblent pas au premier abord menacer gravement la paix publique, mais qui n'en sont pas moins désorganisants. Si ces cupidités, ces besoins, ces intérêts n'étaient pas souvent en contradiction les uns avec les autres, s'ils ne se neutralisaient pas en une sorte de lutte pour l'existence par d'interminables marches et contre-marches, enquêtes et contre-enquêtes, propositions et contre-propositions, d'où résulte une heureuse lenteur et souvent une sorte d'immobilité finale, le désordre le plus extraordinaire serait vite introduit dans le corps de la nation; sans l'antagonisme inévitable et irréductible des mobiles intéressés qui, en les paralysant l'un par l'autre, sert de sauvegarde relative, le mal déjà profond de la décomposition législative et administrative serait décuple de ce qu'il est. Actuellement, de bons esprits en sont arrivés au point de craindre presque tout projet de réforme émané du Parlement ou du gouvernement passager qui le représente, tant il est à redouter que cette réforme soit conçue et préparée en dehors des conditions qui seraient nécessaires pour qu'il en résultât une amélioration réelle pour l'ensemble du pays, et non la simple satisfaction d'un intérêt ou d'une passion de parti ou de corporation : tant l'expérience des dernières législatures a montré que l'usine parlementaire fonctionne d'une façon défectueuse, que les produits qui en sortent sans se briser contre l'opposition du Sénat (opposition que souhaitent souvent au fond de leur cœur ceux même qui ont à la Chambre proposé ou voté les projets de loi), sont mal venus, que beaucoup de ceux qui ne sont pas tout à fait mauvais en principe, auraient besoin de corrections ou de tempéraments que personne ne peut y introduire, et que le chômage de l'atelier législatif est, dans de très nombreux cas, préférable à la mauvaise fabrication qu'il infligerait à la nation [1].

C'est en grande partie grâce à cette impuissance relative de son pouvoir législatif [2], à cette obstruction des commissions et des assemblées qui souvent aboutit à la stérilité, qu'en dépit des défauts de son organisation gouvernementale, le pays, malgré tout, vit, se développe et progresse. Il faut faire honneur de ces progrès, non à la machine

1. Dans les conditions de désordre et presque d'incohérence où trop souvent il délibère, le Parlement n'est même plus cette grande école d'éducation politique où S. Mill voyait pour une nation un des principaux avantages du système représentatif. Il pensait que les discussions des Chambres reproduites par la presse et passionnant l'opinion publique seraient le meilleur moyen d'instruire celle-ci des grands intérêts matériels et moraux de la nation. Il y a actuellement dans le public tant de lassitude et comme de pléthore des débats parlementaires confus et éparpillés sur tous les sujets, que la plupart des journaux n'en donnent plus que des comptes rendus tout à fait écourtés et ne rapportent un peu fidèlement que les incidents violents ou les interpellations à grand fracas. En dehors de ces très courts comptes rendus, combien d'électeurs suivent les discussions des Chambres à l'*Officiel*, sauf quand il s'agit d'intérêts locaux ou particuliers qui les touchent de près ?

2. A ce point de vue, la caducité des projets de loi non votés, à chaque renouvellement de la législature, souvent critiquée, est excellente. C'est une garantie contre les innombrables tentatives d'innovations législatives ou admi-

parlementaire, mais à la vitalité foncière de la nation. Celle-ci, dans son ensemble, a conservé ou développé des vertus de premier ordre : l'amour du travail, de l'épargne, de la vie de famille, l'honnêteté individuelle, l'esprit de sacrifice au pays, vertus dont une littérature légère déplorable masque la réalité aux yeux superficiels, surtout à ceux des étrangers, toujours prompts à relever et à grossir des vices que nous leur signalons avec insistance. En même temps, soit dans les corps scientifiques, artistiques, philanthropiques, soit dans les groupes industriels et commerciaux, l'esprit corporatif, bridé à l'excès par la Révolution, s'est depuis quelques années singulièrement ranimé, et il se déploie là des forces vives qui constituent un utile contrepoids ou un utile remplaçant aux puissances politiques proprement dites; forces

nistratives improvisées le plus souvent pour favoriser telle ou telle passion politique ou tel ou tel intérêt local.

Le renouvellement partiel des Chambres, en faveur duquel on invoque, comme un des principaux arguments, l'avantage d'éviter cette caducité périodique des propositions parlementaires serait funeste à cet égard. Il devrait en tous cas coïncider avec une limitation du droit d'initiative des députés en matière législative, ou le fonctionnement d'une commission d'examen sommaire impitoyable : mais où trouver une pareille commission ? La caducité actuelle est encore le moyen le plus sûr d'empêcher le pullulement des mauvaises lois.

Contre les assemblées qui se renouvellent par trop petites portions, Montesquieu a écrit ces lignes qu'il est bon de méditer : « Lorsque divers corps législatifs se succèdent les uns aux autres, le peuple, qui a mauvaise opinion du corps législatif actuel, porte avec raison ses espérances sur celui qui viendra après : mais si c'était toujours le même corps, le peuple, le voyant une fois corrompu, n'espérerait plus rien de ses lois ; il deviendrait furieux ou tomberait dans l'indolence. »

vives qui, si elles étaient développées par une loi libérale sur les associations, que réclame depuis longtemps l'opinion, fécondées par une décentralisation administrative toujours à l'étude, prendraient bientôt une tout autre extension, et forceraient les pouvoirs électoraux atrophiés par une sorte d'encombrement d'activité, à céder sur certains points la place à d'autres influences plus compétentes et plus stables, grâce à leur indépendance même des urnes du suffrage universel.

A l'aide de ces vertus et de ces forces vives restées en grande partie intactes, riches encore pour l'avenir d'un vigoureux essor, la France maintient son rang intellectuel, scientifique et artistique; elle paie sans y succomber des impôts formidables; elle a réorganisé après de terribles catastrophes une force armée immense qui lui prend chaque année la partie la plus robuste de sa jeunesse, et où le patriotisme, la discipline, l'abnégation personnelle sont, malgré des innovations législatives fâcheuses, précieusement conservés, faisant d'elle encore une grande école de dévouement, de sacrifice au devoir, de hiérarchie organisée en vue d'un but suprême : la défense du pays et le maintien de l'ordre. Cette nation qu'on accuse de décadence prouve tous les jours dans des expéditions lointaines des qualités d'intrépidité et de ténacité extraordinaires ; elle s'enrichit en dépit d'un système douanier fâcheux, elle développe ses voies de communication, son outillage, ses écoles, ses institutions de prévoyance et de philanthropie ; elle s'arrange d'une administration routinière, d'autant plus forte qu'elle seule constitue un corps durable dans un ordre politique sans cesse bouleversé et qui n'existerait plus sans sa vieille organisation bureaucratique ; elle trouve enfin des amis parmi les peuples étrangers en dépit des changements perpétuels de son personnel gouvernemental, et du mal qu'elle dit d'elle-même par ses journaux, ses romans et son théâtre. Mais pendant ce temps, peu à peu, une grande portion de la France indépendante par le caractère ou par la situation, se désintéresse de la politique, ou plutôt de la partie militante de la politique, tend à vivre hors de la politique, à y laisser la place à des individualités moins intéressantes pour l'avenir du pays[1]. Ce divorce grandissant entre les fonctions électives et

1. Est-il besoin de multiplier sur ce point les témoignages? Il suffit de citer au hasard... *Le Matin*, 26 avril 1893 : « La médiocrité des assemblées va toujours croissant. A chaque élection, il y a une baisse de la valeur intellectuelle. Un mathématicien pourrait calculer avec une quasi-certitude, en quelle année, si le niveau continue à fléchir, les représentants se trouveront inférieurs à la masse des représentés. Nous aurons, au bout de peu d'années, des représentants qui ne représenteront pas du tout le corps électoral. Il n'y a plus, à proprement parler, d'assemblée, il n'y a plus que des agglomérations d'individus qui, pour être réunis dans une même salle, n'en sont pas moins isolés, car il n'existe entre eux aucun lien, le seul qu'ils connaissent étant celui qui les attache par la patte à quelque maire influent, ennemi mortel du vétérinaire de l'endroit... »

« Que de fois m'est-il arrivé, écrit un député, dans le même journal, causant avec un de mes collègues, de m'étonner d'un vote qu'il avait émis et que je savais contraire à ses idées : « Cela est vrai, me répondait-il, mais tels électeurs influents m'en auraient voulu à mort si j'avais voté autrement... On m'aurait bêché là-bas ! » Nous n'avons au palais législatif qu'une masse d'individus représentant des intérêts particuliers, se heurtant par conséquent dans toutes les affaires, chacun parlant pour sa localité sans songer à la patrie. »

une partie de la population considérable par le caractère, l'expérience des hommes et des affaires, est grosse de périls. « Le premier signe de la corruption d'un peuple, a écrit Prévost-Paradol, c'est le dégoût croissant qu'éprouvent les honnêtes

... « Quand on parcourt la liste des candidats aux élections prochaines, écrivait, il y a quelques mois, M. S. Reinach, on ne peut se défendre d'un sentiment profond de tristesse. On y retrouve, il est vrai, sauf quelques défections regrettables, les vétérans de nos assemblées politiques. Mais pour combler les vides qui sont nombreux, pour occuper les places attribuées, dans les élections dernières, aux adversaires irréconciliables de nos institutions, quels sont les hommes réputés pour leur caractère et leur talent qui tentent la fortune du suffrage universel ? Au sortir de plusieurs crises morales, au lendemain d'une évolution importante dans sa politique intérieure, on aurait cru que le corps électoral, désireux de bien choisir, trouverait devant lui l'élite intellectuelle de la nation. Il n'en est rien, hélas ! et parmi tant d'hommes nouveaux, c'est à peine si l'on peut saluer au passage quelques noms qui ne soient pas des inconnus....

« Il y a là, qu'on ne s'y trompe point, un symptôme fâcheux de notre état politique. Sous Louis-Philippe, on réclamait l'adjonction des capacités ; nous la réclamons encore, non plus à l'encontre de lois exclusives, mais de mœurs brutales et dissolvantes. En effet, pourquoi ces hommes éminents se tiennent-ils à l'écart ? Il serait absurde d'accuser leur indolence, car ils se dépensent sans compter ; plus absurde encore de les suspecter d'indifférence, car ils ont des doctrines arrêtées et les propagent. Mais ces hommes de talent préfèrent rendre service à leur pays, chacun dans sa sphère, sans descendre dans une arène où l'on se prend à la gorge, où l'on reçoit de la boue au visage pour commencer. Leur délicatesse s'effraie de ces violences, de ces promesses mensongères, de cette surenchère d'absurdités qui fait l'atmosphère des campagnes électorales. Il ne leur plaît pas de proclamer leur propre mérite en face d'adversaires qui les traiteront d'imbéciles, d'essuyer sans vouloir y répondre dans le même langage, les provocations injurieuses d'une presse sans frein. Ils restent sous leur tente, n'étant pas chaussés de ces bottes spéciales que mit Hercule

gens à se mêler des affaires publiques. Renonçant à lutter d'influence avec les innombrables et ardents flatteurs de la multitude, ils leur abandonnent presqu'entièrement le champ libre et se retirent de plus en plus. » En se retirant, ils laissent debout en face du socialisme grandissant, une confusion parlementaire qui tend à devenir la négation d'une véritable organisation représentative,

pour rendre service à Augias. Ainsi nous marchons vers un état de choses pareil à celui que l'on constate aux États-Unis : la formation d'une caste étroite de politiciens, à côté de l'abstention de plus en plus complète des hommes qui pensent et font penser autour d'eux. Au bout de cette voie, il y a le discrédit du parlementarisme par l'exclusion de ceux qui seraient l'honneur du parlement. »

Que dire après certaines élections socialistes, des derniers temps! Des grandes villes et même des collèges ruraux ont fait des choix qui auraient stupéfié le pays il y a vingt ans. « La France, s'écriait récemment le président du Sénat en ouvrant la session, la France a l'ambition de ne relever que d'elle-même et de rester, selon le mot d'un vieil orateur, dans la main de son conseil... Il y aurait une étrange contradiction à y introduire les hommes qui feraient profession de placer la violence au-dessus de la discussion et dont la politique consisterait à reprendre et à présenter sous des déguisements plus ou moins nouveaux les rêveries qui, de tout temps, ont formé l'héritage de la folie humaine. De tels choix peuvent être une erreur accidentelle; s'ils devenaient trop fréquents, ils compromettraient l'existence ou du moins la dignité du pays; ils feraient douter de sa raison. »

L'interdiction de la candidature simultanée dans plusieurs circonscriptions, qui a été introduite au moment du boulangisme pour lutter contre un courant plébiscitaire devenu dangereux, contribue encore à abaisser le niveau des assemblées. L'élection multiple est un moyen tout naturel de désigner les chefs de partis et par suite de gouvernement. C'est ainsi que s'est imposée la grande autorité d'un Thiers ou d'un Gambetta. Il serait à désirer qu'on rétablit sur ce point l'ancienne législation.

une réunion d'élus qui, destinée à constituer un gouvernement de majorité et ensuite à le soutenir en le contrôlant, ne remplit pas sa mission ; qui n'est pas davantage en situation de remplacer l'action d'un gouvernement par sa propre impulsion, bien que ce programme de gestion directe confiée à une assemblée unique, programme inspiré de la Convention, flotte tantôt voilé, tantôt avoué et déployé au grand air, devant les regards d'un bon nombre de représentants actuels de la démocratie.

V

« Il n'est pas possible, écrivait M. de Laveleye, quelques semaines avant de mourir, qu'un grand État, avec une grande armée, consente à être indéfiniment le jouet des majorités mobiles d'une Chambre, ou matière à expérimentation de ministères semestriels : son infériorité relativement aux pays gouvernés avec une autorité prévoyante et des vues suivies et réfléchies, deviendrait trop périlleuse, trop poignante.... »

Depuis que l'éminent publiciste écrivait ces lignes, d'autres sources d'inquiétude profonde sont venues s'ajouter à celles qu'il signalait. La présidence, qui semblait le dernier refuge de l'autorité indépendante et permanente dans les limites de la Constitution, a été, à de brefs intervalles, deux fois mise en péril.

A l'émotion qu'ont soulevée en France et en Europe l'assassinat du président Carnot et la démission inopinée de M. Casimir-Périer, on a pu mesurer la place que tient dans les esprits cette institution que le parti radical, dans sa déduction logique du principe de souveraineté populaire, a tant de fois proclamée inutile et même nuisible. Le pays n'a pas suivi le parti avancé dans sa campagne contre la présidence. Il est resté fidèle au principe de la Constitution de 1875 qui a sagement divisé le pouvoir gouvernemental entre des agents placés dans des conditions différentes de fonctions et de responsabilités et qui doivent collaborer à l'œuvre de gouvernement en se complétant[1]. La souplesse de nos institutions a, par deux fois en quelques mois, triomphé des crises présidentielles, comme elle avait résolu d'innombrables crises ministérielles. Le principe de la présidence est même sorti grandi de l'épreuve. La grande majorité du pays a compris que le rouage présidentiel était fondamental dans la constitution; qu'affranchi de la responsabilité, comme les monarchies constitutionnelles, placé hors des atteintes directes des partis et au-dessus de leurs divisions, le président conserve une tâche qui, dans sa sérénité éventuelle, tant que les choses marchent bien, a de la grandeur, qui constitue une part essentielle de la mission de gouvernement, la part de la continuité, de la gravité, et à certains moments de la résolution; qui convient à des personnalités entourées de la considération générale, possédant cette autorité morale due à des causes complexes et que le talent ou même le génie ne confère pas à lui seul.

1. V. la remarquable étude de M. P. Laffite: *La vraie Constitution de 1875*. (Rev. du droit publ., 1er janv. 1895).

Fort de son prestige devant l'opinion, sans bouleverser la constitution et l'appliquant simplement dans sa lettre et son esprit, le président peut exercer une action considérable ; mais c'est à condition qu'il se serve de ses pouvoirs, dans les limites que lui prescrit la constitution. Son rôle est celui d'un arbitre chargé de planer au-dessus des groupes parlementaires, de surveiller les mouvements d'opinion dans les Chambres et dans le pays, d'en tenir compte en choisissant les ministres; une fois ceux-ci nommés, il peut, et il doit exercer avec discrétion, mais avec fermeté, son influence sur leurs résolutions, agir sur les esprits par voie de messages, modérer les entraînements, donner des avertissements en temps utile, demander au besoin une nouvelle délibération des lois, faire peser, quand il le faut, la menace de la dissolution ou en cas extrême, de la retraite du premier magistrat de la République.

Que faut-il pour que la présidence achève de reprendre dans cette collaboration, qui est la caractéristique de notre troisième République, l'influence que la constitution lui a attribuée, que l'étranger, avec lequel elle traite et la nation qu'elle incarne, attendent d'elle? Un courant d'opinion qui proteste définitivement contre la rupture de l'équilibre prévu entre les pouvoirs publics par l'acte constitutionnel de 1875, contre l'extension d'omnipotence, d'omniscience et d'omni-ingérence qui, grâce aux idées régnantes sur la souveraineté du nombre, tendrait à écraser sous la Chambre du suffrage universel et la Présidence et le Sénat.

En dehors de l'opinion, de l'opinion réveillée et

agissante, mise en présence des réalités pratiques et prémunie contre d'anciens préjugés, nul remède ne sera efficace ni durable : seule l'opinion peut imposer les changements nécessaires dans les mœurs du suffrage universel et de la représentation, faire rentrer le Parlement dans la vérité du régime parlementaire et les différents pouvoirs dans leur situation respective normale. Sans le changement des mœurs, des modifications constitutionnelles seraient impuissantes, et si les mœurs se transforment, la revision est superflue. La constitution de 1875, pourvu qu'on la pratique dans son esprit, qu'on la respecte dans son texte, peut se prêter au fonctionnement d'un régime de concours sincère entre les divers pouvoirs, sous le contrôle de l'opinion et de la presse[1]. Elle n'est pas coupable des

1. La durée actuelle des fontions présidentielles pourrait plus justement que l'irresponsabilité soulever des objections. La septennalité ne paraît pas inattaquable. Le maréde Mac-Mahon n'a pas achevé son temps de présidence. La réélection de M. Grévy, au bout de sa première période normale de magistrature, n'a pas été heureuse puisqu'un an après il a dû démissionner. La situation du président Carnot était délicate au moment où un abominable attentat a devancé l'époque où il devait être soumis à la réélection. Son successeur avait déclaré qu'il ne se représenterait pas après sept ans de présidence. C'était d'ailleurs, ont assuré des voix autorisées, le dessein formel de M. Carnot. La continuité de la fonction est assurément souhaitable, mais chacun sent également que dans les circonstances habituelles et comme moyennes, des présidences de quatorze ans seraient souvent excessives. Il aurait mieux valu des périodes de cinq années avec renouvellement possible au bout de la première période et interdiction d'une seconde réélection. On aurait ainsi concilié les avantages de la durée, bien nécessaire dans notre régime instable, avec le principe de mobilité qui, maintenu dans certaines limites, convient à la démocratie.

mauvaises habitudes qui se sont introduites dans son mécanisme et ont confondu les fonctions et les responsabilités; mauvaises habitudes qui empêcheraient toute autre constitution de fonctionner autant que celle qu'on incrimine. Elle n'est pas responsable des obstructions tapageuses[1], de l'abus des interpellations, qui retardent indéfiniment l'examen des lois les plus essentielles et qui ont abouti à ce résultat sans précédent que le budget de l'année courante n'a été voté que près de quatre mois après le début de l'exercice financier; des votes sans cesse renouvelés contre les ministères, votes souvent non préparés, improvisés, sans que le plus grand nombre des députés ait pu à temps en mesurer la portée; de la façon déplorable dont on a compris et pratiqué la responsabilité ministérielle, laquelle a consisté à refaire sans cesse des cabinets dits de concentration avec les débris des cabinets tombés, en les mêlant suivant des doses plus ou moins ingénieuses à des éléments d'opinion disparate; des propositions législatives, administratives ou financières multipliées à l'infini, improvisées sous l'impulsion d'intérêts électoraux, d'entraînements ou d'inci-

1. Ce serait croyons-nous, une illusion de penser que, étant donnée la composition de certains groupes de plus en plus bruyants, violents, décidés à l'obstruction et au discrédit du régime parlementaire, qui cherchent dans le tapage et l'injure un regain de popularité, les anciens procédés inoffensifs de rappels à l'ordre, censure, etc. suffiront dans les parlements du présent et de l'avenir. Il y faudra des moyens coërcitifs appropriés au tempérament des nouveaux élus : sans cela les Chambres finiront par être de simples réunions publiques où au bout d'une heure personne ne s'entend plus, ou discute à coups de poing, et dans lesquelles le rétablissement de l'ordre ne s'obtient qu'en fermant le gaz.

dents de séances, étudiées dans de mauvaises conditions, hors du concours qui devrait être obligatoire, d'abord du gouvernement et ensuite d'un conseil spécial compétent et indépendant comme le Conseil d'État, chargé de rédiger et d'amender les projets de loi[1]; du rôle sacrifié qu'a adopté ou accepté depuis quelques années le Sénat en ce qui concerne le soutien ou la chute des ministères, l'initiative des lois, la discussion du budget, de sa soumission trop fréquente à la majorité de la Chambre des députés sous le prétexte toujours invoqué qu'il faut « aboutir » et qui a si souvent fait « aboutir » à des lois incohérentes ou dangereuses. Ces abus ou ces défaillances de l'organisation parlementaire et des pouvoirs publics, abus et défaillances indépendants de la constitution, et qui se rattachent à des causes beaucoup plus anciennes et plus profondes, tout le monde les connaît, tout le monde les déplore, parmi ceux-là du moins qui ne visent pas au discrédit du régime de discussion et de contrôle, après lequel il n'y a plus que le césarisme. Tout le monde, sauf les partis de désordre, est las des conséquences déplorables que ces abus

1. « Une assemblée nombreuse est aussi impropre à la besogne directe de la législation, qu'à celle de l'administration. Faire des lois est une œuvre qui veut, plus qu'aucune autre, non seulement des esprits expérimentés mais encore des esprits formés à cette tâche au moyen d'études longues et laborieuses. » S. Mill. *Gouv. Représentatif*, p. 112. — Sur les procédés employés aux Etats-Unis pour brider l'initiative parlementaire en fait de législation, V. Laveleye *Op. cit.* — En Angleterre, on le sait, tout projet entraînant une dépense publique doit être exclusivement proposé par le ministère. — C'est par les finances que devra commencer la sagesse parlementaire.

entraînent, de l'impuissance à laquelle ils réduisent l'État, de l'anarchie latente où ils nous ont conduits et qui a déjà eu des réveils terribles, qui, s'il se prolongeait, en aurait de plus graves encore. Il est temps que la majorité des électeurs, laissant dans l'ombre des divisions d'opinion qui ne correspondent plus à des faits vivants et réels, ait la notion nette des conditions qui sont indispensables au maintien du système représentatif; que lasse des résultats du pseudo-parlementarisme, elle résiste aux séductions dont il entoure et leurre les intérêts particuliers en sacrifiant l'intérêt national. Ce que H. Saint-Simon appelait justement « le pouvoir des intérêts généraux » ne peut être qu'aux mains d'un gouvernement doué de certaines vues unitaires, et d'une stabilité suffisante pour les élaborer et les réaliser. C'est là un fait d'expérience universelle contre lequel rien ne peut prévaloir. Le rôle du Parlement est d'engendrer le pouvoir d'action, de le surveiller avec vigilance, de rester maître de ses destinées dans certaines conditions prévues et réglées. Il ne pourrait aller au delà qu'en vertu d'une sorte de droit supérieur, d'ordre métaphysique et comme sacré, qui appartiendrait à la représentation nationale et lui interdirait de renoncer, même de son plein gré, à aucune particule de sa puissance. Nous avons cherché à montrer que c'était là une simple vue de l'esprit, ne s'appuyant sur aucune réalité. Nous avons constaté, par un rapide examen, qu'à l'analyser impartialement, la représentation nationale est loin d'être pourvue de ces droits absolus que les théoriciens de la démocratie lui octroient volontiers. Elle est une institution d'ordre relatif et qui doit rester dans le relatif. Elle est une règle d'État supérieure à toutes les autres formes, résultat d'un long mouvement historique des hommes vers la liberté, le contrôle et la justice, mais à la condition de se soumettre aux nécessités pratiques qui s'imposent à elle comme à toute combinaison politique. Ce n'est pas la diminuer que de combattre l'ambition qu'elle a plus d'une fois émise d'être à elle seule le bras et la tête de la souveraineté nationale ; que de voir en elle, avant tout et par-dessus tout, la source nécessaire et la surveillante vigilante, mais raisonnable, d'un gouvernement issu d'elle et mis en situation de gouverner.

Il y a quelques mois, un député nouvellement réélu, et qui depuis le 17 janvier 1895 est devenu Président de la République, disait à ses électeurs[1] :

« Depuis trois mois la polémique est ouverte sur la question de savoir quelle est la majorité dans la Chambre nouvelle. Certains affirment qu'elle est radicale : ma conviction à moi, c'est qu'elle est libérale. Lequel se trompe? Nous le saurons bientôt : les prochains scrutins nous fixeront. Mais, ce que je sais, ce que vous savez comme moi, ce que tout le monde sait, c'est qu'aux élections dernières, partout, en France, dans toutes les circonscriptions, qu'elles aient nommé un libéral ou un radical, ce

1. Discours prononcé au Havre, par M. Félix Faure, (1893).

qu'a demandé le pays, ce qu'il veut, c'est un gouvernement...

« Le pays entend par gouvernement une réunion d'hommes ayant, sinon les mêmes origines, au moins les mêmes tendances, un programme commun auquel tous ils apportent leur concours et leur action, loyalement, sans arrière-pensée, pratiquant une politique précise et déterminée que tout le monde comprendra, exigeant des fonctionnaires une attitude droite et loyale... Voilà la vérité politique et c'est bien ce que nous entendons quand nous demandons un gouvernement qui gouverne. »

C'est là, répétée une fois de plus par une bouche autorisée, la juste définition d'un gouvernement sous le régime parlementaire. Il appartient aux représentants de la démocratie de le réaliser dans les faits. En écartant des Chambres la plus grande partie des candidats monarchiques, les électeurs ont laissé aux républicains la liberté et la responsabilité de la gestion de la République. On a souvent parlé de « l'esprit nouveau » qui doit les inspirer. Ce pourrait bien être en effet un esprit nouveau celui qui, en temps de démocratie, consisterait à comprendre les conditions nécessaires à l'existence d'un gouvernement digne de ce nom. Cet esprit nouveau devrait avant tout s'affranchir de la tyrannie de formules qui ont répondu à des nécessités passées, qui ne cadrent plus avec les besoins et les circonstances actuelles de la démocratie. Il devrait reconnaître que celle-ci veut dire liberté et justice progressives pour tous, et que c'est là son idéal sacré, son objectif permanent, mais que justice et liberté ne peuvent se réaliser parmi les hommes sans le maintien d'un principe d'ordre, de direction et de stabilité. La démocratie a laborieusement conquis la liberté et l'égalité devant la loi : le problème présent pour elle est de les concilier avec l'organisation gouvernementale propre à sauvegarder l'intérêt collectif et supérieur du pays. Pour cela, elle a beaucoup à apprendre du passé et aussi à oublier.

TABLE DES MATIÈRES

II

LA SÉPARATION DES POUVOIRS POLITIQUES

III

REPRÉSENTATION NATIONALE ET GOUVERNEMENT

I. — *Le principe de la représentation élective.*

II. — *La réalité du système représentatif.*

III. — *Le suffrage universel actuel.*

IV. — *L'assujétissement de l'exécutif au législatif.*

Paris. — Imprimerie L. Maretheux, 1, rue Cassette.

www.ingramcontent.com/pod-product-compliance
Ingram Content Group UK Ltd.
Pitfield, Milton Keynes, MK11 3LW, UK
UKHW012019240726
13965UKWH00002B/461